Theoretical Outline of
Modernized
Economic System
Construction

现代化经济体系建设
理论大纲

高培勇 ◎主　编
刘霞辉 杜创 ◎副主编

人民出版社

总 策 划:李春生
策划编辑:郑海燕
责任编辑:郑海燕　张　燕　李甜甜
封面设计:吴燕妮
责任校对:夏玉婵

图书在版编目(CIP)数据

现代化经济体系建设理论大纲/高培勇 主编. —北京:人民出版社,2019.5
ISBN 978 - 7 - 01 - 020681 - 3

Ⅰ.①现…　Ⅱ.①高…　Ⅲ.①中国经济-经济体系-研究　Ⅳ.①F123

中国版本图书馆 CIP 数据核字(2019)第 068972 号

现代化经济体系建设理论大纲

XIANDAIHUA JINGJI TIXI JIANSHE LILUN DAGANG

高培勇　主　编

刘霞辉　杜　创　副主编

人 民 出 版 社 出版发行
(100706　北京市东城区隆福寺街 99 号)

中煤(北京)印务有限公司印刷　新华书店经销

2019 年 5 月第 1 版　2019 年 5 月北京第 1 次印刷
开本:710 毫米×1000 毫米 1/16　印张:14.75
字数:200 千字

ISBN 978 - 7 - 01 - 020681 - 3　定价:60.00 元

邮购地址 100706　北京市东城区隆福寺街 99 号
人民东方图书销售中心　电话 (010)65250042　65289539

前　　言

中国共产党十九大报告首次提出"现代化经济体系"概念,而且以此作为标题统领报告中经济建设部分的内容(即报告第五部分:"贯彻新发展理念,建设现代化经济体系")。报告深刻指出:"我国经济已由高速增长阶段转向高质量发展阶段,正处在转变发展方式、优化经济结构、转换增长动力的攻关期,建设现代化经济体系是跨越关口的迫切要求和我国发展的战略目标。"如何理解现代化经济体系概念及其背后的逻辑,如何建设现代化经济体系,已成为有重大理论价值和现实意义的话题。本书基于统一的逻辑框架,整合多学科力量,多侧面研究了现代化经济体系建设问题。

第一章以经济体系为核心概念建立一个逻辑框架,阐述现代化经济体系建设的理论逻辑。经济体系是由社会经济活动各个环节、各个层面、各个领域的相互关系和内在联系构成的一个有机整体,强调了经济的整体性和系统性。建设现代化经济体系并非从无到有建设一个全新的经济体系。改革开放以来,中国社会经济活动各个环节、各个层面、各个领域已经形成了一系列相互关系和内在联系的经济体系——"传统经济体系"。传统经济体系还不能适应现代化的要求。建设现代化经济体系可以理解为经济体系转换的过程,即从传统经济体系转换到现代化经济体系,具体包括"四个转向"——社会主要矛盾、资源配置方式、产业体系、增长阶段四个方面的特征性变化。与"四个转向"相对应,经济体系运转体现为"四个机制"。这四个机制分别是:机制1:社会主要矛盾的性质决定了资源配置方式的选择。机制2:资源配置方式决定产业体系特征。机制3:产业体系特征与经济增长阶段的一致性。机制4:经济体系的内生转化。高速增长到一定程度,引起社会主要矛盾转化,进而导致从传统经济体系到现代化经济体系的内生转化。上述结果表明,现代化经济体系建设是社会经济系统的综合转型,是中国经济走向高质量发展的必由之路。

第二章至第四章是对第一章逻辑框架的直接展开,结合理论推导与经验证据讨论了"四个机制"中的重点环节。其中第二章结合机制1和机制2,从微观基础角度探索了现代市场体系、现代产业体系和现代产权制度建设;第三章就机制3中的关键命题(结构性减速、增长非连续和增长跨越等)给出了详细论证;第四章则重点关注机制4中的一个关键环节——高速增长引起的空间布局不平衡,从区域、城乡、对外开放等多侧面讨论。

第五章和第六章将第一章关于经济体系运行机制的讨论拓展到政策层面,分别讨论推进现代化经济体系建设的宏观经济政策、公共政策等。

第七章更深入一步到制度层面,讨论现代化经济体系建设涉及的深层次制度体系构建。

总体上看,本书初步搭建统一的逻辑框架,讨论了经济体系的"运行—政策—制度"等,是关于"经济体系学"研究的初步探索。

本书各章写作分工如下:

第一章:高培勇、杜创、刘霞辉、袁富华、汤铎铎。

第二章:付明卫、杜创、欧阳耀福、王泽宇。

第三章:袁富华、张平、刘霞辉、楠玉。

第四章:王琼、孙三百、刘洪愧。

第五章:汤铎铎。

第六章:王震。

第七章:袁富华。

目　　录

第一章　现代化经济体系建设：
一个逻辑框架

第一节　基本框架

在中国经济由高速增长阶段转向高质量发展阶段的背景下,作为跨越关口的迫切要求和我国发展的战略目标①,建设现代化经济体系的意义日益凸显。如何从理论上解读"现代化经济体系"这一概念及其背后的逻辑？与现代化经济体系对应的传统经济体系具有何种特征？经济体系的运转机制是怎样的？能否从"经济体系"角度对改革开放以来中国经济发展及当前的转型作出总体概括？

本章以经济体系为核心概念,尝试建立一个新逻辑框架回答上述问题。所谓经济体系,是由社会经济活动各个环节、各个层面、各个领域的相互关系和内在联系构成的一个有机整体,它强调了经济的整体性和系统性。在我们看来,建设现代化经济体系并非万丈高楼平地起。在改革开放的历史进程中,根植于高速增长阶段的土壤,中国经济社会活动各个环节、各个层面、各个领域已经形成了一系列相互关系和内在联系的经济体系。为便于对比,我们将其统括为"传统经济体系"。换言之,这里所说的"传统经济体系"并非泛指转入高质量发展阶段之前的经济体系形

---

① 参见习近平：《决胜全面建成小康社会　夺取新时代中国特色社会主义伟大胜利——在中国共产党第十九次全国代表大会上的报告》,人民出版社 2017 年版。

态,而特指改革开放以来逐步形成的、适应高速增长的经济体系形态。

由此,可以将建设现代化经济体系理解为经济体系转换的过程,即从传统经济体系转换到现代化经济体系。表1-1概述了传统经济体系与现代化经济体系的特征,其矩阵式结构也可视作本章逻辑框架的概括。具体来说,以经济体系概念为核心,本书的逻辑框架可概括为"三大学科、四个转向、四个机制"。

表1-1 传统经济体系 VS 现代化经济体系

经济体系	传统经济体系 (1978—2012年)	现代化经济体系 (2012年以来)
1.社会主要矛盾	总量性的矛盾 (i)人们基本的物质文化需要 (ii)更关注数量	结构性的矛盾 (i)人的全面发展,包括民主、法治、安全、环境、健康等 (ii)更关注质量、个性化
2.资源配置方式	(i)政府主导 (ii)增长型政府、基础性的市场机制	(i)市场主导 (ii)公共服务型政府、起决定性作用的市场机制
3.产业体系	(i)工业主导 (ii)各产业内部低端主导	(i)服务业主导 (ii)各产业内部中高端主导
4.增长阶段	(i)高速增长 (ii)低质量发展:以要素投入驱动为主	(i)可持续增长 (ii)高质量发展:技术进步驱动为主

注:第1列数字1、2、3、4代表逻辑顺序。

鉴于经济体系概念的整体性和系统性,本书的逻辑框架综合运用了"三大学科"即政治经济学、微观经济学和宏观经济学的方法。(1)以社会主义政治经济学的基本概念——社会主要矛盾,微观经济学的基本概念——资源配置方式,介于微观与宏观之间的概念——产业体系,宏观经济学的基本概念——增长阶段,共同作为经济体系的核心要素。(2)基于矛盾是事物发展动力的原理,以社会主要矛盾作为分析的逻辑起点,由此决定了本书理论的核心内容、立场和导向。(3)使用现代经济学语言,在供需分析框架里表述社会主要矛盾,进而阐释四个核心要素的内在逻辑关系及其在经济体系转换中的作用。

"四个转向"即经济体系四个要素的特征转换（表1-1中第2列到第3列的转换）。（1）社会主要矛盾内容的范围扩展和层次提升；（2）资源配置方式从政府主导转向市场主导，从简单方式（增长型政府、基础性的市场机制）转向复杂方式（公共服务型政府、起决定性作用的市场机制）；（3）产业体系从工业主导转向服务业主导，各产业内部结构高级化（从低端主导转向中高端主导）；（4）增长阶段从高速增长转向可持续增长，从低质量发展转向高质量发展。

"四个机制"则指经济体系的运转机制，反映了"四个转向"的相互关联性（表1-1中行与行之间的逻辑关系）。四个机制即"社会主要矛盾→资源配置方式→产业体系→增长阶段"的逻辑链条和负反馈，具体表现为：

机制1：社会主要矛盾的性质决定了资源配置方式的选择。

机制2：资源配置方式决定产业体系特征。

机制3：产业体系特征与经济增长阶段的一致性。

机制4：高速增长到一定程度，引起社会主要矛盾转化，进而导致从传统经济体系到现代化经济体系的内生转化。

机制1、2、3体现了经济体系的内部运转机制，无论对传统经济体系还是现代化经济体系都适用。机制4则阐述了从传统经济体系转型为现代化经济体系的内生性。综合机制1、2、3、4，如果用单一的时间线表示，表1-1也可以简化为图1-1。

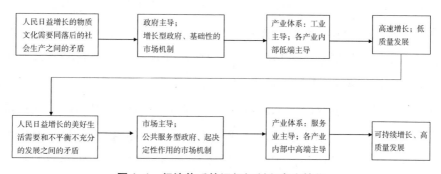

图1-1　经济体系的运行机制和内生转化

本章系关于"经济体系学"研究的初步探索。作为一门以经济体系的特征、运转机制和不同经济体系的转换规律为研究对象的经济学科,从方法论上说,经济体系学强调经济体的系统性特征,侧重探索社会经济活动各个环节、各个层面、各个领域的相互关系和内在联系,因而必然是综合性的。政治经济学、微观经济学、宏观经济学的方法均可以在此得以所用。基于本章的逻辑框架,我们对传统经济体系和现代化经济体系做了比较静态分析和动态分析,实际上从经济体系的整体角度对改革开放以来中国经济运行机制作出了理论概括。

在详细阐述从传统经济体系到现代化经济体系的"四个转向"和"四个机制"之前,先概述相关文献。

自 2017 年 10 月中国共产党十九大报告首次提出"现代化经济体系"概念以来,学术界已有不少文献阐释其内涵、提出的背景,或做相关理论探讨。刘伟(2017)认为,现代化经济体系是发展、改革、开放的有机统一,讨论了建设现代化经济体系需要以供给侧结构性改革为主线的原因,以及保障供给侧结构性改革实施的经济体制条件。洪银兴(2018)指出,新时代开启现代化新征程的关键在于建设现代化经济体系,而现代化经济体系的关键有三个体系:一是创新体系;二是供给体系;三是制度体系。刘志彪(2018)讨论了现代化经济体系建设的基本框架和关键问题,提出建设现代化经济体系的总体框架是要坚持一个方针(质量第一、效率优先),坚持一条主线(供给侧结构性改革),建设创新引领、协同的产业体系和"三有"经济体制;其中,壮大实体经济、构建现代产业体系是支撑这个体系和框架的物质基础。张辉(2018)认为,我们要建设的现代化经济体系是贯彻新发展理念,以现代化产业体系和社会主义市场经济体制为基础的经济体系,以现代科技进步为驱动、资源配置效率高效、产业结构和产品质量不断升级的可持续发展的经济体系;他还针对当前中国经济发展面临的挑战提出了建设现代化经济体系的战略选择。冯柏、温彬和李洪侠(2018)提出,建设现代化经济体系,要实现"六个转变":发展目的从先富转向共富;发展动力从要素高投入和低价格转向科技创新和改革开放;产业体系从各自发展转向协同发展;市场环境要进一步优化;发展质量转向绿色发展;管理方式转向供给管理和处理好政府与市场的关系。不过他们没有讨论六个转变之间的关系。贺晓宇和沈坤荣(2018)构建了现代化经济体系的评价指标,并运用省际数据论证了现代化经济体系完善对全要素生产率提升、经济发展质量提高的推动作用。

综上可见,既有的关于现代化经济体系的文献大多以阐释其政策内涵、背景为主,少数文献做了初步的理论探讨或数据分析。与已有文献相比,本章的主要创新之处是综合运用政治经济学、微观经济学和宏观经济学方法,建立一个新的逻辑框架;该框架强调了现代化经济体系的内部运行机制和经济体系转型的内生机制。

本章综合运用了政治经济学、微观经济学和宏观经济学方法,作为本章直接基础的文献也大多来自这三个学科①。

其一,政治经济学领域,关于社会主要矛盾的经济学研究。高培勇(2017、2018b)将社会主要矛盾及其变化置于供需分析框架之中,解释了社会主要矛盾的经济学含义及其对宏观调控的影响。张平和郭冠清(2016)关于社会主义劳动力再生产的研究,对以"知识生产与知识消费一体化"为特征的知识生产部门的劳动过程、劳动力扩大再生产、剩余价值的分享问题进行了探讨。

其二,微观经济学领域,关于信息不对称条件下高质量产品供给的激励机制研究。关于高质量产品供给的激励机制,作为本章基础的中文文献包括杜创和蔡洪滨(2009、2010)对体验品寡头市场声誉机制的理论研究,杜创(2013、2017)对医疗信任品市场机制和价格管制的理论研究,杜创和朱恒鹏(2016)对中国医疗卫生体制演变逻辑的研究等。

其三,宏观经济学领域,关于中国经济增长结构性减速、增长非连续与增长跨越问题的研究,增长阶段转换的研究,对中国财税体制的相关研

---

① 限于篇幅,这里仅综述了与全文整体结构直接相关的文献;其他补充文献在后文适当处引用。

究等。经济增长领域,袁富华(2012)提出"结构性加速"和"结构性减速"的概念,即由于产业结构升级导致生产率加速(工业化)和减速(服务化),进而引发经济增长加速和减速;并认为未来几十年中国经济结构的服务化趋势逐渐增强,"结构性加速"向"结构性减速"转换及相应问题将会凸显。此后,中国经济增长前沿课题组①(2012、2013、2014、2015)围绕结构转型、减速治理开展了一系列研究。袁富华、张平、刘霞辉和楠玉(2016)进一步探讨了增长非连续和增长跨越问题,陆江源、张平、袁富华、傅春杨(2018)进一步探讨了结构演进中的效率补偿问题。吴敬琏(2013)也系统论证了我国的经济增长模式转型,明确指出只有进一步推动市场化的经济体制改革,经济增长模式转型才有可能实现。财税体制方面,主要包括高培勇(2006)对中国税收收入高速增长的解释,高培勇(2015、2018a)对财政制度转型尤其是税收制度改革的研究等。

第二节 "四个转向":经济体系的比较静态分析

我们认为,"现代化经济体系"概念包括两个部分:一是"现代化";二是"经济体系"。结合党的十九大报告和习近平总书记讲话,"经济体系"可理解为由社会经济活动各个环节、各个层面、各个领域的相互关系和内在联系构成的一个有机整体②,它强调了经济体的整体性、系统性和内在关联性。

"现代化"(Modernization)概念相对常用,但对其准确含义也有不同解读,一般认为现代化指人类社会从工业革命以来所经历的一场急剧变革,导致传统农业社会向现代工业社会的大转变过程,并引起政治、文化、思想各个领域深刻的相应变化(罗荣渠,1986)。早期现代化理论基于西

---

① 中国社会科学院经济研究所中国经济增长前沿课题组负责人张平、刘霞辉、袁富华。

② 《深刻认识建设现代化经济体系重要性 推动我国经济发展焕发新活力迈上新台阶——习近平在中共中央政治局第三次集体学习时强调》,新华网,2018年1月31日。

方社会现代化历程，强调单一现代化模式；艾森斯塔德（Eisenstadt，2010）等则强调多元现代性（multiple modernities），即理解当代世界的最佳方式是将现代性视作多元、变动和往往相互冲突的现代性的持续形成、建构、重构和发展的故事。

从比较的角度，与现代化经济体系相对应的，不妨称之为"传统经济体系"。之所以使用这样的概念对比，是因为在我们看来，中国改革开放以来的经济建设和市场化进程已经形成了一套相互联系的经济体系（"传统经济体系"）；建设现代化经济体系并非从无到有地建设一个全新的经济体系。更准确地说，它应是经济体系转换的过程——从传统经济体系转换到现代化经济体系。具体来说，包括"四个转向"。

一、社会主要矛盾：从总量性转向结构性

1981年，党的十一届六中全会将我国社会的主要矛盾提炼概括为"人民日益增长的物质文化需要同落后的社会生产之间的矛盾"。人民日益增长的物质文化需要，其在经济上的表现即人民对于物质文化产品的需求；"落后的社会生产"则是对物质文化产品供给体系总体状态的判断。显然，二者的矛盾（供需矛盾）主要是总量性的，即在几乎所有的物质文化产品生产上，都表现为供给不能满足需求；这在改革开放初期表现得尤为明显。随着经济增长，供需矛盾在时间上也表现为周期性的，即经济周期性过热或过冷。

2017年，党的十九大作出新的重大判断："中国特色社会主义进入新时代，我国社会主要矛盾已经转化为人民日益增长的美好生活需要和不平衡不充分的发展之间的矛盾。"从物质文化需要到美好生活需要，需求体系的结构发生了重大变化。这种结构性变化体现在两个维度。

一是范围扩展（横向维度）：人民美好生活需要日益广泛，除了物质文化生活之外，在民主、法治、公平、正义、安全、环境等方面的要求日益增长，对健康、教育等更加关注。

二是层次提升（纵向维度）：更加关注产品和服务的质量，美好生活需要呈现出多样性、个性化的特征。

同时,我国社会生产力水平总体上显著提高,社会生产能力在很多方面进入世界前列,更加突出的是不平衡不充分等结构性问题,这已经成为满足人民日益增长的美好生活需要的主要制约因素。以经济领域为例,我国供给体系产能十分强大,但大多数只能满足中低端、低质量、低价格的需求;随着消费结构加快升级,供给结构很不适应需求新变化。

综上所述,从经济学角度看,社会主义初级阶段我国的社会主要矛盾,也就是供给体系和需求体系之间的矛盾。当前社会主要矛盾的变化,主要表现为供需体系的总量性矛盾转化为结构性矛盾。从直觉上理解总量性矛盾转化为结构性矛盾,以前人们更多关注的是"有没有""有多少",现在则更多关注"好不好";以前更多关注相对单一的基本需要,现在则更趋向于多样化。

"社会主要矛盾"是社会主义政治经济学的概念,仅仅了解现代经济学的读者可能对"矛盾""社会主要矛盾"等概念比较陌生。矛盾即对立统一,是辩证法的范畴。马克思主义哲学认为,矛盾存在于一切事物的发展过程中;而且在复杂事物的发展过程中,有许多矛盾存在,其中必有一种是主要矛盾,由于它的存在和发展规定或影响着其他矛盾的存在和发展。将这个概念应用到社会经济领域,即社会主要矛盾。本章强调社会主要矛盾概念是因其不仅在实践中,而且在理论上都很重要。

第一,分清主次。就中国过去几十年的发展现实和指导当前实践而言,关于社会主要矛盾的认识都至关重要。党的十一届六中全会对我国社会主要矛盾的提炼概括,为我们将工作中心转移到经济建设上来提供了理论基础。党的十九大关于社会主要矛盾变化的论述,也是中国特色社会主义进入新时代的重要理论依据。当前中国社会主要矛盾的性质已由总量性矛盾转化为结构性矛盾,并不排斥社会矛盾中仍存在总量性矛盾。只是有主有次,矛盾主次变化了。改革开放初期、进入新时代之前,社会主要矛盾是总量性的,并不否认同期我国从农业国到工业国的结构转型进程。实际上,任何时期社会矛盾都是总量性与结构性相交织的,"社会主要矛盾"的概念正是抓住了多个社会矛盾中主要的部分,提示我们既要全面地看问题,也要分清主次。从物质匮乏到基本满足,在传统工业化过程中,结构问题是第二位的,总量扩张实际上是最主要的问题;而基本物质需要得到满足之后,结构性问题才真正凸显出来。

第二,分清"需要"与"需求"。尽管可以将社会主要矛盾及其变化解读为供求关系变化,二者并不等同,二者间的细微差异对理解中国经济体系的特殊性有很重要的启发意义。这里值得辨析"需要"和"需求"两个概念。"需求"概念和社会主要矛盾表述中的"需要"概念不完全相同。在个人层面,需求是有支付能力的需要,即受到收入或财富限制。微观经济理论在推导需求函数的时候,都是假定消费者在一定收入(或禀赋)约束下追求效用最大化,其结果是将对特定商品的需求表达为收入和相对价格的函数。从社会总体看,个体需要可能超过个人支付能力而获得满足,如通过扶贫、社会保障等方式;但是全社会的总体需要仍然受到资源总量限制,而不可能得到无限满足。

二、资源配置方式：从政府主导转向市场主导,从简单转向复杂

资源配置方式是微观经济学的概念。有两种基本的资源配置方式,引导供给响应需求:一是市场的方式,即根据价格机制、竞争机制配置资源,使供给与需求匹配;二是政府干预的方式,即根据政府计划、宏观调控等来直接确定或引导资源配置。

两种资源配置方式——市场和政府干预谁更有效呢？历史经验和经济学理论都已经告诉我们:总体上看,市场决定资源配置才是最有效率的方式,因此我们才确立了社会主义市场经济的方向。不过具体地看,市场和政府干预又各有利弊。现代社会,没有一个经济体是百分之百市场决定资源配置的,政府干预总是或多或少存在。问题的关键在于市场与政府的作用如何有效结合起来,实现资源配置的最优化。我们可以从横向和纵向两个维度看资源配置组合的选择。

第一,横向维度即两种资源配置方式的相互关系,表现为从政府主导到市场主导。1982年党的十二大提出以"计划经济为主、市场调节为辅"

的原则,1987 年党的十三大进一步提出建立计划与市场内在统一的经济体制,1992 年党的十四大则确定了社会主义市场经济为经济体制改革的目标,"要使市场在社会主义国家宏观调控下对资源配置起基础性作用",2002 年党的十六大提出"在更大程度上发挥市场在资源配置中的基础性作用",2007 年党的十七大提出"从制度上更好发挥市场在资源配置中的基础性作用"。2013 年党的十八届三中全会提出"使市场在资源配置中起决定性作用和更好发挥政府作用"。总体上看,这是一个市场化程度不断加深的政策宣示。当然,市场化程度的加深有一个量变到质变的过程。从改革开放初期到党的十八大之前,虽然市场化程度在逐渐加深,但总体上看,市场在资源配置中最多仅处于"基础性作用"的地位,政府计划、宏观调控仍相当程度上决定着资源配置。因此,可以认为改革开放以来形成的传统经济体系中,资源配置方式特征为政府主导下市场在资源配置中起基础性作用。党的十八届三中全会提出使市场在资源配置中起决定性作用,更好发挥政府作用,则体现了市场作用质的变化,市场主导是现代化经济体系资源配置方式的特征。

第二,纵向维度:不论市场还是政府干预方式,都有一个从简单到复杂的过程。

对于简单的市场调节方式,大多数经济研究者都耳熟能详,其基本原理是供求关系调节市场价格与数量。消费者对某种商品的需求水平提升了,出现供不应求的状况,则商品价格随之上升,对该商品的生产变得更加有利可图,现有厂商会增加该商品的生产,同时也会吸引更多新厂商进入,使得供给逐渐满足需求。在不同产业之间也表现为类似的方式:供求关系变化引起相对价格变化,进而引导生产者在不同产业之间进入和退出。复杂的市场调节方式,不仅调节产品供给的数量,而且也为高质量产品的供给提供激励。例如,创新产品的市场机制需要在为创新提供激励与事后效率之间权衡,从而一定时间内给予创新者垄断地位是必要的(专利制度)。又如,品牌和市场声誉机制至关重要:即使在竞争性环境下,价格也应该高于边际成本;企业有利润才有维持声誉的动力,这在经济学上被称为"声誉溢价"（Klein 和 Leffler，1981；Allen，1984；Shapiro，1983；杜创和蔡洪滨，2010）。

更好发挥政府作用，也体现了政府干预机制的优化。简单的政府干预方式，即指令性计划，政府直接规定应该生产哪些产品，每种产品生产多少，甚至是政府成立企业直接生产等等。在市场经济发育初期，简单的政府干预方式还包括直接通过行政手段进行宏观调控。简单的政府干预方式的另一种说法是增长型政府，即政府直接参与到经济发展过程中。政府干预的更加现代化方式则是从增长型政府转向公共服务型政府，往往通过政府与市场相结合发挥作用。这包括政府制定宏观经济政策，通过货币政策影响总需求的水平，通过财政开支、税收调节经济等。

总之，从传统经济体系转型到现代化经济体系，资源配置方式的组合也要经历二维的转向：一是从政府主导转向市场主导；二是市场和政府干预都要从简单方式转向复杂方式（见图1-2）。

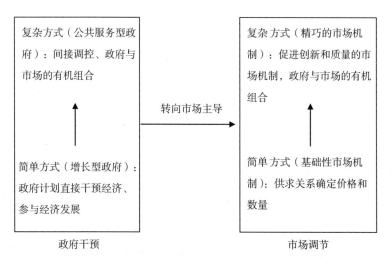

图1-2　从传统经济体系到现代化经济体系——资源配置组合的二维转向

三、产业体系：从工业主导转向服务业主导，各产业内部结构趋于高级化

产业体系是介乎微观经济学与宏观经济学之间的概念。产业体系即第一产业（农业）、第二产业（工业和建筑业）、第三产业（服务业）的结构

比例关系,以及各次产业内部的结构比例关系。

产业体系的第一个维度,即三次产业的结构比例关系受到较多关注。产业发展的一般规律表明,三次产业结构演化分为两个阶段(Herrendorf, Rogerson 和 Valentinyi,2014)。第一阶段是工业化过程,工业逐渐取代农业成为国民经济的主导产业;大量剩余劳动力从农业部门转移出来,进入非农产业。第二阶段是服务化过程,服务业逐渐取代工业成为国民经济的第一大产业,也是吸纳就业的主要产业(见图1-3)。

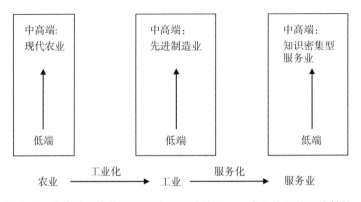

图1-3 从传统经济体系到现代化经济体系——产业体系的二维转换

产业体系的第二个维度,即各次产业内部结构趋于高级化,实现从低端转向中高端的质量提升。为此要推动传统产业转型升级,一是服务业内部结构高级化,大力推动科学咨询、专业服务、信息、教育、医疗、文化等知识密集型服务业发展;二是加快建设制造强国,加快发展先进制造业,推动互联网、大数据、人工智能和实体经济深度融合;三是构建现代农业产业体系、生产体系、经营体系,完善农业支持保护制度,发展多种形式适度规模经营,培育新型农业经营主体,健全农业社会化服务体系,实现小农户和现代农业发展有机衔接。

产业体系演化的两个阶段在中国正好分别对应了传统经济体系和现代化经济体系。传统经济体系在产业体系上表现为工业主导,产业内部结构以低端为主。建设现代化经济体系,在产业体系上则要从工业主导转向服务业主导,产业内部结构从低端转向高级化。

四、增长阶段：从高速增长转向稳速增长，从低质量发展转向高质量发展

"增长阶段"概念属于宏观经济学范畴。党的十九大报告指出"我国经济已由高速增长阶段转向高质量发展阶段"。类似的概念还包括经济增长方式、增长阶段等。其实，我国在"九五"时期（1996—2000年）就提出经济增长方式要从粗放型向集约型转变，"十一五"规划再提"加快转变经济增长方式"，党的十七大时相应术语改为转变"经济发展方式"。吴敬琏（2005、2013）采用"增长模式"的提法来概括上述转变。中国经济增长前沿课题组（2012）则使用了"增长阶段"，将中国正在经历的增长阶段转换概括为高投资和出口驱动的经济增长阶段Ⅰ向城市化和服务业发展主导的经济稳速增长阶段Ⅱ。无论是政策话语还是学术话语，各自内涵虽略有不同，但实质是一致的。"高质量发展"阶段主要依靠技术进步、效率驱动；"高速增长"阶段则主要依靠高投资、劳动参与率增加等要素驱动。

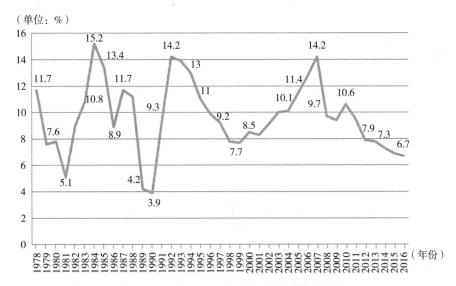

图1-4　1978—2016年中国GDP年度增长率

资料来源：根据历年《中国统计年鉴》数据制图。

高速增长阶段,经济发展质量相对较低。一是经济波动幅度大,大起大落比较明显。其主要表现是经济增长速度的大起大落。高速增长阶段的"高速",指的是平均速度、总的趋势;具体到各年份,增长率的波动则很明显。如图 1-4 所示,1978—2012 年间,GDP 年度增长率最高曾达到 15.2%(1984 年),14.2%(1992 年、2007 年);低谷时则仅有 4.2%(1989 年),3.9%(1990 年),7.7%(1999 年)。价格水平的大起大落,20 世纪 80 年代至 90 年代中期出现了四次通货膨胀,最高达到 24.1%(1994 年)。20 世纪 90 年代中期之后,通货膨胀问题有所缓解,但资产价格出现了大起大落。我国股票市场自 1990 年建立以来就波动较大,21 世纪以后的波动尤其剧烈。1994 年开始全面推进住房商品化,将房地产建设的收益下放至企业和地方政府,用金融手段支持和鼓励居民购房,到 21 世纪初,房价开始迅猛上涨,不但成为重大民生问题,也成为重要的宏观经济问题。二是由于是要素驱动,对资源、环境的破坏较大。

综上所述,建设现代化经济体系,要从高速增长阶段转向高质量发展阶段。具体来说,包括两个维度的转向:第一个维度是速度,经济增长速度从高速减下来;第二个维度是质量,经济发展质量提高。

第三节 "四个机制":经济体系的动态分析

上节我们比较现代化经济体系与传统经济体系时,阐释了建设现代化经济体系的四个转向。本节将表明,这四个转向不是孤立的,而是相互关联、相互作用的。这种相互作用反映了经济体系的运转机制。

一、机制1:社会主要矛盾决定资源配置方式

同一经济体系内部社会主要矛盾与资源配置方式之间的匹配组合不是随机的。社会主要矛盾即供需体系之间的矛盾,而资源配置方式是引导供给适应需求的方式,即解决社会主要矛盾的工具,二者存在显著的关联性。

当社会主要矛盾是总量性的,即落后的社会生产制约着人民对各种

类型物质文化产品的需求时，总量扩张是压倒性的任务，生产的方向也几乎是确定性的。尤其在改革开放初期，经济处于普遍短缺状态，只要开足马力，生产什么都挣钱。对相对价格、资源相对稀缺性的判断虽然也重要，但总体上还是第二位的。在这种情况下，除了开放市场竞争以解决计划经济造成的普遍稀缺之外，政府尤其是地方政府在经济增长中往往承担了直接的角色。

当社会主要矛盾已经变化，供给体系和需求体系之间的矛盾主要是结构性的时候，有必要使市场在资源配置中发挥比"基础性作用"更大的作用，即"决定性作用"。原因在于，虽然政府计划者能从总体上判断结构失衡的方向，但要满足具体的、已呈多样化、个性化的消费者需求，则相对价格的信号作用价值更大；需要有创新精神的"企业家"在市场上发现需求乃至创造需求。

具体来说，可从"美好生活需要"相对于"物质文化需要"的两个方面变化看市场和政府干预的方式变化和相对重要性。

一是"美好生活需要"相对于"物质文化需要"的"层次提升"，这要求发挥市场机制的主导作用，而且要求更为复杂、精巧的市场机制。人民对物质文化生活提出了更高要求，更加关注产品和服务质量。产品和服务质量常常涉及信息不对称问题：消费者购买之前无法确知产品质量，只有通过实际使用才能体验到；同时产品质量是不可验证的（nonverifiable），即无法被法院等第三方证实，从而消费者买到低质量产品后难以诉诸法律索偿。当企业和消费者关于产品质量存在信息不对称时，企业往往有偷工减料、降低成本、降低质量的机会主义行为。此时，品牌和市场声誉机制就至关重要：只要市场信息透明，以次充好虽可在短期内增加利润，长期来看会失去消费者信任、失去声誉，得不偿失。不过，信息不对称条件下的市场声誉机制对均衡价格提出了要求，即使在竞争性环境下价格也应该高于边际成本，企业有利润才有维持声誉的动力。

二是"美好生活需要"相对于"物质文化需要"的范围扩展，这要求转变政府职能。如果说在过去，政府尤其是地方政府，直接干预甚至某种程度主导了经济增长；在新时代则强调"更好发挥政府作用"，政府要在制度产品、政策产品的供应中承担责任，为公共产品融资，满足"美好生活需要"中更具公共性质的需要。可见不是简单的政府作用量大量小问题，更重要的是政府职能转型，从"增长型政府"转型为"公共服务型政府"。

三是对医疗、教育、养老等服务，既涉及范围扩展，也涉及层次提升的，则需要政府与市场组合发力。以医疗卫生服务为例，医疗卫生服务有正外部性：部分公共卫生服务具有公共产品的性质；普通医疗服务虽不是严格意义上的公共产品，也有很强的正外部性。从医疗服务的需求方看，患病有不确定性，部分疾病还可能给个人甚至家庭造成毁灭性打击；因此医疗需求不能仅由个人偏好和收入决定，必须在社会成员间进行互助共济以分散风险，相应的制度安排或为医保或为救助。这些都意味着政府要在医疗卫生服务中承担重要责任。这也是前述第二条从"增长型政府"转型为"公共服务型政府"的题中应有之义。但是，在医疗卫生行业只强调政府作用，直接建立公立医院主导的医疗卫生体制，就很难激励医生努力工作，因为上级机构无法直接观察到医生的努力程度，医生有可能偷懒、推诿病人。简单加强绩效考核，或简单借助市场机制并不能解决问题。因为无论绩效考核还是简单市场机制，只能借助一些不完美的信号（指标）推断医生行为，如诊疗人次、业务收入、诊疗效果等。而医疗服务提供中还存在另一种形式的信息不对称：患者缺乏专业知识，需要医生代为选择有效且便宜的诊疗方案；医生可能出于个人（机构）收入考量诱导患者过度诊疗。卫生经济学著名的供给诱导理论就是这个意思。可见简单强化绩效考核，或简单市场机制，在激励医生努力的同时又会导致过度医疗。运转良好的医疗卫生体制需要同时发挥市场和政府的作用，需要精巧的市场机制。具体来说，政府在医疗卫生领域负有责任并不意味着政府要直接提供医疗卫生服务，更好发挥政府作用的有效方式是政府"补需方"，以财政补贴推动建立社会医疗保险制度；同时放开医疗服务供给，形成公立医疗机构、民营非营利医疗机构、民营营利性医疗机构相互竞争的局面，才是兼顾公平与效率的有效制度安排（杜创和朱恒鹏，

2016）。在此格局下，医疗服务相对价格结构，医疗保险对医疗服务提供方的支付方式都很重要（杜创，2013、2017）。

基于本小节的论述，我们总结机制1如下。

机制1：社会主要矛盾的性质决定了资源配置方式的选择。当社会主要矛盾是总量性的，"政府主导+增长型政府+基础性的市场机制"是有效的资源配置方式组合；随着社会主要矛盾转化为结构性矛盾，资源配置应转向"市场主导"，发展更加复杂精巧的市场机制，政府职能转向公共服务。

这里我们特别强调：理解机制1的关键是社会主要矛盾变化的二重性决定了资源配置方式组合变化的二重性。如果只看到"美好生活需要"相对于"物质文化需要"的范围扩展，则将只看到政府职能转型，甚至只看到政府在民生领域承担更多责任，可能会误解为市场化的作用在淡化。只有同时看到"美好生活需要"相对于"物质文化需要"的质量层次提升，才能看到进一步市场化的必要性，要发挥市场在资源配置中的决定性作用，发展更加复杂精巧的市场机制。

二、机制2：资源配置方式决定产业体系特征

政府主导资源配置、直接干预经济发展，可以集中动员全社会资本和劳动力资源，有助于后发国家快速推进工业化，实现起飞；此点既为经典发展理论所认同，也是中国计划经济时代和改革开放的现实。当然，完全由政府计划决定资源配置会导致工业化过程中的一系列问题。例如20世纪50年代末期的过快工业化教训、重工业与轻工业比例失调、大量剩余劳动力仍然在农村，形成二元经济格局。改革开放后，逐步发挥市场的基础性作用，中国的持续工业化进程才逐步解决了前述问题，实现了结构优化。

"政府主导+增长型政府+基础性的市场机制"的模式推动形成了工业主导的产业体系，但也导致各产业内部效率较低、低端主导的格局。当前尤其是服务业效率低的问题很突出。中国经济增长前沿课题组（2014、2015）的系列研究表明，中国全社会固定资产投资的一半以上涌

入传统(低效率)服务业部门,尤其是基础设施和房地产投资承担了投资的主要部分;而在科教文卫等知识密集型服务业,虽然聚集了大量受过高等教育的人才,但受制于事业单位体制,人力资本的效率并没有发挥出来。人力资本的错配阻碍了人力资本的有效使用。大学以上学历劳动者大量进入并沉积在服务业部门,主要分布在科教文卫等非市场化的事业单位和高度管制的电信、金融、交通业及公共服务部门,而事业单位体制和管制制约了人力资本生产效率的发挥,出现了全社会平均受教育年限较低和部分行业教育过度并存的现象。生产性部门人力资本配置相对较低,制约了产业结构升级和经济增长质量的提高,同时人力资本在非市场化部门的沉积,压低了人力资本的报酬水平,从而降低了居民投资人力资本的积极性,不利于现代服务业的发展和结构变迁的推进。因此,必须通过事业单位改革、电信金融等现代服务业的规制改革和公共服务部门管制改革,吸引社会资本进入服务业,优化人力资本的配置,提高人力资本定价的市场化程度,才能优化经济增长与结构变迁的动力机制。

改革开放以来,随着经济市场化进程不断加深,服务业增加值占GDP比重也逐渐提高,当前已略超过50%。如果仍然延续政府主导模式,原先存在的严重资源错配将会阻碍现代服务业发展。建立现代服务业主导、中高端主导的产业体系,需要进一步推动市场化进程,发挥市场在资源配置中的决定性作用,而且要发展更加精巧的市场机制。我们可以从两个角度看这一关系。

一是国际经验。中国服务业增加值占GDP比重已经超过50%,与这一比重类似的是第二次世界大战结束时的美国。第二次世界大战后美国经历了服务经济的兴起。从1950年到2000年,美国服务业增加值占GDP的比重从60%增加到80%,而且服务价格、实际数量都有增长。研究表明,战后美国服务业的高速增长是服务市场化的过程,而且是由对技能密集型服务的消费增长驱动的:20个百分点的增长都来自技能密集型服务业(skill-intensive services)的增长,低技能服务业占GDP的份额实际上还下降了(Buera 和 Kaboski,2012)。

二是理论逻辑。知识密集型服务业,如科学技术咨询、专业服务、教育服务、医疗卫生服务等,都具有信任品(Credence Goods)性质(Dulleck 和 Kerschbamer,2006),即消费者缺乏专业知识,需要专家供给者代为选择合适的产品组合,因而往往出现"供给诱导需求"的问题。在这些行业中,信息不对称具有多维性质,单纯政府替代市场并不能解决问题;市场机制起作用的方式复杂精巧,不是简单的"价格—数量"均衡关系。我们在论证机制 1 时曾以医疗服务为例讨论过政府与市场的组合如何提高行业效率。

基于本小节的论述,我们总结机制 2 如下。

机制 2:资源配置方式决定产业体系特征。当资源配置方式组合为"政府主导+增长型政府+基础性的市场机制",后发国家可以快速推进工业化,形成工业主导的产业体系,但各产业内部也以低端为主;当资源配置方式组合为"市场主导+精巧的市场机制+公共服务型政府",则可建立服务业主导且各产业内部结构高级化的产业体系。

三、机制 3:产业体系特征与增长阶段的一致性

从高速增长阶段转向高质量发展阶段,实际上是两个维度的转向。第一个维度是速度,经济增长速度从高速减下来;第二个维度是质量,经济发展质量提高了。这两个维度的转向可以从产业体系的二维结构性特征得到解释。

(一)从工业主导到服务业主导引起结构性减速

当资源配置方式的主要特征是政府主导的情况下,大规模投资成为经济增长的主要驱动力。增长理论表明,高投资(高储蓄率)虽可以在短期内导致经济高速增长,最终由于资本的边际生产力递减,高储蓄率、高投资的优势会被抵消;长期内,平衡增长路径上的人均产出增长率由技术进步增长率决定。改革开放以来,快速工业化进程使得劳动力逐渐从农业部门转移出来,转向相对高效率的工业部门,经济结构发生了由二元向一元工业化的演进,于是经济增长呈现"结构性加速"。随着经济结构渐趋成熟,就业向服务业部门集中,高就业比重、低劳动生产率增长率的第

三产业的扩张,拉低了全社会劳动生产率增长率,导致经济的"结构性减速"(袁富华,2012)。

(二)各产业内部结构高级化推动高质量发展

经济结构服务化①导致增长速度降低的同时能否实现质量提升？袁富华、张平、刘霞辉、楠玉(2016)的研究表明,这取决于经济结构服务化的路径。经济结构服务化存在两种不同的路径。(1)欧洲、北美等发达国家:在服务业超过第二产业成为国民经济主导的同时实现了服务业结构高级化,形成"高劳动生产率、高消费能力、高资本深化能力"的高效率模式。(2)拉美国家:经济服务化则表现为传统服务业和低层次消费结构主导,服务业转型升级路径无法形成,服务业比重增加的同时伴随着人口漂移和鲍莫尔成本病,经济增长长期陷入停滞。正反两方面的经验教训表明,服务业主导经济的过程必须伴随服务业内部结构高级化的过程,即科教文卫等知识密集型服务业主导,才能避免增长非连续性,实现增长跨越和高质量发展。

基于本小节的论述,我们总结机制 3 如下。

机制 3:产业体系特征与经济增长阶段的一致性。改革开放以来,中国工业化所导致的"结构性加速"成就了高速增长阶段;但是随着经济结构服务化,"结构性减速"随之发生,服务业主导的同时实现各次产业内部结构高级化才能实现经济高质量发展。

四、机制 4:经济体系的内生转化

将机制 1、2、3 连接起来,可以形成"社会主要矛盾→资源配置方式→产业体系→增长阶段"的逻辑链条。传统经济体系或现代化经济体系的内部运行机制都可以通过这个逻辑链条得到解释,但这个逻辑链条没有回答为什么会发生从传统经济体系到现代化经济体系的转换。为此,我们需要最后一个机制,将二者连接起来。

---

① 这里用经济结构服务化这个概念,意指服务化不仅仅指三次产业结构中服务业占比过半,还意味着整个经济社会随之发生的一系列变化。

应用机制 1 到机制 3 解释传统经济体系的内部运行机制,即总量性的社会主要矛盾决定了有效率的资源配置方式组合是"政府主导+增长型政府+基础性的市场机制";由此导致了工业主导的产业体系,经济高速增长但质量较低。高速增长阶段到一定时候反过来引起社会主要矛盾的变化。

第一,经济高速增长带动居民收入增加和人口结构转型,进而引起需求结构转型。在高速增长下,居民收入水平逐步提升,总体上达到小康水平,尤其是即将全面实现小康的时候,消费需求逐渐呈现出个性化、多样化的特征,消费者对产品和服务质量更加关注,对幼有所育、学有所教、劳有所得、病有所医、老有所养、住有所居、弱有所扶更加关注。此外,伴随经济高速增长的人口结构转型也引起消费偏好改变。例如,人口老龄化使得社会对医疗、养老等的需求激增。

第二,低质量发展引发的问题越来越突出,最终凸显为发展的不平衡不充分。这种不平衡不充分体现在产业结构、空间布局、结构性宏观风险等方面。

在产业结构上,产能过剩与短板并存。政府主导、投资驱动的增长阶段之下,容易发生低水平重复建设,并导致部分行业产能过剩。而且,产能过剩与大量的"短板"并存。高质量产品供给严重不足,创新驱动的行业发展不充分,构成经济中的短板。

在空间布局上,高速增长过程中供给体系对需求体系的适应并不总是均匀的,而是有显著的不平衡性。从区域看,东部地区实现了率先发展;中西部地区发展相对缓慢。从城乡关系看,城镇化进程持续推进,但是也出现了市民化进程滞后、城乡差距扩大等问题。从对外开放看,则是出口和进口的不平衡,"引进来"和"走出去"的不平衡。

高速增长过程中宏观风险积累。(1)高杠杆率问题。李扬、张晓晶、常欣、汤铎铎、李成(2012a、2012b)关于国家资产负债表的研究显示,各级政府以及国有企业的负债以高于私人部门的增长率扩张,凸显了政府主导经济活动的体制特征。政府主导的高速增长阶段从两个方面推高了杠杆率。一是政府直接介入经济活动,从而形成了大量显性意义上的政府负债特别是地方层面的政府负债。地方政府承担了大量的经济建设职能,而体制性的资金来源却严重不足,这使得地方政府不得不通过大量非规范的负债来支撑其投资机会,"地方融资平台"应运而生并得到长足发展。二是政府对经济活动大量进行间接干预或提供隐性担保,使得国有企业、商业银行的不良贷款以及社保基金缺口成为政府的隐性或有负债。在经济高速增长时期,对外资产、基础设施以及房地产资产迅速累积,使得国民资产负债表的资产净值为正,高杠杆风险因此被掩盖;一旦经济减速,地方债务风险将凸显出来。(2)企业税费负担问题。改革开放以来中国逐渐形成的税制格局基本特征是以间接税为主的税收收入结构,以企业为主的税源结构(高培勇,2015)。这是同高速增长阶段相适应的,因为分税制下这种格局使得地方政府与企业之间在经济发展上形成了休戚与共的关系:企业发展得越好,税基越稳固,地方政府收入越高。同时,企业为主的税源结构也为地方政府实施各种税收优惠、招商引资提供了可能性。但是,一旦经济增长的速度慢下来,企业税负问题就会显现。

归结为一句话,即需求和供给两个方面的变化使得社会主要矛盾已转变为人民日益增长的美好生活需要同不平衡不充分的发展之间的矛盾。

基于本小节的论述,我们总结机制4如下。

机制4:经济体系的内生转化。高速增长到一定程度,引起社会主要矛盾从总量性到结构性的转化,进而导致从传统经济体系到现代化经济体系的内生转化。

综上所述,本章以经济体系为核心概念,通过演绎经济体系四个核心要素,即"社会主要矛盾→资源配置方式→产业体系→增长阶段"的内在逻辑关系,阐释了经济体系的内在运行机制及传统经济体系到现代化经济体系的转型逻辑,即"四个转向"和"四个机制"。

本章搭建的逻辑框架,在某种意义上形成了"经济体系学"的雏形。当然这个逻辑框架还需要细化,尤其是"四个机制"中一些关键问题需要更翔实的理论分析和经验证据;而且本章关于现代化经济体系的研究及其与传统经济体系的比较,主要着眼于运行机制层面,涉及一些政策问题但不全面,更未及于深层次的制度层面。鉴于此,本书后续章节分别沿这些方向做进一步研究。

第二章　夯实现代化经济体系的微观基础

本书第一章构建了分析现代化经济体系建设问题的逻辑框架,从理论上阐释了传统经济体系到现代化经济体系的"四个转向"和"四个机制";尤其是对资源配置方式和产业体系特征做了描述,论证社会主要矛盾的性质决定了资源配置方式的实际选择,资源配置方式的选择又进一步决定了产业体系特征。随着社会主要矛盾转化为结构性矛盾,应发挥市场在资源配置中的决定性作用,发展更加复杂精巧的市场机制;建立服务业主导且各产业内部结构高级化的产业体系。

第一章的讨论相对理论化,且限于篇幅许多环节未及展开。本章将首先从微观基础角度进一步分析现代化经济体系建设。第一节讨论如何建立统一开放、竞争有序的现代市场体系,完善和优化要素市场配置,这是使市场在资源配置中起决定性作用的基础。在单个行业中形成有效市场竞争的基础上,现代化经济体系需要建立起一个完整的产业体系,第二节讨论如何建立创新引领、协同发展的现代产业体系。同时,为了尽可能提高资源配置效率,降低交易费用和市场失灵的损失,现代化经济体系更需要一个与时俱进的、适当的产权制度,这是第三节重点分析的内容。

第一节　现代市场体系

党的十八届三中全会通过的《中共中央关于全面深化改革若干重大问题的决定》提出:"建设统一开放、竞争有序的市场体系,是使市场在资源配置中起决定性作用的基础。必须加快形成企业自主经营、公平竞争，消费者自由选择、自主消费，商品和要素自由流动、平等交换的现代市场体系，着力清除市场壁垒，提高资源配置效率和公平性。"这为发展与完善我国的市场体系指明了方向。

党的十九大报告再次强调市场体系的重要性，从建设现代化经济体系的高度对市场体系建设提出了具体要求："全面实施市场准入负面清单制度，清理废除妨碍统一市场和公平竞争的各种规定和做法，支持民营企业发展，激发各类市场主体活力。深化商事制度改革，打破行政性垄断，防止市场垄断，加快要素价格市场化改革，放宽服务业准入限制，完善市场监管体制。"

市场体系是由各类市场组成的有机整体。按国民经济产业划分，市场体系由农产品市场、工业品市场、服务市场等；按生产过程划分，市场体系由产品市场和要素市场组成，要素市场则包括劳动力市场、资本市场、土地市场等；按产品质量划分，同一市场体系内包括高端、高质量产品市场和低端、普通产品市场；按平台的作用划分，分为单边市场和双边市场。

"市场体系"概念为我们深化对市场机制的认识、进一步推动市场化进程提供了独特视角，提示我们要促进各类市场平衡发展，关注不同类型市场在价格机制、准入等方面的特殊性。从市场体系的角度，我们可以发现，改革开放以来虽然一直在推进市场化，但各类市场的发育发展是不平衡的。与工业品市场相比，服务市场发展还很不充分；与产品市场相比，要素市场发展还很不充分；与低端、普通产品市场相比，高端、高质量产品市场发展还很不充分；与单边市场相比，双边市场的重要性越来越大。如第一章所述，市场体系发展的这种不平衡性与社会主要矛盾的性质有关。随着社会主要矛盾的变化，要促进市场体系平衡发展，需要注意不同类型市场机制的差异。

对于普通的、工业品、消费品、单边市场，市场机制相对简单，大多数经济研究者都耳熟能详，其基本原理是供求关系调节市场价格与数量。消费者对某种商品的需求水平提升了，出现供不应求的状况，则商品价格随之上升,对该商品的生产变得更加有利可图,现有厂商会增加该商品的生产,同时也会吸引更多新厂商进入,使得供给逐渐满足需求。在不同产业之间也表现为类似的方式:供求关系变化引起相对价格变化,进而引导生产者在不同产业之间进入和退出。

高质量产品市场、服务市场、要素市场、双边市场也遵循上述供求关系的基本原理,但在具体的市场机制上更复杂、精巧。建设现代市场体系,有必要认识市场机制的特殊性规律。以下我们分别从高质量产品市场、服务市场、要素市场、双边市场四个方面讨论现代市场体系建设的重点、难点。

一、高质量产品市场

中国经过 40 年改革开放,经济已由高速增长阶段转向高质量发展阶段,消费者需求特征发生深刻变化,对产品和服务品质的关注度越来越高。然而,产品质量却成为我国市场经济建设的"短板"——供给体系产能大多数只能满足中低端、低质量的需求,产品质量事件时有发生。

分析产品质量供给相关的市场机制,适宜的经济学框架是"体验品"(experience goods)研究。产品质量只有通过消费者实际使用才能体验到,同时产品质量往往是不可验证的,即无法被法院等第三方证实(或诉诸法律的成本太高),从而消费者购买到低质量产品后难以诉诸法律索偿。工业产品(及一般性服务)都具有体验品特征。信息不对称使得体验品市场上消费者面临供给者的道德风险问题,市场结果可能是低效率的,消费者苦于产品低质量。经济学表明市场声誉机制可以克服厂商道德风险。

考虑某种体验品市场,厂商可以选择低努力水平生产或高努力水平生产。选择高努力水平生产时付出的成本更高,但更有可能生产高质量的产品。消费者无法观察到厂商的努力水平,仅在购买之后才能够观察到产品质量的一个不完美信号。厂商的道德风险问题就自然产生了。若消费者相信厂商会付出高努力并因此支付高价格,则厂商的最优反应将是选择低努力、以更低的成本提供低质量产品;消费者预计到这一点,就不会相信厂商,甚至不会购买从而导致市场消失。由于体验品质量的不可验证性,消费者和厂商也很难直接就产品质量水平签订可执行的合约。

声誉机制至少可以部分克服上述道德风险。基本逻辑其实很简单,就是短期诱惑与长期利益之间的权衡问题。虽然消费者在购买时不知道产品质量如何,但使用、体验之后就了解了;如果消费者的体验可以成为市场上的公开信息,下次就没有人再买低质量产品了。这样,有长远眼光的企业就会克服降低成本、生产低质量产品的短期诱惑。

经济学研究表明,体验品市场声誉机制发挥作用,需要几个条件。

一是"声誉溢价"(Klein 和 Leffler,1981;Shapiro,1983)。即使在竞争性的体验品市场上,高质量产品的价格也要高于边际成本,二者之差即声誉溢价。声誉溢价使得品牌厂商稳定获得正利润,才使之有动力维持声誉,不受短期诱惑。当然正利润会吸引其他行业厂商的进入,但进入竞争导致的零利润结果不是降价实现的,而是进入者在进入时需要付出一笔额外成本(如广告费)才能成为有声誉的品牌商。前期投入成本与声誉溢价带来的利润正好相互抵消,使得竞争性体验品市场的期望利润为零,价格又高于边际成本。

二是消费者信念影响市场均衡结果。体验品市场声誉机制是消费者信念自我实现(self-fulfilling)的结果:消费者信任厂商会付出高努力提供高质量产品,在一定条件下(包括"声誉溢价"等)厂商的最优选择也确实是付出高努力,这样消费者的信念就自我实现了。然而,重复博弈往往有多重均衡,在相同条件下,消费者的另一种信念也是自我实现的。如消费者不信任厂商,认为厂商付出低努力,就不愿支付高价购买产品;给定消费者不信任,厂商的最优选择就是付出低努力。在这种情况下,消费者的信念也是自我实现的。消费者信念可能会受到一系列非经济因素影响,如社会政治环境、文化传统等。

三是要使厂商有足够耐心,重视长远利益,需要相对稳定的市场环境、产权保护。有恒产者有恒心。如果财产面临非法剥夺的风险,则厂商不会重视声誉,捞一笔就走将成为常态。我们在第三节将详细讨论产权制度建设。

二、服务市场

中国经济由高速增长阶段转向高质量发展阶段,消费者需求特征发生的另一个变化是范围扩展,即在物质文化需要之外,对健康、教育、文化、专业咨询等服务的需求凸显。与此相一致,服务业逐渐超越工业成为我国国民经济的第一大产业。然而,经济服务化的过程仍存在趋于低端化的风险,医疗卫生、教育咨询、科学文化等知识密集型服务业的发展就面临市场机制不畅、服务质量不高等问题。

医疗卫生、教育咨询、科学文化等知识密集型服务业的市场机制更为复杂,其中既有正外部性带来的问题,也有特殊的信息不对称问题。

以医疗卫生服务为例,医疗卫生服务还有正外部性:部分公共卫生服务具有公共产品的性质;普通医疗服务虽不是严格意义上的公共产品,也有很强的正外部性。从医疗服务的需求方看,患病有不确定性,部分疾病还可能给个人甚至家庭造成毁灭性打击。因此,医疗需求不能仅由个人偏好和收入决定,必须在社会成员间进行互助共济以分散风险,相应的制度安排或为医保或为救助。这些都意味着政府要在医疗卫生服务中承担重要责任。但是,在医疗卫生行业只强调政府作用,直接建立公立医院主导的医疗卫生体制,就很难激励医生努力工作,因为上级机构无法直接观察到医生的努力程度,医生有可能偷懒、推诿病人。简单加强绩效考核,或采用简单的借助市场机制并不能解决问题。因为无论绩效考核还是简单市场机制,只能借助一些不完美的信号(指标)推断医生行为,如诊疗人次、业务收入、诊疗效果等。而医疗服务提供中还存在另一种形式的信息不对称:患者缺乏专业知识,需要医生代为选择有效且便宜的诊疗方案;医生可能出于个人(机构)收入考量诱导患者过度诊疗。卫生经济学著名的"供给诱导需求"假说就是这个意思。可见简单强化绩效考核,或采用简单的市场机制,在激励医生努力的同时又会导致过度医疗。运转良好的医疗卫生体制需要同时发挥市场和政府的作用,需要精巧的市场机制。具体来说,政府在医疗卫生领域负有责任并不意味着政府要直接提供医疗卫生服务,更好发挥政府作用的有效方式是政府"补需方",以财政补贴推动建立社会医疗保险制度;同时放开医疗服务供给,形成公立医疗机构、民营非营利性医疗机构、民营营利性医疗机构相互竞争的局面,才是兼顾公平与效率的有效制度安排(杜创和朱恒鹏,2016)。

在此格局下,医疗服务相对价格结构,医疗保险对医疗服务提供方的支付方式都很重要。我们的前期研究有两项发现。

第一,价格管制可能适得其反。长期以来,中国医疗服务行业有严格的价格管制。其特征,一是按服务项目逐项管制,即详细规定每一项医疗服务可以收取的最高价格;二是压低医疗服务价格,但允许在药品销售、医疗检查收费上获得一定的利润。杜创(2013)从理论上分析了价格管制如何导致过度医疗:由于诊费被压到过低的程度,医院和医生通过过度医疗的方式赚取利润。过度医疗包括过度用药和过度检查两种形式。

第二,医疗行业最优"价格管制"需要以市场机制为基础,实质上是买方定价。相较于普通产品和服务,医疗服务行业的一个重要特征是独特的需方制度安排——医疗保险制度。医疗保险机构不仅为参保人提供保险,而且凭借其谈判力量往往可以决定价格。基本的医保支付方式有两种。一是后付制,即按服务项目付费,医保机构根据医疗机构实际提供的诊疗项目种类、成本提供费用补偿。二是预付制,例如按诊断相关组付费(DRGs)。DRGs 根据疾病类型等指标将住院病例分为若干诊断相关组,每组都有统一的费率。费率计算以全国范围内医院平均成本为基础,会考虑地区差异。DRGs 的精髓是住院费用按诊断相关组预先固定,与单个医院实际提供的诊疗项目种类、成本无关,也与组内疾病严重程度无关,费用控制的压力就由保险机构转移到了医院。后付制与预付制各有利弊:后付制下的主要问题是可能诱发过度医疗问题,预付制下则可能发生诊疗不足。医保机构如何依据客观参数权衡利弊选择最优支付方式?我们关于最优医保支付方式的理论研究表明(杜创,2017):(1)无论医保机构实行预付制或后付制,为激励医院诚实诊疗,最优价格管制应保证医院获得正利润。(2)若患者自付比例足够低,则预付制优于后付制;若治疗成本随疾病严重程度变化足够大或医院不重视未来收益,则后付制优于预付制。模型预测,随着中国医疗保障水平提高,医保将更倾向于采用预付制。

放宽服务业市场准入。在市场准入方面,当前的主要问题不在于正式的法律规定、政策文件。如果去看关于市场准入的正式法律规定、政策文件,很难找到妨碍统一市场和公平竞争的规定和做法。真正值得关注的是管制的"潜规则"。这些"潜规则"曾经构成了"玻璃门",将社会力量挡在门外。

以医疗机构准入为例。1994年,国务院颁布《医疗机构管理条例》,其中规定医疗机构准入审批分为两步:第一步,必须取得县级以上地方人民政府卫生行政部门的设置医疗机构批准书。为此,必须提交可行性研究报告、选址报告和建筑设计平面图等等。第二步,执业登记,取得《医疗机构执业许可证》。为此,必须有适合的场所、设备、专业卫生技术人员,符合医疗机构基本标准。① 这两步都有明确的时限:县级以上地方人民政府卫生行政部门应当自受理设置申请之日起30日内,作出批准或者不批准的书面答复;自受理执业登记申请之日起45日内审核,决定合格或不合格。上述关于医疗机构准入的政策规定中规中矩。我们调研中发现,有申请开办医院或诊所数年而未得者。问题在不起眼的两个字上:"受理"。请注意,前述30日或45日的时限规定,都是说在"受理"之后,而不是收到资料齐全的申请书之后。这并非咬文嚼字,收到资料齐全的申请书仍然可以不予受理,因为没有任何政策文件规定"受理"的条件是什么。文本比较可以帮我们看清楚"受理"和"收齐申请资料"是不同的概念。且看两个例子。第一个例子,是同属卫生法规的《执业医师法》,明文规定国家实行医师执业注册制度,"受理申请的卫生行政部门应当自收到申请之日起三十日内准予注册"。第二个例子,政府也严格管制

---

① 此后非营利性、营利性医疗机构分别还要到民政、工商部门注册,营利性机构还要领税务登记证。

银行业市场准入,然而规则更明确。按照《中华人民共和国银行业监督管理法》(2003)第二十二条规定,申请开设银行,银监会应当"自收到申请文件之日起六个月内",作出批准或者不批准的书面决定;决定不批准的,应当说明理由。这就确定了,六个月见"生死"。

　　再来看看医生准入。现在医生多点执业乃至自由执业,法律法规上的一大"障碍"是执业地点限制。那这障碍是怎么形成的? 1999 年颁布的《执业医师法》,关于医生执业地点问题只有两条规定:"第十四条　医师经注册后,可以在医疗、预防、保健机构中按照注册的执业地点、执业类别、执业范围执业,从事相应的医疗、预防、保健业务。未经医师注册取得执业证书,不得从事医师执业活动。""第十七条　医师变更执业地点、执业类别、执业范围等注册事项的,应当到准予注册的卫生行政部门依照本法第十三条的规定办理变更注册手续。"这两条没说执业地点只能是一家医疗机构,不能是多家;甚至没说执业地点必须是医疗机构,不能是某个区域,比如说,北京市(任何医疗机构)。那障碍在哪儿呢? 在主管行政部门。1999 年,根据《执业医师法》,原卫生部颁布了《医师执业注册暂行办法》。其中第二条明确规定:"执业地点是指医师执业的医疗、预防、保健机构及其注册登记的地址";第二十五条规定:"医师执业地点在两个以上的管理规定另行制定。"由此明确不能多点执业。但这只是部门规章,连国务院法规都不是,更别提法律了,还是暂行的! 所谓"另行制定"则淹没在"规范性文件"的汪洋大海里。

　　从上述两个例子我们可以看到两类"潜规则"妨碍了统一市场和公平竞争。在第一个例子中,管制部门直接利用法律法规的文字模糊之处,增大实际执行时的主观裁量权,这是潜规则的一种类型。第二个例子则相对复杂一些。法律本身也有文字模糊之处,但作为潜规则,其"潜"体现在利用了法规体系的漏洞。按照《立法法》,我国的法律法规体系由四大类组成:"宪法、法律、行政法规、部门规章"。其中"宪法、法律"由全国人大制定;"行政法规"由国务院或省级人大制定;"部门规章"由国务院部委或省级政府制定。此外,还有各级政府及部门制定的"其他规范性文件",其位阶依序降低。从立法实践看,人大制定的法律常常是原则性的,语言文字不可避免有模糊之处。为此,常常需要出台更细化的行政法规或部门规章,以便法律执行。许多行政法规、部门规章还需要其他规范性文件进一步具体化。这样一来,本该由司法部门承担的释法工作就转移到了行政部门,通过部门立法寻租就成为一种潜规则。

类似的潜规则例子还有很多,也不限于医疗卫生领域。国家已经注意到了这些潜规则带来的问题。国务院办公厅 2015 年出台的《关于促进社会办医加快发展的若干政策措施》,就明确规定试点执业医师"区域注册"。当前,我们需要全面清理类似的潜规则,并有针对性地通过法律法规、政策文件等明文予以纠正。但长期看,制度建设不可回避。其中一个重要制度即负面清单制度。党的十八届三中全会强调了市场负面清单制度,以法律法规形式建立市场禁止进入和限制进入清单,并且规定相关行业的准入标准和准入资质。从另一个角度而言,负面清单所规定的行业以外的其他行业,政府应当向市场开放,鼓励市场主体自由竞争,利用市场竞争规则分配社会资源以实现市场要素最大化配置。负面清单制度要求不同地区不同部门按照上述统一的规则进行市场准入审核和市场管理,这在实际上规避了政府主管机关非法干预市场竞争的可能,为公共、开放的市场环境提供了制度基础。以互联网行业为例,按照《国务院关于实行市场准入负面清单制度的意见》(国发〔2015〕55 号)精神,国家发展改革委会同有关部门研究制定了《互联网市场准入负面清单》(第一批,试行版)。规定了互联网行业禁止准入和限制准入行业清单和法律依据,也就厘清了允许企业自由准入的市场充分竞争行业和其他限制性行业的分野,在规避市场竞争失灵所带来弊端的同时,为市场竞争提供了制度和规则保障。

三、要素市场

最终产品市场和要素市场有很大区别。从需求侧来看,最终产品由广大消费者购买,其需求取决于消费者偏好与收入水平。而要素是用于生产最终产品的各种投入,包括资本品(原材料、厂房、机器)、劳动力、土地等,对要素的需求是一种派生的需求,即由最终产品市场上的厂商行为决定。最终产品市场上,买方市场势力比较少见,因为广大消费者是天然分散的①;但在要素市场上,买方垄断的现象时有发生。微观经济学基本原理告诉我们,与竞争性市场相比,买方垄断会减少对要素的需求。由于要素市场的派生性质,我们不难理解改革开放以来市场化进程中首先获得大发展的是产品市场,而要素市场化发展进程一直较为缓慢。

本小节我们以劳动力市场为例,讨论要素市场化配置过程中面临的制度障碍。

一是户籍制度问题。

自新中国成立以来,为了调控城市、农村人口分布和管制人口迁徙,国务院在1958年发布了《中华人民共和国户口登记条例》,拉开了新中国户籍管理的大幕。以是否为"农村户口"的户籍制定标准规定了城乡居民的不同福利、土地、管理和迁徙模式,在中国人口快速增长之时有效抑制了城市人口的集聚。然而,随着户籍制度的建立,城乡经济发展迎来了重要的分水岭:由于城市经济劳动生产率高,附加社会就业、医疗、教育、养老等各方面福利政策的倾斜,城乡间的壁垒逐步形成。

在与经济发展尤其是城镇化发展并行时,户籍制度仍处于较不完善的阶段,滞后于突飞猛进的城市化进程和人口迁移需求。据国家统计局最新发布的数据显示,2017年年末,我国城镇常住人口为81347万人,比上年末增加2049万人;城镇人口占总人口比重(城镇化率)为58.52%,比上年末提高1.17个百分点。与2012年相比,常住人口城镇化率提高5.95个百分点,城镇常住人口增加10165万人。当前的户籍制度在一定

---

① 医疗市场可能是一个例外,医疗保险机构代表参保人与供方医疗机构谈判,具有一定的市场势力。

程度上限制了城镇化进程,扩大了社会两极化发展,阻碍了市场配置下的人力资源要素分配。

户籍制度降低了劳动力的流动性。户籍壁垒加剧了异地务工劳动者工作的不稳定性和暂时性。受户籍制度限制,劳动力无法在就业地享受户籍相关的待遇,如果无法落户,劳动者就面临着必须更换工作的困境。在这一过程中,企业也会陷入"招工—聘任—劳动力流失—再次招工"的恶性循环,致使"招工荒"现象发生。一方面,在不断聘任—解约—再聘任的过程中,企业的招聘成本大幅增加,经营绩效受到严重影响;另一方面,短暂的聘任时间也让企业无法对劳动力进行系统性培训,劳动力质量无法得到有效提升,企业生产效益随之减弱。户籍制度的存在也会降低劳动者对目标工作的期望,从而减少劳动者接受高等教育的意愿。这在一定程度上抑制了中国劳动力供给质量和数量的提升,有碍于人口创新能力的全面发挥和市场经济发展。

户籍制度破坏了劳动力市场结构。受户籍制度的制约,部分企业企图通过落户等福利吸引高端人才。但是,紧收的户籍制度反而会增强高端人才的落户竞争关系,驱赶部分高端人才到其他区域就业。同时,由于普通劳动力自身的流动性,紧缩的户籍制度无法对其流出产生显著影响,城市经济发展的吸引力仍会驱使大部分普通劳动力流入,这就形成了人才挤出效应。本应向上发展的劳动力市场结构被迫掉头,转为向下发展,与市场经济的发展特征相违背,最终导致经济效应无法如期实现。

推进户籍制度改革,地方政府首当其冲。地方政府要正确认识户籍制度改革的重要性。在经济发展中,户籍制度改革和城镇化进程相互影响、相互推进。城镇化的不断发展为城市带来了经济发展所必需的新鲜血液——流动人口,提供了劳动力资源,缓解了人口老龄化和城市病等城市发展中所遇到的问题,增强了城市的活力和竞争力。这就要求地方政府大力推进户籍制度改革,推动城市间"移民",为城镇化进程增添活力。同时,流动人口同样应被纳入公共政策制定范围内。通过增强社会福利和公共服务的方式协助深化户籍制度改革。

二是事业单位编制问题。

事业单位在国家发展中的作用不可或缺。根据《事业单位登记管理暂行条例》的定义,事业单位是国家为了社会公益目的,由国家机关举办的或由其他组织利用国有资产举办的,从事教育、科技、文化、卫生等活动的社会服务组织。

事业单位正式员工一般拥有事业编制。拥有编制意味着拥有了"铁饭碗",除非触犯刑法或有重大政治问题,事业单位编制内员工不会因为能力不足或不适合单位需要而被解聘;编制内员工的基本工资也不会降低。编制问题比较复杂,不能说完全没有合理性。编制身份使得事业单位职工免于失业风险,因此可以相对自主地做一些探索性工作,例如科学研究。编制意味着弱激励,但有些行业性质实际中也只能是弱激励的,例如义务教育阶段的教育,不适合对教师有过强的物质激励。

随着经济社会逐渐走向市场化,编制管理的弊端也越来越多地显现出来。编制造成了高端人才市场的分割,即有编制的事业单位和无编制保障的企业。大量受过高等教育的优秀人才受编制身份吸引而选择了事业单位,不愿流向企业;但是受限于事业单位体制的低效性,这批高端人才在事业单位内部也无法有效发挥所长。对事业单位而言,一旦引进人员给予了编制身份,基本上便再也无法解雇;单位难以对员工实施真正意义上的强激励。总体上看,无法形成人才能进能出、优胜劣汰的局面。当前约三千万事业单位编制人员,大部分集中在医疗和教育行业,即知识密集型服务业。

改革现有编制管理制度,促进高端人才流动,对于我国高质量发展有重要的意义。我们建议:(1)教育行业,高等教育部分可以探索逐渐放弃编制管理,转向教授终身制(即发达国家的 Tenure 制度)。即刚毕业的博士进入高校只签订定期合同(三年至六年),非升即走,只有作出一定贡献成为教授(或副教授)后,才能获得终身雇佣待遇。(2)医疗行业可以探索放弃编制管理,使医生成为自由执业者,与医院之间成为合作关系,或自主选择成为医院雇员(非终身雇佣)。医疗行业编制改革需要全国同步,某地方试点往往很难有效果。因为放弃编制的试点地区可能会成为政策洼地,难以吸引优秀毕业生。

四、双边市场

双边市场(Two-sided Markets)是指这样一种市场,两组用户通过平台交易,其中一组用户的收益取决于另外一组用户的数量,即平台两端的用户存在着交叉网络外部性(Rochet 和 Tirole,2003、2006;Armstrong,2006)。因此,双边市场中的平台企业协调着两组互相需要的用户的需求,例如信用卡企业(万事达、Visa)协调商户与消费者之间的支付和收款需求,网购平台企业(亚马逊、京东、淘宝)协调商户和消费者之间的买卖关系等。双边市场存在的关键是不同用户组之间的交叉网络外部性,而交易费用和"搭便车"问题导致单个用户组无法低成本地解决这一网络外部性问题(Evans 等,2011)。双边市场的居中平台可以比其他市场机制更低的成本解决或减少这种交易费用,从而增进社会福利。因此,双边市场的平台企业高效地解决信息不对称和交易费用是双边市场存在的充分条件。那么为什么双边市场平台企业能够比其他的市场机制(如双边讨价还价、纵向合并)更有效呢? 这是因为双边市场中的价格结构非中性。在普通市场竞争中,市场价格通常能够反映市场成本。然而,在双边市场中,对于某一边的定价,不一定会反映该边的成本。假设平台企业存在买方(表示为 B)和卖方(表示为 S),平台对平台上的每次交易收取价格为 P_B 和 P_S。如果平台上的交易量 D 只取决于总价格 $P = P_B + P_S$,即交易量对买卖双方的费用分配是不敏感的,这时市场是单边的,此时最终的买方价格和卖方价格取决于双边的讨价还价能力。相反,如果保持总价格不变,平台交易量 D 与买方价格 P_B 和卖方价格 P_S 的分配有关,那么这个市场就是双边市场。表2-1阐述了双边市场的例子。

表 2-1　双边市场例子

名称	双边	平台
信用卡/微信支付/支付宝	消费者/商户	银联/Mastercard/Visa/腾讯/阿里巴巴
PC 操作系统	PC 用户/软件开发	微软/苹果
网购	消费者/商户	亚马逊/淘宝/京东
地产或有价证券中介	地产或有价证券买卖双方	中介公司
搜索引擎/报纸/网络媒体	用户或读者/广告商	谷歌/百度/报社/网络媒体
交友平台或俱乐部	单身男女	世纪佳缘/非诚勿扰/百合网

资料来源:笔者整理。

在互联网技术广泛应用和国家政策支持下,双边市场的平台企业或平台经济迅速崛起,成为新经济的领头羊。据阿里研究院、德勤研究 2017 年研究报告《平台经济协同治理三大议题》:"2016 年中国电子商务交易额超过 20 万亿元,网民 7.1 亿,互联网普及率达到 51.7%,如今平台经济正为中国经济营造出热气腾腾的发展场景。截至 2017 年 7 月,全球十大平台经济体市值已经超过十大传统跨国公司,其中中国公司占三席(见表 2-2)。"事实上,平台企业对现代化经济体系的作用不仅仅在于其自身巨大的市场价值,同时也是小微企业和创业者的重要支撑和渠道。国务院曾三次发文要求促进平台经济发展和平台助力创新创业。首先,以互联网为基础的电子商务平台成为经济发展的新动力:"电子商务与其他产业深度融合,成为促进创业、稳定就业、改善民生服务的重要平台,对工业化、信息化、城镇化、农业现代化同步发展起到关键性作用。"①其次,电子商务平台应当成为小微企业和创业者的重要支撑:"当前全球共享经济快速增长,基于互联网等方式的创业创新蓬勃兴起,众创、众包、众扶、众筹(以下统称四众)等大众创业万众创新支撑平台快速发展。鼓励

---

① 《国务院关于大力发展电子商务加快培育经济新动力的意见》国发〔2015〕24 号,见 www.gov.cn/zhengce/content/2015-05/07/content_9707.htm。

各类电子商务平台为小微企业和创业者提供支撑,降低创业门槛。"①"大力发展平台经济,以流通创新基地为基础,培育一批为中小企业和创业者提供专业化服务的平台载体,提高协同创新能力。"②

表2-2 全球十大平台经济体 vs 跨国公司

平台经济体				跨国公司			
名称	国家	市值(亿美元)	成立时间	名称	国家	市值(亿美元)	成立时间
苹果	美国	7808	1976	伯克希尔哈撒韦	美国	4341	1956
谷歌	美国	6491	1998	强生	美国	3596	1886
微软	美国	5619	1975	埃克森美孚	美国	3322	1882
Facebook	美国	4841	2004	摩根大通	美国	3277	1859
亚马逊	美国	4721	1995	富国银行	美国	2697	1852
阿里巴巴	中国	3946	1999	雀巢	瑞士	2623	1867
腾讯	中国	3811	1998	沃尔玛	美国	2455	1962
Priceline.com	美国	997	1998	美国电话电报公司	美国	2394	1877
百度	中国	784	2000	宝洁公司	美国	2325	1837
Netflix	美国	781	1997	通用电气	美国	2233	1892

资料来源:阿里研究院、德勤研究:《平台经济协同治理三大议题》,2017年10月。

平台经济不仅颠覆了许多传统的行业,同时也创造了许多新兴的行业,包括地产中介公司(如链家、我爱我家)、媒体行业(腾讯、爱奇艺、Netflix)、网购平台(如亚马逊、淘宝、京东)、搜索引擎(谷歌、百度)、操作系统公司(苹果、微软)、社交平台(Facebook、腾讯)。从平台的功能角度,双边市场可以被分成三类(Evans等,2011):市场创造型(market-makers)、受众创造型(audience-makers)和需求协调型(demand-coordina-

① 《国务院关于加快构建大众创业万众创新支撑平台的指导意见》国发〔2015〕53号,见 www.gov.cn/zhengce/content/2015-09/26/content_10183.htm。
② 《国务院办公厅关于推动实体零售创新转型的意见》国办发〔2016〕78号,见 www.gov.cn/zhengce/content/2016-11/11/content_5131161.htm。

tors）。市场创造型平台促使某一特定的用户组和其他用户组达成交易，且该用户组能够从其他用户组成员数量的增加中获益，平台的存在降低了成员之间的匹配难度、搜寻成本和时间，如证券交易所、电商平台等。受众创造型平台主要是吸引某种产品或服务的接受者或受众，如将广告者和广告传播对象建立联系，广告受众数量越多，广告效果越好，例如广告支持的报纸、杂志、黄页和很多互联网门户。需求协调型是指在两个市场之间协调双边的需求，从而产生搭便车和外部性问题，如操作系统、软件平台、支付体系等。需求协调型平台不像市场制造型平台直接出售"交易"，也不像受众创造型平台出售"信息"，而是从双边的需求互补中获利。

双边市场或平台经济的迅速发展，成为现代市场体系的重要组成部分；然而双边市场的运行规律与普通市场大为不同，对监管也提出了新的要求和挑战，尤其是竞争政策和反垄断问题。平台经济本身存在着巨大的规模经济进入市场前期，获得双边用户，前期获得双边用户进入市场的固定成本很高，而平台成熟后服务的边际成本几乎为零。这也导致了平台企业的规模通常都很大，例如淘宝、亚马逊和京东等网购平台。更重要的是，平台企业必须吸引双方进入平台（getting both sides on board）并解决"先有鸡还是先有蛋"的问题，因而平台企业的定价并不能反映其成本。因此，在考虑平台企业的竞争政策和反垄断时，我们都不能忽视平台双方的需求、反映和收益，对"相关市场""市场势力"和"进入壁垒"的定义也均需要作出相应的调整。首先，相关市场的定义不能仅仅考虑单边市场的情况，而必须根据双边市场的特性作出调整。例如，两个平台具有相关的消费者，而商户不同，那么这两个平台是否归入同一个市场？这种划分将直接影响平台企业的市场份额，是判断市场集中度的重要依据。相应地，判断两个企业的合并问题也需要同时考虑平台的双边福利变化，而非单边的（Evans等，2011）。其次，判断一家企业是否具有市场实力的传统方法是分析企业定价是否远远高于其边际成本。然而，在双边市场上，这是不成立的，因为平台单边的价格不具备这种功能，即使竞争性平台企业也会在其一边定价远高于其边际成本。由于平台企业的双边性，正确的做法可能是分析平台企业的双边总价格是否远远高于其服务双边的边际成本(Evans等,2011)。然而,这种做法并不完美,因为平台企业的边际成本可能几乎为零,而平台的总价格大于零可能仅仅是因为需要回收建立平台的巨大的固定成本。最后,我们需要考虑市场准入问题。市场自由进入是指在同等条件下,任何想要进入该市场的企业都能进入。由于在位的平台企业通常具有很大的市场规模和用户,潜在进入的平台企业因而需要投入更多才能进入。但是,这是否就是市场进入壁垒呢?然而,潜在进入可能通过类似的方式或稍高的成本进入市场。同时,平台企业对某一边进行补贴,这又是否是市场进入壁垒?需要注意的是,这种补贴或者低于边际成本的定价可能仅仅是为了解决"先有鸡还是先有蛋"的问题,而非在位企业的特殊优势。

第二节　现代产业体系

一、现代产业体系的内涵

现代产业体系是我国的独特提法,最早出现在中国共产党第十七次全国代表大会报告中(詹懿,2012)。国外虽然没有明确提出现代产业体系这个概念,但20世纪80年代后美国、德国等发达国家建立的产业体系就是现代产业体系(张明哲,2010)。党的十七大报告指出,"发展现代产业体系,大力推进信息化与工业化融合,促进工业由大变强,振兴装备制造业,淘汰落后生产能力;提升高新技术产业,发展信息、生物、新材料、航空航天、海洋等产业;发展现代服务业,提高服务业比重和水平;加强基础产业基础设施建设,加快发展现代能源产业和综合运输体系",虽然列举了建设现代产业体系的内容,但并没有定义现代产业体系。2008年,广东省的一份文件《中共广东省委、广东省人民政府关于加快建设现代产业体系的决定》给出了一个被广泛引用的现代产业体系定义:"以高科技含量、高附加值、低能耗、低污染、有自主创新性的有机产业群为核心,以技术、人才、资本、信息等高效运转的产业辅助系统为支撑,以环境优美、基础设施完备、社会保障有力、市场秩序良好的产业发展环境为依托,并具有创新性、开放性、融合性、集聚性和可持续性特征的新型产业体系。"

我们认为,产业体系即第一产业(农业)、第二产业(工业和建筑业)、第三产业(服务业)的结构比例关系,以及各次产业内部的结构比例关系。对于产业体系,可以有两个认识维度。

产业体系的第一个维度,即三次产业的结构比例关系,它受到较多关注。产业发展的一般规律表明,三次产业结构演化分为两个阶段(Herrendorf,Rogerson,Valentinyi,2014)。第一阶段是工业化过程,工业逐渐取代农业成为国民经济的主导产业;大量剩余劳动力从农业部门转移出来,进入非农产业。第二阶段是服务化过程,服务业逐渐取代工业成为国民经济的第一大产业,也是吸纳就业的主要产业。

产业体系的第二个维度,即各次产业内部从低端转向中高端的质量提升过程,它同样重要。为此要实现传统产业转型升级。一是服务业内部结构高级化,大力推动科学咨询、专业服务、信息、教育、医疗、文化等知识密集型服务业发展。二是加快建设制造强国,加快发展先进制造业,推动互联网、大数据、人工智能和实体经济深度融合。三是构建现代农业产业体系、生产体系、经营体系,完善农业支持保护制度,发展多种形式适度规模经营,培育新型农业经营主体,健全农业社会化服务体系,实现小农户和现代农业发展有机衔接。

从传统产业体系转型到现代产业体系,关键是各次产业内部从低端转向中高端的质量提升。因此,也可以说,现代产业体系是创新引领,实体经济、科技创新、现代金融和人力资源协同发展,驱动整个经济体可持续发展的产业体系。创新引领是现代产业体系区别于传统产业体系的根本特征。创新引领的产业体系,能吸收各种外部冲击带来的增长机会、实现可持续发展。由于创新的方向不可预知,现代产业体系的演进方向是不确定的,每一轮创新之后都会自发形成各产业协同发展的格局。现代产业体系也会由于"创造性破坏"出现周期性经济波动,但这种波动与传统产业体系的波动有着本质区别。现代产业体系的周期性经济波动起因于创新过程的非连续性,每个周期的低谷孕育着新的创新和新的增长点(熊彼特,1990)。然而,传统产业体系在价值链上处于现代生产体系的下游,生产的都是现代产业体系研发出来的技术成熟、市场已经存在的产品,演进方向确定,其行为主体事先知道下一个有前景的产业是什么,于是会出现投资涌向这个产业的"潮涌现象",导致投资过度、产能过剩。因此,现代产业体系每一轮创新衍生出的传统产业体系"潮涌现象",构成跟随型的、被动型的周期性波动(林毅夫,2007)。

实体经济、科技创新、现代金融和人力资源之间的关系是:实体经济是躯干,科技创新是灵魂,现代金融是血液,人力资源是神经中枢。科技创新、现代金融和人力资源均是投入要素,都为建立强大的实体经济而服务。只有把科技、资金和人才等要素组合起来投入到实体经济当中去,才能推动产业体系可持续发展(黄汉权,2017)。实体经济、科技创新、现代金融和人力资源协同发展,就是要使科技创新在实体经济发展中的贡献份额不断提高,现代金融服务实体经济的能力不断增强,人力资源支撑实体经济发展的作用不断优化。

美国被誉为现代产业体系的典范。美国是全球的创新中心,全球创新指数综合排名过去十年位居前十名(见表2-3)。①

表 2-3　中国和美国在全球创新指数中的排名

年份	2009	2010	2011	2012	2013	2014	2015	2016	2017	2018
中国	43	43	29	34	35	29	29	25	22	17
美国	1	11	7	10	5	6	5	4	4	6

资料来源:历年"Global Innovation Index Report"。

根据世界银行发布的《世界发展指数》,1996—2015 年间,美国研发支出占 GDP 的比例,排名一直位于世界前十。美国知识产权部门授权的专利,含金量最高,独享"国际专利"的美誉。美国科学、技术等专业服务业

---

① 排在美国之前的是瑞典、瑞士、荷兰等国家。

在 GDP 中的占比(2.8%)在 1976 年就超过了第一产业的占比(2.7%)(见图 2-1)。由于拥有创新引领的现代产业体系,美国过去 50 年来保持了年均 2.7%的经济增长率;虽然在 1974 年、1980—1982 年、1991 年、2008—2009年出现了负增长,但负增长后都回归到了连续多年的正增长。

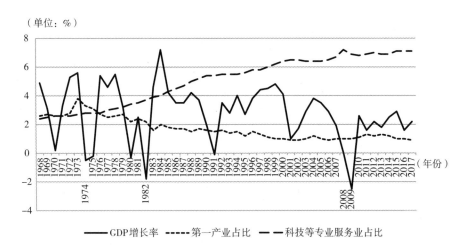

图 2-1　美国的 GDP 增长率和各产业的 GDP 占比

资料来源:美国经济研究局网站,www.bea.gov。

二、我国创建现代产业体系具备的基础

我国已经具备创建现代产业体系的基础,具体包括以下三个方面。

首先,创新引领已经具备需求支撑。经过改革开放 40 年来的持续高速增长,我国的居民收入水平大幅增加。根据世界银行发布的《世界发展指数》,按 2010 年美元计,我国 2015 年的人均 GDP 为 6496.62 美元,全球排名第 94 位,超过中等收入国家 4668.65 美元的平均水平。由于我国是一个人口大国,经济持续高速增长孕育出了一个人数众多的中产阶层。根据西南财经大学主办的中国家庭金融调查提供的数据测算,我国的中产阶层规模已经达到 2.04 亿人,掌握的财富总量为 28.3 万亿元,超过美国和日本,跃居世界首位。① 中产阶层生理上的需要均已得到满足,

———————

①　数据来自中国家庭金融调查官网,http://www.chfsdata.org/xiangqing.aspx? id = 932。

转而追求安全、情感归属、尊重和自我实现等需求的满足,而满足这些需求需要个性化、多样化的产品。个性化、多样化产品的产量小、流行时间短,传统产业体系提供不了,只有创新引领的现代产业体系才能提供。总之,需求创造供给!我国2亿多中产阶层旺盛的个性化、多样化需求,为我国创建现代产业体系提供了坚实的支撑。

其次,创新的软件和硬件基础比较扎实。我国的全球创新指数综合排名过去10年一直在稳步上升,2018年排第17名(见表2-1),是前30名中唯一的中等收入国家,而马来西亚作为排名第二的中等收入国家,全球排第35名,远远落后于我国。根据世界银行发布的《世界发展指数》,我国在研发上的投入力度一直在增加,研发支出占GDP的比例已由1996年的0.56%稳步上升到2015年的2.07%,在2015年全球排第13名。

从度量基础理论研究产出的基本科学指标数据库(Essential Science Indicators,ESI)论文发表篇数来看,2005年1月1日至2015年4月30日期间,我国共发表174.29万篇,仅少于美国(368.74万篇),位居全球第二,大幅领先于排名第三的德国(96.83万篇)。[1]

从创新产出主要度量指标发明专利[2]的角度来看,我国已经是创新大国。2016年年底,我国有效发明专利177.22万件,位居世界第三,仅次于美国(276.31万件)和日本(198.10万件)。虽然我国有效发明专利存量不如美国和日本,但发明专利申请数和授权数的每年增量已经超过美国和日本,位居世界第一。如表2-4所示,我国国家专利局受理的居民发明专利申请数于2009年超过美国,居世界第二;于2010年超过日本,跃居世界第一,并位居榜首至今。如表2-5所示,我国授权给居民的发明专利数2011年超过美国,2015年超过日本,荣登世界第一。

---

[1] 数据来自《中国科技统计年鉴2017》。

[2] 此段数据均来自世界知识产权组织官网,http://www.wipo.int/ipstats/en/statistics/country_profile/。因为我国和日本专利局都授权实用新型专利,但美国专利和商标局不授权实用新型专利,为了保证可比性,此处只比较三国创新性最强的发明专利情况。

表 2-4　中、美、日三国受理的本国居民发明专利申请数及排名

年份	中国申请数	中国排名	美国申请数	美国排名	日本申请数	日本排名
2001	30038	5	177513	2	382815	1
2002	39806	5	184245	2	365204	1
2003	56769	5	188941	2	358184	1
2004	65786	5	189536	2	368416	1
2005	93485	4	207867	2	367960	1
2006	122318	4	221784	2	347060	1
2007	153060	3	241347	2	333498	1
2008	194579	3	231588	2	330110	1
2009	229096	2	224912	3	295315	1
2010	293066	1	241977	3	290081	2
2011	415829	1	247750	3	287580	2
2012	535313	1	268782	3	287013	2
2013	704936	1	287831	2	271731	3
2014	801135	1	285096	2	265959	3
2015	968252	1	288335	2	258839	3
2016	1204981	1	295327	2	260244	3

说明：1.中国居民包括港澳台居民；2.数据来自世界知识产权组织官网，http://www.wipo.int/ipstats/en/statistics/country_profile/。

表 2-5　中、美、日三国授权给本国居民的发明专利数及排名

年份	中国授权数	中国排名	美国授权数	美国排名	日本授权数	日本排名
2001	5395	8	87606	2	109375	1
2002	5868	8	86976	2	108515	1
2003	11404	7	87901	2	110835	1
2004	18241	6	84271	2	112527	1
2005	20705	5	74637	2	111088	1
2006	25077	5	89823	2	126804	1
2007	31945	4	79527	3	145040	1
2008	46590	4	77501	2	151765	1
2009	65391	3	82382	2	164459	1
2010	79767	3	107792	2	187237	1

续表

年份	中国授权数	中国排名	美国授权数	美国排名	日本授权数	日本排名
2011	112347	2	108626	3	197594	1
2012	143808	2	121026	3	224917	1
2013	143535	2	133593	3	225571	1
2014	162680	2	144621	3	177750	1
2015	263436	1	140969	3	146749	2
2016	302136	1	143723	3	160643	2

说明：1.中国居民包括港澳台居民；2.数据来自世界知识产权组织官网,http://www.wipo.int/
ipstats/en/statistics/country_profile/。

　　我国居民每年不仅在本国申请越来越多的发明专利、获得越来越多
的发明专利授权,而且在外国申请的专利和获得的授权也在稳定高速增
长,国际地位相应稳步上升。如图 2-2 所示,我国居民在外国的发明专
利申请数迅速增加,2001—2016 年间的平均增长率为 28.68%；授权数也

（单位：件）

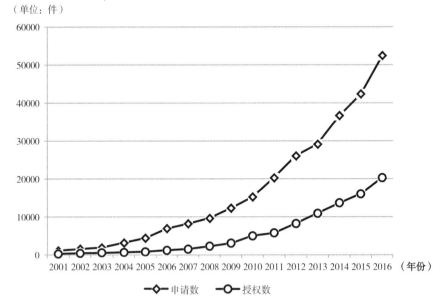

图 2-2　中国居民在外国的发明专利申请数和授权数

说明：1.中国居民包括港澳台居民；2.数据来自世界知识产权组织官网,http://www.wipo.int/
ipstats/en/statistics/country_profile/。

在2011年后增速加快。根据表2-6,我国居民在外国的发明专利申请数排名,已由2001年的第20名,上升到2015年的第6名;授权数排名同期由第25名上升到第8名。

表2-6　中国居民在外国的发明专利申请数排名

年份	中国居民在外国的 发明专利申请数排名	外国授权给中国居民的 发明专利数排名
2001	20	25
2002	19	21
2003	19	23
2004	18	22
2005	17	22
2006	16	20
2007	16	19
2008	13	18
2009	12	15
2010	11	13
2011	9	12
2012	8	12
2013	8	9
2014	6	8
2015	6	8

说明:1.中国居民包括港澳台居民;2.数据来自世界知识产权组织官网,http://www.wipo.int/ipstats/en/statistics/country_profile/。

　　最后,我国已建成门类齐全、独立完整、富有一定竞争力的实体经济。实体经济的主体是制造业。经过新中国成立以来几十年的发展,我国已经建成涵盖各类加工制造业和装备制造业的完备的制造业体系。根据美国交互式关税与贸易数据网(Interactive Tariff and Trade Dataweb)[①]披露

---

　　①　美国交互式关税与贸易数据网,https://dataweb.usitc.gov/。

的数据,美国 2013 年进口 15491 种制成品,其中进口自中国的为 10376 种,而进口自日本、德国、韩国、意大利和法国的分别为 7843 种、7305 种、5709 种、5642 种和 4066 种,从一个侧面反映出了我国制造业体系的完备性。我国不仅在劳动密集型制造业行业具备竞争优势,而且在一些资本和技术密集型制造行业也形成了比较明显的竞争优势(中国社会科学院工业经济研究所课题组,2015)。

三、我国创建现代产业体系面临的问题

第一,创新能力不强,核心技术缺失。如前所述,我国已经成为专利大国。但是,由于申请专利的技术都是公开的,且过了专利保护期后可无偿被他人使用,因此很多核心、关键技术都没有被申请专利,始终处于保密状态。我国在这些核心、关键技术领域与国外的差距很大。以我国近年来发展迅速的工程机械制造业为例,在 2018 年由国际知名资讯出版商英国 KHL 集团推出的全球工程机械制造商 50 强榜单中,我国的徐工集团和三一集团分别居第 6 位和第 8 位,这两家公司也活跃在全球各地的工程建设场地。然而,我国工程机械行业用到的高压柱塞泵和马达、高压多路阀、高功率密度液压伺服单元等高端液压件、高压液压密封件、高压往复密封件等高端密封件,以及大吨位传动元部件等高端传动件,这些核心部件大多依赖进口外国的产品(中国社会科学院工业经济研究所课题组,2015)。根据世界知识产权组织提供的数据,中兴通讯股份有限公司 2017 年的国际(PCT)专利申请数为 2965 件,排名仅次于华为(4024 件),位居第二,在英特尔(2637 件,第三)和高通(2163 件,第五)之前。但是,中兴通讯不掌握通信设备行业的核心技术——芯片,而要依赖于从美国进口,结果在美国商务部 2018 年 4 月下令禁止美国公司向中兴通讯出口电讯零部件产品后,公司主要经营活动都无法进行。[①]

第二,创新、创业的投融资体制不健全。美国对应企业创业、起步期、

[①] 《中兴通讯股份有限公司内幕消息公告》(2018 年 5 月 9 日),数据来自中兴通讯股份有限公司官网,https://res-www.zte.com.cn/mediares/zte/Investor/20180509/C1.pdf。

成长、扩张和成熟期,具有天使投资、创业投资、资本市场、银行贷款等投融资渠道。日本和韩国推进知识产权产业化的银行融资体系很健全。但是,我国目前还没有形成种子资金和天使资本市场,创业风险投资尚处在起步阶段,中小企业融资担保机构不发达、融资难。

第三,缺乏创新的人力资源。实现创新引领、建设现代产业体系,需要专业技术人才、经营管理人才和技能人才等多层次的人才。就技能人才而言,大量能够适应不断变化的工艺生产过程的技能型产业工人,以及大量能够在生产加工一线提出工艺技术问题并与专业人员共同解决问题的知识型产业工人,是新技术产品化的必备条件。然而,虽然我国近年来大力加强职业技术教育,但技能型和知识型工人的缺口还很大。根据李钢(2014)的测算,我国主要制造业行业从业人员平均受教育年限均不到12 年。这意味着,制造业工人中只有很少一部分人在接受完 9 年义务教育之后,继续接受了完整的职业技术教育。

四、我国创建现代产业体系的对策

首先,减少产业层面的管制政策。一国创新能力是长期、可持续地创造和商业化新技术的能力,取决于下述三个因素的互动:国家宏观层面有利于创新的制度、政策和资源禀赋的集合,国家产业集群层面的创新环境,前述两个因素间的关联程度(Furman,Porter,Stern,2002)。我国的宏观创新环境很好,政府在 2006 年发布了《国家中长期科学和技术发展规划纲要(2006—2020 年)》、2008 年发布了《国家知识产权战略纲要》、2015 年发布了《关于大力推进大众创业万众创新若干政策措施的意见》(国发〔2015〕32 号)等等。目前,我国已经形成了政府支持创新、社会尊重创新的良好氛围,创新发展理念位居政府倡导的新发展理念之首位。但是,我国大多数行业由于面临各种政府管制,并不利于创新。譬如,在我国医药行业,公立医疗机构占据绝大多数市场份额。由于公立医疗机构的医疗服务价格被政府管制在一个相当低的水平,医生只好通过多开处方药、多开处方高价药来赚钱,这导致我国制药企业一心提高药价,而没有激励研发新药。相反,互联网、大数据等政府管制少的新兴行业,创新活跃,在全世界处于引领地位。

其次,改革人才培养制度体系。实现创新引领,同时需要技术研发人员和高级商业经营人才。离开了技术研发天才斯蒂夫·沃兹尼亚克(Stephen Wozniak),或者没有商业经营天才史蒂夫·乔布斯(Steve Jobs),苹果电脑都不可能成功。我国现在的人才培养制度强调死记硬背,不利于这两方面人才的培养。考虑到现行制度体系已经运行几十年、惯性大,全面改革面临重重阻力,所需时间漫长。短期内,可以在点上取得突破。广东省东莞市松山湖国际机器人产业基地的人才培养模式值得借鉴。① 机器人产业是一个新兴产业,急需大量高端研发和商业人才。在这个背景下,香港科技大学李泽湘教授、原香港科技大学工学院院长高秉强教授和长江商学院副院长甘洁教授等优秀的创业导师 2014 年联合发起成立了松山湖国际机器人产业基地。该基地通过打造完整机器人生态体系,联结香港、内地及全球的高校、研究所、企业、上下游供应链等资源,专注机器人及相关行业的创业孵化。针对机器人行业技术涉及多领域、多学科知识的特点,基地与内地、香港高校开展合作,成立机器人学院,提供多维度培训项目及专业学习平台,健全机器人行业人才系统教育的同时,也为基地在孵化团队持续储备优质创新创业的人才资源。基地从广东工业大学、东莞理工学院的设计、机械、电子、计算机、数学等专业挑选了 100 个学生,然后对他们每个专业的课程进行了重新设计,引进了许多跨学科的项目课程。大学四年的前两年在校园学习,寒暑假在松山湖基地,后面两年全部时间都在松山湖基地学习和实干。据李泽湘教授介绍,这批学生毕业后将约有 30 人具备创业能力。湖南省长沙市、浙江省宁波市都将打造类似的基地。

最后,完善知识产权保护制度(详见第三节)。

---

① 邱利会:《李泽湘:核心技术卡脖子,需要打通产学研的教育改革》,《知识分子》微信公众号,2018 年 8 月 14 日。

第三节　现代产权制度

市场有交易成本,因此产权的初始配置对经济效率有重要影响。现代市场体系和现代产业体系需要现代产权制度来匹配。完善产权制度,一是需要在"两个毫不动摇"基本制度框架内继续深化改革,主要方向是混合所有制改革;二是要落实"两个毫不动摇"制度规定,当前这方面的主要问题是对非公有制经济的产权保护落实力度不够;三是要应对创新引领的新时代要求,完善知识产权制度。下面分别进行详细阐述。

一、健全国有企业混合所有制改革的相关政策

国有企业是我国基本经济制度的重要组成部分,是推进国家现代化、保障人民共同利益的重要力量,是党和国家事业发展的重要物质基础和政治基础,是国家实现宏观调控的重要手段。国有企业改革伴随着我国改革开放的整个进程,党的十八届三中全会后进入改革新阶段,混合所有制成为国有企业所有权改革的主要形式。

2013年党的十八届三中全会通过的《中共中央关于全面深化改革若干重大问题的决定》指出,"国有资本、集体资本、非公有资本等交叉持股、相互融合的混合所有制经济,是基本经济制度的重要实现形式,有利于国有资本放大功能、保值增值、提高竞争力,有利于各种所有制资本取长补短、相互促进、共同发展",这标志着国有企业改革进入了新阶段。之后,国家发布了一系列国有企业改革的相关文件,如表2-7所示。

表2-7　国有企业改革新阶段的相关政策文件

发布时间	发布机构	名称
2015年8月24日	中共中央、国务院	《关于深化国有企业改革的指导意见》
2015年9月16日	国务院国资委	《关于贯彻落实〈中共中央　国务院关于深化国有企业改革的指导意见〉的通知》

续表

发布时间	发布机构	名称
2015 年 9 月 23 日	国务院	《关于国有企业发展混合所有制经济的意见》
2015 年 10 月 25 日	国务院	《关于改革和完善国有资产管理体制的若干意见》
2015 年 10 月 26 日	国家发展改革委、财政部、人力资源和社会保障部、国务院国资委	《关于鼓励和规范国有企业投资项目引入非国有资本的指导意见》
2015 年 10 月 31 日	国务院办公厅	《国务院办公厅关于加强和改进企业国有资产监督防止国有资产流失的意见》
2015 年 11 月 26 日	国家发展改革委、国家能源局	《关于印发电力体制改革配套文件的通知》
2015 年 12 月 7 日	国务院国资委、财政部、国家发展改革委	《关于国有企业功能界定与分类的指导意见》
2015 年 12 月 23 日	财政部	《关于进一步规范和加强行政事业单位国有资产管理的指导意见》
2016 年 2 月 26 日	财政部、科技部、国务院国资委	《国有科技型企业股权和分红激励暂行办法》
2016 年 6 月 24 日	国务院国资委	《企业国有资产交易监督管理办法》
2016 年 7 月 17 日	国务院办公厅	《关于推动中央企业结构调整与重组的指导意见》
2016 年 8 月 2 日	国务院办公厅	《关于建立国有企业违规经营投资责任追究制度的意见》
2016 年 8 月 2 日	国务院国资委、财政部、证监会	《关于国有控股混合所有制企业开展员工持股试点的意见》
2016 年 8 月 24 日	国务院国资委、财政部	《关于完善中央企业功能分类考核的实施方案》
2017 年 4 月 27 日	国务院办公厅	《国务院国资委以管资本为主推进职能转变方案》
2017 年 7 月 28 日	国务院国资委、中央编办、教育部、财政部、人社部、卫生计生委	《关于国有企业办教育医疗机构深化改革的指导意见》
2018 年 4 月 19 日	科技部、国务院国资委	《关于进一步推进中央企业创新发展的意见》

说明:作者根据网上公布资料整理。

新阶段,国有企业混合所有制改革稳步推进。2016 年 9 月,东航集团、联通集团、南方电网、哈电集团、中国核建、中国船舶等 9 家央企被确定为首批混合所有制试点企业。2017 年确定了第二批 10 家试点企业名单。这两批 19 家试点企业涉及配售电、电力装备、高速铁路、铁路装备、航空物流、民航信息服务、基础电信、国防军工、重要商品、金融等重点领域，特别是军工领域有 7 家企业。从股权结构看，"混改"试点企业要从国有独资改为国有绝对控股，从国有绝对控股改为国有相对控股，等等。混合模式包括民企入股国企、国企入股民企、中央企业与地方国企混合、国企与外资混合，以及政府与社会资本合作等模式。2018 年公布的第三批"混改"试点企业 31 家，其中中央企业子企业 10 家，地方国有企业 21 家。根据中国经济网的报道①，党的十八届三中全会召开至 2017 年 6 月，中央企业及下属企业共推进混合所有制改革 1995 项；截至 2016 年年底，中央企业集团及下属企业混合所有制企业（含参股）占比达到了 68.9%，中央企业中上市公司的资产、营业收入和利润总额在中央企业"总盘子"中的占比分别达到 61.3%、62.8% 和 76.2%，省级国资委所出资企业及各级子企业（合并报表范围内）混合所有制企业占比达到了 47%。

从党的十八届三中全会提出实施混合所有制改革以来，已有 5 个年头，至今混合所有制改革仍然处在试点阶段，没有大规模铺开。这在国有企业改革的历史上是少有的，足见其间有多大难度和多少问题。这些难题主要包括如何处理好党对国有企业的战略主张与混合所有制后形成的企业行为边界，国有与非国有产权主体合作的产业性质约束、融资约束，不同所有权主体混合后的权利平等与平衡，以及混合所有制企业的管理与决策中的问题，等等（剧锦文，2016）。正是由于存在这些"难啃的骨头"，国有企业大规模的混合所有制改革才没有如期而至。为深化混合所有制改革，我们提出如下建议：

第一，在明确国有经济定位的基础上，实施国有企业所有权的分类改

---

① 中国经济网记者刘瑾：《国资委：混合所有制改革取得积极进展》，中国经济网，http://www.ce.cn/xwzx/gnsz/gdxw/201706/02/t20170602_23401024.shtml，2017 年 6 月 2 日。

革。对于主要承担满足于社会公共福利,实现社会公共福利最大化职能的公益型国有企业,无须进行混合所有制改革。但是,要从总体上限定这类企业的规模,并限制其产业扩张行为,同时通过分立方式逐步把这些企业中的非公益性业务剥离出去。其余国有企业则应成为混合所有制改革的重点。要促使大型的、具有一定垄断性的国有企业,在集团层面改变其所有权结构,实施多元化的混合所有制。对于那些因为规模过大尚不具备在集团层面改革的国企,可以选择从集团内部低层级企业的产权结构多元化入手,并采取"逆向收购"即下一级公司收购上一级公司股权的方式扩大混合所有的范围和层次。

第二,提倡金融部门、资本市场对国有与非国有企业在信贷和上市方面一视同仁。政府应强行规定银行在制定信贷规划时严格实施更少歧视性的信贷结构安排,使得非国有企业在取得贷款时与国有企业是平等的,尤其是银行要酌情支持那些参与"混改"的民营企业获取贷款。在企业上市方面,证券监管部门应当对所有企业一视同仁,尤其要重点审核、辅导那些具有参与"混改"计划和已经参与的优质民营拟上市企业。

第三,注重员工持股计划的设置。企业所有权改革的根本目的在于提升企业活力,而关键在于一线员工是否有活力。因此,通过员工持股安排特别是针对关键科研人员、管理人员、业务骨干人员的持股计划,有助于提升"混改"企业的内在动力。针对不同规模和不同产业的国有企业,在实施"混改"时应采取不同的员工持股政策。对于处于竞争性领域的规模偏小的国有企业,应当鼓励员工持有更大比例的股份;而对于垄断性的大型国有企业,应适当限制员工持股比例,以防止"内部人"通过持股多占企业利润。

第四,注重激发非国有资本参与"混改"的积极性。企业所有权结构的变化是基础,但如果仅停留在这一步是远远不够的,要研究和解决混合所有制改革中不同所有权主体的权利平等问题,比如保护非国有资本在参与国有企业"混改"中的法定权利,让它们拥有依据所有权形成的相应的决策权。这就要求已经完成混合所有制改革的企业,要按照《公司法》

的要求认真设计新企业的治理结构和治理机制。在所有参与人充分酝酿的基础上达成公司章程,详细规定各方的权责;在此基础上,组建一个能够代表各方权益的高能董事会和监事会,当然也要建立党委会,要尽量通过市场选拔经营管理者。要力避对非国有投资者的各种歧视,在条件允许的情况下,让非国有投资者拥有更多的话语权和参与权。同时,也要设计出投资者的退出通道,让非国有投资者投得进来、退得出去。只有这样,才能真正打消非国有投资者的疑虑,增强其参与"混改"的信心。

二、加强非公有制经济的产权保护

公有制经济和非公有制经济都是社会主义市场经济的重要组成部分,都是我国经济社会发展的重要基础。公有制经济的产权不可侵犯,非公有制经济的产权同样不可侵犯。毫不动摇鼓励、支持、引导非公有制经济发展,激发非公有制经济的活力和创造力,必须进一步加强非公有制经济的产权保护。

改革开放以来,我国关于非公有制经济产权保护的立法越来越完善。改革开放之前,个体经济和私营经济不被法律所承认。1982 年通过的《宪法》允许成立雇员不超过 7 人的个体经济,1988 年修正后的《宪法》允许成立雇员超过 7 人的私营企业。1997 年,党的十五大报告第一次正式提出"以公有制为主体、多种所有制经济共同发展,是我国社会主义初级阶段的一项基本经济制度"。这一制度规定在 1999 年被明确写入《宪法》。2002 年,党的十六大报告进一步指出,"必须毫不动摇地巩固和发展公有制经济","必须毫不动摇地鼓励、支持和引导非公有制经济发展"。2004 年修正后的《宪法》写道,"国家保护个体经济、私营经济等非公有制经济的合法的权益和利益","公民的合法的私有财产不受侵犯","国家依照法律规定保护公民的私有财产权和继承权"。2007 年通过的《物权法》规定,"保障一切市场主体的平等法律地位和发展权利","国家、集体、私人的物权和其他权利人的物权受法律保护,任何单位和个人不得侵犯"。2007 年,党的十七大报告指出,"坚持平等保护物权,形成各种所有制经济平等竞争、相互促进的格局"。2012 年,党的十八大报告指出,"保证各种所有制经济依法平等使用生产要素、公平参与市场竞争、同等受到法律保护"。2013年,党的十八届三中全会通过的《中共中央关于全面深化改革若干重大问题的决定》明确指出,"公有制经济财产权不可侵犯,非公有制经济财产权同样不可侵犯",将非公有制经济的产权保护提高到前所未有的高度。可以说,非公有制经济在立法上已经获得与公有制经济平等的产权保护。

然而,非公有制经济实际的产权保护状况不容乐观。根据世界银行发布的《2018年营商环境报告》,我国在190个国家和地区中总体排名第78位,但在保护少数投资者这个子指标上排名第119位,而少数投资者主要是非公有制经济成分。根据清华大学民生经济研究院发布的《中国企业家发展信心指数(2017下半年)》,在束缚企业家精神发挥的因素中,近六成企业家选择了"市场竞争面临不公平待遇",超五成选择了"财产权、知识产权无法得到充分保障"。现实中,非公有制经济产权往往受到行政权力的侵犯,非公有制经济产权主体与公有制经济产权主体发生纠纷时,往往得不到公平裁决。这方面的一个典型案例是山西省煤炭行业整合。2008年,山西省政府发布《关于加快推进煤矿企业兼并重组的实施意见》,旨在加快调整煤炭行业产业结构,提高行业集中度。但是,实践中民营煤矿的产权没有得到充分保护,大量民营煤矿通过行政手段集中到少数大型国有煤矿手中(胡家勇,2014)。

进一步加强非公有制经济的产权保护,需要完善立法和公正执法。在完善立法方面,一些不利于非公有制经济产权保护的法律法规需要修改完善。譬如,我国"坚持以公有制为主体、多种所有制经济共同发展的基本经济制度",但这被有的市场主体理解为公有制企业在市场竞争和法律纠纷中凌驾于非公有制企业之上。因此,必须对公有制的主体地位从负面清单的角度作出明确界定。另外,《宪法》第十三条规定,"公民的合法的私有财产不受侵犯。国家依照法律规定保护公民的私有财产权和继承权。国家为了公共利益的需要,可以依照法律规定对公民的私有财产实行征收或者征用并给予补偿"。在公正执法方面,要根据党的十八届四中全会精神,"全面落实行政执法责任制,严格确定不同部门及机构、岗位执法人员执法责任和责任追究机制,加强执法监督,坚决排除对执法活动的干预,防止和克服地方和部门保护主义,惩治执法腐败现象"。

三、完善知识产权保护制度

知识产权是一种无形的产权。如本章第二节所述,知识产权保护制度为建立创新引领的现代产业体系所必需。我国目前的知识产权保护不严格。根据《2015年中国专利调查数据报告》,14.5%的专利权人曾遭遇过侵权。

完善知识产权保护制度,首先需要提高知识产权保护水平。知识产权保护程度过高,不利于技术知识传播;保护程度过低,不利于新技术研发。每个国家都应基于自身经济社会和技术发展水平,选择最优的保护水平。创新型国家建设分为初级阶段、"创新陷阱"阶段、由初级到高级的过渡阶段和高级阶段。目前,我国已经进入创新型国家建设的过渡阶段,故知识产权保护水平需要由低水平区间升至较高水平区间(陈凤仙和王琛伟,2015)。根据《2015年中国专利调查数据报告》,仅有1.3%的专利权人认为"需要适当地降低"知识产权保护水平,认为"现今水平比较适当"的仅占7.2%,认为"需要逐步强化"和"需要大幅强化"知识产权保护水平的分别为67.0%和24.4%。

其次,要严格执法,减少知识产权保护"立法"和"执法"间的差距。知识产权"重立法、轻执法",可能是我国在发达国家主导知识产权游戏规则背景下的战略选择。这种战略选择为我国学习和模仿国际先进技术、提升自主研发能力创造了空间,但也带来了我国发明人担心知识产权得不到应有保护而缺乏自主创新的激励、国民知识产权意识淡薄等负面影响。譬如,复印、使用或出售正版教材的现象在大学校园成为一个经久不衰的产业,下载、破解、使用和交流盗版计算机软件的行为至今蔚然成风,各种山寨日常生活用品长年占据广大农村市场,等等。

综上所述,夯实现代化经济体系的微观基础,需要从现代市场体系、现代产业体系、现代产权制度三个层面着手,建立统一开放、竞争有序的市场体系,创新引领、协同发展的产业体系,完善产权制度。这三个层面是相互联系、相互促进的整体。以创新引领为例,这需要完善的知识产权制度,需要激发市场活力。

创新引领、协同发展的产业体系,对于现代化经济的长期增长至关重要。如果不能实现创新引领,经济结构服务化可能导致增长非连续,甚至经济停滞。

第三章　跨越现代化经济体系的增长门槛

　　第一章在论证从传统经济体系到现代化经济体系的"四个转向"和"四个机制"时,机制 3 曾论证产业体系特征与经济增长阶段的一致性:改革开放以来,中国工业化所导致的"结构性加速"成就了高速增长阶段;但是随着服务业占比的提升,"结构性减速"随之发生,服务业主导的同时实现各次产业内部结构高级化才能实现经济高质量发展。本章就其中结构性减速、增长非连续、增长跨越等关键命题给出详细论证。

　　我们认为,从传统经济体系向现代化经济体系的转型是增长能否持续和追赶能否成功的分化阶段。对于像中国这样的转型国家而言,增长可能是非连续的,面临着有待艰苦跨越的知识要素积累门槛。增长非连续意味着原有工业化经验在经济结构服务化阶段将失灵,并因此成为增长分化和增长不确定性的来源。经济转型面临着以下三方面的不确定性:(1)宏观层面上,一改大规模工业化时期工业主导效率提升的清晰增长路径,服务业主导的增长容易发生工业/服务业协调失灵,其表现是随着城市化率的上升,工业比重下降的同时伴随着工业的萧条,工业化技术—效率升级道路阻滞。由此,长期效率改进被替换为短期随机波动。(2)产业层面上,服务业比重持续升高,但以知识过程为核心的服务生产化、服务要素化,即改善要素配置和要素质量的趋势不能得到强化,导致服务业转型升级路径无法达成,服务业比重增加的同时伴随着人口漂移和鲍莫尔成本病,服务效率低下。(3)要素供给层面上,作为门槛跨越基石的人力资本——知识消费效率补偿环节缺失,知识生产配置和人力资本结构升级路径受阻。

城市化和经济结构服务化导致了国际经济更鲜明的分化或效率差异。本章的实证分析给出了三种情景:一是以经合组织(OECD)国家"高劳动生产率、高消费能力、高资本深化能力"为代表的高效率模式;二是拉美国家传统服务业和低层次消费结构主导的"走走停停"的不稳定低效率模式;三是日韩在大规模时期未雨绸缪、提前15—20年积累高层次人力资本,进而跨越增长门槛的成功转型情景。国际经验对比表明:(1)经济结构服务化是一种不同于工业化的全新效率模式,服务业比重和消费比重提高不是问题的关键,最为根本的,是基于知识和高层次(熟练工人和高等教育)人力资本要素积累的消费结构升级和服务业品质提升。(2)问题不在于投资继续充当经济增长的动力,而在于发展中国家是否具备资本深化能力,这个资本深化能力,连同消费能力——消费结构升级的促进能力,是实现经济成功追赶的两大动力。(3)对于像中国这样的超大经济体来说,转型时期也是工业化过程的深化时期,在根本的内生效率机制缺失的情况下,不能盲目强调服务业的规模扩张。因此,中国转型时期也应当视为结构升级的缓冲时期,防止过早的拉美式的去工业化,避免增长震荡风险。

"高劳动生产率、高消费能力、高资本深化能力"这个稳定效率三角的建立,与服务生产化和服务业要素化趋势有关。服务业结构的升级,一方面强调服务业的发展应该注重有利于效率改进的教育、研发、知识、信息、产权等部门的杠杆作用,这些以"知识要素生产知识要素"的部门,是经济结构服务化的主线(中国经济增长前沿课题组,2015);另一方面,我们也强调消费的效率动态补偿这一命题,"消费结构升级→人力资本提升和知识创新→效率提升→消费结构升级"这个动态循环至关重要,它是创新和分工深化的基础。

为便于这些理论观点的阐释,行文次序安排如下:第一节是关于增长非连续和增长分化的典型事实;第二节提出关于增长非连续和增长跨越不确定性的理论观点;第三节是对服务业要素化趋势的有关命题的阐述;最后是本章结论。

第一节　增长非连续和增长分化的典型事实

本部分国际比较资料的运用和增长非连续相关事实的观察,植根于两个叠加的经济演化背景——工业化阶段向城市化阶段的转型,以及中等收入阶段向高收入阶段的跃升。增长阶段可以看作特定的历史情景片段,转型即是不同历史情景片段之间的转换。[①] 如果把不同阶段劳动生产率的状况及其变化,视为长期增长的重要指标[②],那么,经济转型可视为低劳动生产率阶段向高效率阶段的演化。结合转型过程的其他因素,两种基本模式又可以表现出更加具体的多种其他情景。低效率模式向高效率模式的演化动态,广泛存在于发达国家及后发追赶国家的经济过程中,这种变化被经济理论正式表述为转型、因果累积和调整。[③]在将技术进步、报酬递增和长期增长联系起来的同时,卡尔多(Kaldor,1970、1972、1985)系统化了因果累积理论,并在其后的文献(如 Dixon 和 Thirlwall,1975;Setterfield,1997)中进行了更加正式的表述。

基于数据库 PWT8.1,本部分运用如下方法观察经济跨越的一些事实:(1)以美国为比较基准,刻画样本国家 1950—2011 年的相对劳动生产率 $\bar{q}$、相对劳均资本形成(或资本深化)$\bar{k}$,以及相对劳均消费 $\bar{c}$(或者理解为每个劳动力支撑起来的社会消费能力);(2)运用各国自身的劳动生

---

① 卡尔多(Kaldor)所主张的经济历史分析,在社会学家特别是吉登斯(1998)的著作中有详尽的分析(第五章),吉氏认为所有社会活动都是片段性,沿着开始—变迁—结束的情景展开,一系列变迁重塑现有制度组合。

② 如克鲁格曼(Krugman,1990)认为,生产率不是一切,但长期中它几乎就是一切。

③ 希克斯(Hicks,1965)的转型(traverse)描述了两种经济状态之间的转换,并被一系列文献重新发现和拓展,如克莱斯勒(Kriesler,1999)。

产率水平 q 和总产出水平 Y,估算凡登系数[①]α_Y——或规模报酬捕捉能力;结合支出法核算国内生产总值,运用各国自身的劳动生产率水平 q、总资本形成水平 i 和总居民消费水平 c,估算凡登系数 α_i、α_c,估算方程为:

$$\ln\hat{q} = c + \alpha_Y(\ln\hat{Y}) \tag{3-1}$$

$$\ln\hat{q} = c + \alpha_c(\ln\hat{c}) + \alpha_i(\ln\hat{i}) \tag{3-2}$$

样本国家 1950—2011 年相对劳动生产率 $\bar{q}$ 的追赶路径见图 3-1。

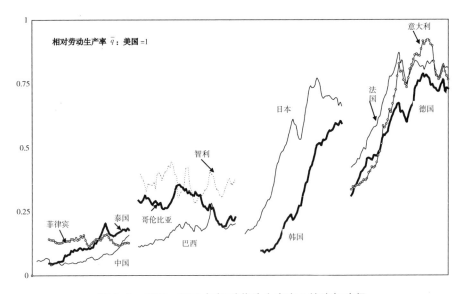

图 3-1　1950—2011 年相对劳动生产率 $\bar{q}$ 的追赶路径

数据来源:PWT 8.1 数据库。

---

①　凡登系数是因果累积形式化表述的核心,这个系数基于劳动生产率增长和总产出增长的关系建立起来,其大小用以解释特定效率模式对报酬递增的捕捉能力(夏明,2007)。如果把凡登系数与模式转换联系起来,可以对效率模式特征和演进方向给出进一步识别。发达或后发经济体的特定增长历史,以及发达与后发经济体的增长比较,都蕴含了可以进行检验的规模报酬递增因素,典型如,从总需求方面来看,随着增长阶段不同,推动规模经济的投资或消费的作用可能不一样。关于这一点,正如古德温(Goodwin)等所指出的那样,比较明确的趋势是,在发达城市化阶段,随着消费占比的提高,效率模式的建立和维持,似乎越来越依赖于较高层次的消费结构和消费支出。

一、持续效率改进是经济跨越的核心

首先,根据图 3-1 显示的相对劳动生产率 $\check{q}$ 的追赶路径,对高效率模式与低效率模式的具体表现给出说明。总的判断是:第一,在所考察的半个多世纪的样本期中,样本国家——东亚、拉美、欧洲诸国——整体上表现出 S 型追赶路径;第二,已经完成追赶的国家如欧洲诸国、东亚的日本、韩国表现出显著的 S 型追赶路径;第三,战后拉美国家历时半个多世纪的调整及其震荡,在图 3-1 中尤其引人注目;第四,中国及泰国、菲律宾等东亚国家,仍然处于追赶的加速过程中,其劳动生产率水平不仅距离发达国家甚远,而且与拉美国家也相差很大。各种具体效率模式的主要特征如下:

法、德、意高效率模式的恢复与追赶:第二次世界大战废墟上重建的欧洲老牌发达国家,它们的制度组织一开始就被置于现代资本主义的强力塑造之下,高生产率和高消费是其特征,因此不存在效率模式本质上的转换,所做的只是经济活力的恢复。征引一个佐证案例:在西多夫斯基(Tibor Scitovsky)眼中,美国(的教育系统)只是过分注重生产性劳动力的创造,缺乏必要训练的美国消费者只会追求快餐式消费,这种狭隘消费主义做派与受过消费训练的欧洲消费品位相差甚远。[1] 言下之意,欧洲老牌资本主义国家,对于其消费效率和社会生产效率改进始终保持着信心。

日、韩高效率模式建立的尝试与追赶:20 世纪 80 年代,日本经济进入结构性减速之后,直到 90 年代才觉察到原有工业化模式的问题,于是引发了拷贝美国模式抑或部分收敛且兼顾本国特殊性的政策争论(Dirks等,1999)。有观点认为(Lincoln,2001),日本制度组织,尤其是金融系统,对透明公开的货币资本市场的缔造造成了约束,如经济社会非正式规则的充斥、金融制度多维度交易与利润最大化市场要求的冲突、独立于社会关系纽带的专业化分工不足、经济制度对低效率产业的过多保护和破

---

[1]　参见Goodwin,N.R.,F.Ackerman,and D.Kiron,"*The Consumer Society*",Washington D.C.,Island Press,ppxxxi,1997,p. 338.

产惩罚力度不足等。① 与工业化经济组织相似的韩国比较,日本的改革是滞后的,1998—1999 年的金融危机,使得韩国在资本市场和贸易自由化领域实行了全面改革,成为一个近乎完全的开放经济体,市场透明度和公平竞争得到加强(Cargill 和 Sakamoto,2008)。金融危机后的经济模式重塑,推动了韩国经济效率持续改进,并过渡为一个发达经济体(中国经济增长前沿课题组,2014)。

拉美的长期调整与高效率模式建立的受阻:受到初始条件和路径依赖限制,高效率模式无法建立进而迫使经济陷入长期调整和震荡,拉美国家再典型不过。维克托·布尔默-托马斯(2000)对拉美发展历史的精辟评述充满了同情、遗憾和迷惘,这些国家仿佛总是在错误的时间作出错误的事情:"在出口导向增长实绩最好的国家中,没有一个在内向发展阶段取得成功。实际上,假如阿根廷、智利、古巴和乌拉圭在整个内向发展阶段长期维持3%的年增长率,他们在债务危机到来之前就会取得发达国家地位。"②拉美国家调整难以取得实质性成效的问题,源于所有制问题和政策操纵,这种国内问题最终导致发展战略的每一次重大调整,都会成为收入分配两极分化的加速器,这反过来从根本上削弱了人力资本积累和全要素生产率(TFP)改进机会。他对拉美国家未来发展的结论是:"即使目标是明确的,前进的道路仍不确定。那些在无能、腐败和权贵贪婪方面失足的国家将会受到严厉的惩罚。"

与上述各种情景比较,中国、泰国、印度尼西亚、菲律宾等新兴工业化国家,仍在低效率模式之下追赶。值得关注的是,中国和泰国这两个快速工业化的国家,在达到拉美劳动生产率水平之前,似乎正面临着调整和效

---

① 转引自 Cargill,T.F.and Takayuki Sakamoto,*Japan Since 1980*,Cambridge University Press,2008,pp. 128-129。

② 这里的内向发展阶段即第二次世界大战后进口替代阶段。根据维克托·布尔默-托马斯的评述,大萧条和第二次世界大战结束了拉美出口导向模式,20 世纪 80 年代债务危机则给内向发展阶段打上句号,进入再次以出口为基础的发展进程。参见[英]维克托·布尔默-托马斯:《独立以来拉丁美洲的经济发展》,张凡等译,中国经济出版社2000 年版,第 365、486、491—492 页。

率模式重塑的紧迫性。

其次,根据表3-1中相对劳均消费 $\bar{c}$ 和相对劳均资本形成 $\bar{k}$,对经济追赶的一些统计事实给出说明,进一步明晰各种具体效率模式的内涵。即使撇开初始追赶条件优良的欧洲诸国,把注意力集中到日、韩两国及与其他低效率国家的对比,一些事实也足以让人震撼。

表3-1 各国各个时期 $\bar{q}$、$\bar{c}$、$\bar{k}$ 变动状况

国家	年份	$\bar{q}$	$\bar{c}$	$\bar{k}$	国家	年份	$\bar{q}$	$\bar{c}$	$\bar{k}$
法国	1960—1970	0.59	0.54	0.80	中国	1991—2007	0.09	0.07	0.12
	1991	0.84	0.80	1.08		2008—2011	0.15	0.09	0.39
意大利	1970—1976	0.62	0.57	0.83	泰国	1980—1992	0.11	0.11	0.13
	1991	0.87	0.77	1.30		1993—1996	0.18	0.13	0.39
德国	1960—1970	0.48	0.40	0.86		1997—2011	0.17	0.14	0.20
	1991	0.74	0.67	1.12	印度尼西亚	1980—1997	0.10	0.09	0.09
日本	1970—1980	0.51	0.42	0.87		1998—2011	0.10	0.09	0.10
	1991	0.74	0.56	1.41	菲律宾	1980—1997	0.14	0.14	0.13
韩国	1991—1997	0.47	0.37	0.89		1998—2011	0.13	0.13	0.11
	2008	0.59	0.43	1.05					
阿根廷	1950—1980	0.15	0.16	0.11	哥伦比亚	1950—1980	0.30	0.32	0.35
	1980—2011	0.29	0.29	0.27		1980—2011	0.26	0.28	0.25
巴西	1950—1980	0.15	0.15	0.16	墨西哥	1950—1980	0.51	0.53	0.54
	1980—2011	0.20	0.20	0.18		1980—2011	0.40	0.40	0.42
智利	1950—1980	0.37	0.45	0.23	委内瑞拉	1950—1980	0.59	0.44	1.14
	1980—2011	0.34	0.33	0.35		1980—2011	0.33	0.28	0.36

数据来源:PWT 8.1 数据库。

事实一:资本深化首先完成追赶,当相对劳均资本($\bar{k}$)达到美国水平的时候,追赶国家相对劳均消费 $\bar{c}$ 大致相当于美国的40%—50%,此时追赶过程基本完成,高效率、高消费模式基本建立。如,日本1970—1980

年的 $\bar{k}$ 平均为 0. 87,韩国 1991—1997 年的 $\bar{k}$ 平均为 0. 89,两国从各自经济加速开始,基本达到美国的投资水平,大致都用了 30 年左右的时间,有两点需要特别注意:(1)资本深化速度很快,从而避免了向高效率模式过渡时间较长所隐含的潜在震荡风险;(2)资本深化大踏步前进的同时,人均消费也以较大的幅度增加,从而形成资本深化提高—消费提高—劳动生产率提高的良性循环。这与拉美及东亚发展中国家的情景完全不同。

为了便于理解资本深化持续状况,表 3-1 同时提供了各个发达国家追赶完成后紧跟着出现的较高的 $\bar{k}$ 值,如日本在 1991 年达到 1. 41。

事实二:经济陷入长期调整,根本原因是国内产权组织和利益集团政策操纵,这种根本性的经济组织约束,使得高效率模式的生成,与是否实行经济自由化关联性不大。表 3-1 中拉美国家 1950—1980 年和 1980—2011 年两个时期的经济绩效对比表明,债务危机发生后再次以出口为导向的效率模式,在投资、消费和劳动生产率上的表现没有根本好转,有的国家甚至变得更加糟糕。也就是说,20 世纪 80 年代以来拉美国家自由化改革似乎成效甚微,而国内生产资料集中和收入分配极化的加剧,是导致拉美经济调整困难的主要障碍,国内有缺陷的制度锁定了低效率路径。

事实三:资本深化能力和投资/消费双重效率的发挥至关重要。有必要把古德温等(Goodwin 等,1997)眼中的"高劳动生产率、高消费"的发达经济模式,拓展为"高劳动生产率、高消费能力、高资本深化能力"这样的效率三角。拉美国家的长期调整经历表明,构成这个效率三角中的两角即消费能力和资本深化能力中的任何一角缺失,高效率模式就无法达成。也就是说,高效率模式隐含了投资/消费双重效率问题,关于这一点,我们将在消费效率补偿的分析中展开。

二、报酬递增捕捉能力与消费效率补偿是经济跨越的基础

显著呈现于长期追赶过程中的 S 型路径,蕴含了规模报酬递增的事实。本部分借助于规模报酬捕捉能力的展示,继续充实各种具体效率模式的内容。我们通过图 3-2 和表 3-2 进行阐述。

持续的规模报酬作为一种普遍现象如:(1)样本期内各国经济追赶

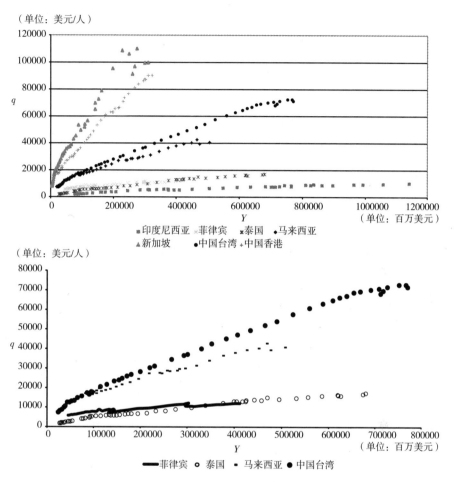

（单位：美元/人）

（单位：百万美元）

■印度尼西亚　×菲律宾　×泰国　◆马来西亚
▲新加坡　●中国台湾　＋中国香港

（单位：美元/人）

（单位：百万美元）

——菲律宾　○泰国　■马来西亚　●中国台湾

图 3-2　1950—2011 年各国（地区）劳动生产率水平 q 与
总产出水平 Y 散点图

数据来源：PWT 8.1 数据库。

路径,通过 q（美元/人）与总产出水平 Y（百万美元）散点图 3-2 刻画。

发达国家:半个多世纪的样本期里,无论是法、德等老牌发达国家的经济
恢复还是日、韩高效率模式的建造,这些国家中,伴随总产出水平提高
（ΔY）而来的劳动生产率水平的持续增长（Δq）,以及两者近乎线性的
统计关系,更加清晰地呈现了成功追赶经济的活力。东亚发展中国家:尽
管劳均指标处于较低的水平,但计算表明,中国（1978 年以来）、泰国、印
度尼西亚和菲律宾等东亚发展中国家,其长期增长过程也呈现出劳动生

产率增长与总产出增长的线性关系,在低效率模式中遵从规模报酬递增的经济规律。拉美国家:相比起来,陷入长期调整和低效率锁定的一些拉美国家,典型如哥伦比亚、墨西哥、委内瑞拉,其劳动生产率改进(Δq)与总产出水平变化(ΔY)之间存在较为显著的非线性关系,经济规模扩张之路上,规模报酬递增不像发达国家和东亚国家那样贯穿于长期之中,而是在特定样本期才有所表现。(2)总产出 Y 的规模报酬捕捉能力,通过总产出 Y 的凡登(Verdoorn)系数 α_Y 展示。[1] 发达国家规模报酬捕捉能力的稳定性:以 1973 年为界点,在 1950—1973 年和 1973—2011 年两个时期中,发达国家 α_Y 的情况是——美国:0.62,0.61;法国:0.90,0.84;德国:0.85,0.83;意大利:1.01,0.82;日本:0.90,0.90。东亚发展中国家低效率模式也具有较强规模报酬捕捉能力:如,中国 1978—2011 年为 1.01,泰国 1970—2011 年为 0.90,菲律宾 1970—2011 年为 1.03,印度尼西亚 1970—2011 年为 0.57。

表 3-2 各国凡登系数 α_c、α_i 的估计

国别	1950—1973 年	1973—2011 年
美国	$\widehat{\ln q} = c + 0.37\,(\widehat{\ln c}) + 0.10\,(\widehat{\ln i}) + AR$ (1) [58.9%]　　[17.9%]	$\widehat{\ln q} = c + 0.51\,(\widehat{\ln c}) + 0.05\,(\widehat{\ln i}) + ARMA(1,1)$ [92.9%]　　[7.1%]
法国	$\widehat{\ln q} = c + 0.81\,(\widehat{\ln c}) + 0.15\,(\widehat{\ln i}) + MA$ (2) [81.5%]　　[20.5%]	$\widehat{\ln q} = c + 0.62\,(\widehat{\ln c}) + 0.08\,(\widehat{\ln i}) + AR$ (1) [84.9%]　　[9.3%]
德国	$\widehat{\ln q} = c + 0.64\,(\widehat{\ln c}) + 0.19\,(\widehat{\ln i}) + AR$ (2) [85.4%]　　[22.1%]	$\widehat{\ln q} = c + 0.47\,(\widehat{\ln c}) + 0.17\,(\widehat{\ln i}) + AR$ (1) [53.0%]　　[9.8%]
意大利	$\widehat{\ln q} = c + 0.87\,(\widehat{\ln c}) + 0.13\,(\widehat{\ln i}) + AR$ (1) [88.1%]　　[18.0%]	$\widehat{\ln q} = c + 0.46\,(\widehat{\ln c}) + 0.11\,(\widehat{\ln i}) + ARMA(1,1)$ [61.0%]　[10.0%]

---

[1]　计量模型为 $\ln q = c + \alpha(\ln Y) + ARMA$,为节省篇幅,本章只给出 α 的估算结果。

国别	1950—1973 年	1973—2011 年
日本	$\hat{\ln q}=c+0.78(\hat{\ln c})+0.13(\hat{\ln i})+AR$ (1) [82.0%]　　　[23.1%]	$\hat{\ln q}=c+0.69(\hat{\ln c})+0.15(\hat{\ln i})+AR\text{-}MA(1,1)$ [90.9%]　　　[5.1%]
韩国	1960—2011	$\hat{\ln q}=c+0.66(\hat{\ln c})+0.09(\hat{\ln i})+AR\text{-}MA(1,1)$ [85.4%]　[18.9%]
中国	1992—2011	$\hat{\ln q}=c+0.62(\hat{\ln c})+0.35(\hat{\ln i})+AR$ (1) [37.6%]　　　[69.2%]
泰国	1960—1996	$\hat{\ln q}=c+0.62(\hat{\ln c})+0.19(\hat{\ln i})+AR$ (2) [65.0%]　　　[45.0%]
菲律宾	1980—2011	$\hat{\ln q}=c+0.19(\hat{\ln c})+0.19(\hat{\ln i})+MA$ (1) [15.6%]　　　[69.7%]

注:1.[ ]内的百分数是居民消费 c 和总投资 i 对 q 的增长的贡献率;2.本表模型残差均通过 LM 检验;
　　R^2 统计量大于 0.95;Verdoorn 系数均在 5% 的水平上显著。

　　消费的效率补偿:消费/投资双重效率模式存在的证据。表 3-2 中发达国家总投资规模扩张和居民总消费规模扩张之于劳动生产率增长的贡献,蕴含了高效率模式的一些主要特征。(1)消费/投资双重效率模式,效率三角的进一步证据。从发达国家劳动生产率增长的因素来看,投资规模增加和居民消费增加对报酬递增的捕捉能力在长期中显著,由于劳动生产率的消费弹性较投资更大,因此在发达经济的高效率模式中,消费表现出更大的活力。需要注意的是,这样的结论是基于增长率角度,深层次的逻辑是:建立在高消费能力和高资本深化能力这样的高效率模式中,消费比投资具有更大的效率促进能力,亦即,与消费有关的人力资本比物质资本拓展效率三角的功效更大。(2)消费的效率补偿。比较发达国家 1973 年前后两个样本时期发现,消费规模扩张相较于劳动生产率的贡献率一直占绝大部分,特别是发达国家普遍进入结构性减速和城市化成熟期之后,消费对效率的补偿作用和贡献更加显著。

事实四:稳定的高效率三角建立在消费/投资一体化的基础上,消费的效率补偿在低增长时期尤其显著。①

中国所处的增长阶段,以及相似增长阶段的共性:(资本驱动)单一效率模式存在的证据。在所考察的样本中,与中国处于同一层次的国家是泰国、印度尼西亚和菲律宾,这些相似增长阶段存在一些共同特征,即资本驱动的特征非常明显。这些国家的投资之于规模报酬递增的显著作用,不同于发达国家1973年之前的投资作用,因为高效率模式最终处于较高的资本深化能力主导之下(而且居高的劳均投资使得资本的效率贡献比消费要低)。

从长期调整角度理解增长非连续性:(消费驱动)单一效率模式存在的证据。由于拉美国家劳动生产率存在波动——或者在长期中表现出下降,或者改进速度比较缓慢,在实证分析上尤其要注重经济逻辑的合理性,处理起来比较烦琐,一些结果也没有在表3-2中显示。但是从符合经济逻辑的一些国家特定时间段的统计检验看,总投资之于劳动生产率的作用不显著,经济增长依赖不稳定的消费支撑。这种判断也符合拉美经济事实,这些国家通常由于缺乏较好的制造业基础和人力资本,不能建立起投资能力和消费能力赖以持续深化、提升的效率模式。毋庸讳言,对于还没有达到拉美劳动生产率水平和消费水平的中国及东亚其他发展中国家来说,拉美经济调整的持续和举步维艰,无疑是前车之鉴。

事实五:增长非连续的本质是投资和消费脱节,效率三角的基础因此遭到破坏;无论是单一投资效率模式还是单一消费效率模式,都会导致不可遏制的效率漏出,迫使经济进入充满不确定的长期调整过程,无法实现向高效率模式的持续升级。因此,低效率模式本身具有不稳定性。

---

① 此外,就表3-2中德国和意大利消费贡献率偏低的问题,需要补充几句。按照费恩和雷奥帕得(Fine和Leopold,1990)的观点,影响长期增长的因素,除了供给和需求因素,还应包括不可转化为供求的社会组织因素。两国劳动生产率改进的社会组织因素贡献,相对于其他国家较大,这种贡献可以看作是促进投资消费一体化的制度性作用,与本章的结论不矛盾。

第二节　增长非连续与增长门槛跨越：
三类不确定性

受制于旧效率模式调整的困难，发展中国家在长期增长过程中，生产和消费的脱节有可能导致低效率模式固化，并因此导致增长非连续现象。对于增长非连续，本章定义为低效率模式向高效率模式演进过程中的长期调整，调整的目的是通过累积新要素以实现门槛突破和效率持续改进。这种认识的思想来源有两个：一个是吉登斯结构化理论关于社会转型非连续的见解（Giddens，1998），另一个是结构主义理论关于拉美经济模式自身缺陷及其困境的见解（Furtado，1974；Kay，1989）。从规则、资源如何相互交织和整合经济过程的意义上看，两种认识有一致的地方，而眼下关于中等收入陷阱的广泛讨论，也从一个侧面暗示了增长非连续问题不能回避。这种非连续的具体表现就是跨越中等收入阶段的三个不确定性，这种不确定性构成跨越中等收入的门槛。

一、不确定性之一：工业化与城市化间的断裂导致增长停滞

传统发展理论关注工业化之于贫困陷阱突破和现代增长路径达成的作用。从后发国家的普遍经验来看，长期增长过程中大规模工业化和城市化两阶段的界限比较清晰，直观体现为人口向城市集聚和服务业比重上升。如，中国经济增长前沿课题组（2012）把中国经济转型的阶段性特征概括为：依赖干预、高投资和工业化推动的经济高增长阶段Ⅰ，已逐步失去提升效率的动力，以结构调整促进效率提高的增长阶段行将结束；城市化和服务业的发展将开启经济稳速增长阶段Ⅱ，效率提高促进结构优化是本阶段的主要特征。对于这种阶段性转型，我们的基本观点是，工业化与城市化是两种不同的效率模式，两个发展阶段上的主导力量不同。工业化阶段，集中并有效使用资源是促进经济增长的主导力量，集中化（城市增长极）、规模化和标准化是效率改进的核心；当一个经济体进入城市化发展阶段后，集中使用资源已经失去了基础，多样性的需求、服务

业比重上升、技术创新复杂性等都需要市场分散化决策、知识创新和人力资本累积的大幅度提升作为核心动力,促进经济增长。

但问题在于,传统发展理论中强调的资本积累推动工业化的效率模式,如果纯粹依赖外生技术进步和初级劳动力要素驱动,那么,这种增长方式就会诱发后发国家工业化向城市化转换中的增长非连续和效率改进路径的断裂。换句话说,如果在工业化过程中缺失有远见的内生动力(即知识过程)的培育,而把规模扩张和初级要素驱动运用于城市化时期,就会出现效率改进路径受阻的问题。相比而言,对于日本为什么比较顺利地实现了产业升级和增长模式转换的问题,小泽辉智(Ozawa,2005)认为,日本也曾经历劳动密集、标准化生产分工,并从要素禀赋的使用中获益;其后采用新重商主义政策,抑制流入日本(内向型)的 FDI,且通过购买许可的方式吸收发达国家技术,从而建立起自身不依赖于西方的本土工业技术。以 20 世纪 60 年代发展半导体为标志,日本步入知识驱动的增长轨道,到 90 年代成为超级技术大国。

从经验比较来看,后发国家的技术进步一方面被跨国公司的分工体系所绑缚,难以自我创新;另一方面也更倾向于(通过引进生产设备)"干中学"的同质化技术进步方式(中国经济增长与宏观稳定课题组,2007、2009),但是从"干中学"的技术进步到异质性的自主创新,实际上仍有很多不确定性,包括人力资本积累水平、市场需求、资本市场激励、知识产权保护制度、文化、企业盈利模式变化等。正是由于工业化过程中自主的学习和知识过程的缺失,在增长转型和城市化阶段,广大后发国家一改大规模工业化阶段工业主导效率提升的清晰增长路径,发生增长分化和工业/服务业协调失灵,其表现是,工业比重下降的同时伴随着工业增长的失速,工厂快速地外迁,工业化技术—效率升级断裂。

二、不确定性之二:低效服务业蔓延,形成城市的人口漂移和鲍莫尔成本病

转型不确定性直接表现在产业层面,就是服务业作为工业化分工结果的从属态势不能得到根本扭转,以知识过程为核心的服务业要素化趋

势不能得到强化,导致以知识生产配置为核心的服务业转型升级路径无法达成,从而加剧服务业增长中的人口漂移和鲍莫尔成本病。

与结构服务化趋势有关的问题,在国内外研究中开始受到重视。赫伦多尔夫等(Herrendorf 等,2014)、布尼雅和卡布斯基(Buera 和 Kaboski,2012)等实证了发达经济体人均 GDP 达到 7200—8000 国际元后,服务业随着整体经济增长而增长的现象——服务业就业、增加值等超过制造业,制造业比重呈现"倒 U 型"趋势,这也是一种普遍规律。从中国经济增长前沿课题组的实证结论看:(1)发达国家的服务业生产率与制造业生产率基本平衡,而发展中国家广泛存在两部门效率非平衡问题,服务业劳动生产率通常低于制造业 50% 以上(中国经济增长前沿课题组,2012);(2)以美国为代表的发达国家的消费结构,包含大量有关广义人力资本提升的服务消费,这一消费甚至超过了物质消费。经济追赶成功的韩国也出现了类似的消费趋势。相反,与广义人力资本有关的消费比重在广大发展中国家,如拉美国家,则没有显著提升(中国经济增长前沿课题组,2015);(3)知识消费提升人力资本,获得预期报酬,而人力资本积累有助于激励创新,并提供更多的知识供给(中国经济增长前沿课题组,2015)。

虽然长期增长过程中服务业比重提高的趋势是确定的,但服务业比重的提高却导致一国经济增长减速(袁富华,2012;中国经济增长前沿课题组,2012)。更为严重的是,同样的服务业比重,发达国家与不发达国家的经济效率差别可能很大,而且服务业的不同发展方式可能导致国别间收入差别扩大,这与工业化过程非常不同。因此,结构服务化过程隐含了结构转型路径的不确定性和分化——可能促进经济结构转型升级,推动效率和经济稳定性提高,从而提供更高更好的社会福利;但也可能在服务业比重提高的同时,导致效率下降和经济的不稳定,陷入经济长期徘徊的困境。如,OECD 国家的结构服务化提升了效率和稳定性,社会福利大幅度提升;拉美虽然拥有同样的高服务业比重,但服务业结构和整体经济效率低下。更值得注意的是,结构服务化加剧了拉美经济震荡,导致社会福利损失严重。

就成功转型而言,结构服务化隐含的增长促进机制如下:(1)促进协作能力,这是服务化的一个重要方面。如发达国家的信息化主导了工业化,行业协作能力提升了效率(谢康等,2016);(2)消费增长和消费结构升级,对更高技术难度的产品服务提出需求,并诱致高技能密集型服务业比重不断上升、低技能服务业比重不断下降(Buera 和 Kaboski,2012);(3)高技能密集型服务业的价格与高技能人员的报酬溢价相一致,这种溢价造成了对人力资本积累和知识生产配置的激励。张平和郭冠清(2016)有关人力资本增进的劳动力再生产的论证(消费作为知识过程起点),也提出了相同的逻辑方向。但是,鉴于增长促进机制的缺失,后发国家在转型乃至经济结构服务化的长期调整过程中,由于无法从根本上扭转对传统和非正规服务业规模扩张的依赖,服务业主导增长往往加剧鲍莫尔成本病,并导致其对低效率增长模式的锁定。具体机制是:与工业部门比较,传统和非正规服务业劳动生产率增长率较低甚至停滞,但在恩格尔定律和消费者偏好作用下,发展中国家的服务业仍然处于持续增长阶段直至达到一个较高水平,如此发生的国内产业雁阵传递,导致无效率的服务业对有效率的工业部门的替代,降低整体经济效率和改进潜力。尤其是在服务业部门普遍受到管制的情况下,服务业的高比重更伴随着高成本,严重的如拉美国家,甚至可能迫使整体经济退化为租金抽取模式。

由于服务业作为知识生产配置载体的作用不能得到发挥,城市化和结构服务化过程依然被低素质的"人口漂移"所左右——从农村漂移到城市的初级劳动力从事小商小贩,集中在非正式服务业部门就业,劳动密集服务业作为低素质劳动者就业蓄水池而存在。如,布尔默—托马斯(2000)认为,20世纪70年代之后拉美国家迅速的城市化并没有带来实质性的效率改善,人口从农村向城市的快速集聚,使得城市化过程不过是把农村的失业和贫困问题转变为城市问题。由于城市现代部门和正式部门就业机会增长缓慢,导致城市非正规就业和半失业增加,并进一步拉低了生产率和收入差距。拉美人口漂移状况见表3-3。

表3-3　拉美6国半失业占经济自立人口的百分比

国家	1970 年	1980 年	国家	1970 年	1980 年
阿根廷	22.3	28.2	哥伦比亚	40.0	41.0
巴　西	48.3	35.4	墨西哥	43.1	40.4
智　利	26.0	29.1	委内瑞拉	42.3	31.1

数据来源:[英]维克托·布尔默-托马斯:《独立以来拉丁美洲的经济发展》,张凡等译,中国经济出版社2000年版,第365页。

三、不确定性之三:消费的效率补偿机制缺失

经济结构服务化过程中,服务业结构升级和服务业增长之于整体经济效率改进的促进作用(对于高效率模式的达成而言),得益于一个根本的嵌入机制:消费的效率补偿机制,这个效应在传统增长文献中经常被忽视。经验表明,消费与经济结构服务化往往是同时发生,但经济结构服务化阶段高低效率模式的分化,也是源于消费的效率补偿能力的不同。消费的效率补偿机制通过消费结构的升级,促进人力资本升级和服务业结构升级,从而推动知识过程的形成和高效率模式的重塑。反之,消费结构升级停滞,将导致增长停滞。

以高消费支撑的发达国家,其经济的持续增长,与消费的效率补偿效应有关,发达国家居民消费中偏向于科教文卫的支出结构可以为这种判断提供资料支撑;但除了日、韩等极少数国家外,这种趋势在经济转型国家很少发生。

中国在超高速增长主导的1992—2011年这一时期,投资的飙升使得其效率增长贡献接近于70%,投资拉动导致的生产、消费脱节不仅影响短期经济的可持续性——典型如现阶段受到广泛关注的产能过剩和僵尸企业问题(中国经济增长前沿课题组,2013),而且影响长期增长潜力的培育和低效率模式的改进——一方面,高投资挤出了消费结构升级及相应规模报酬捕捉机会;另一方面,偏向于资本的分配压抑了消费倾向,这些问题直接反映出供给结构和消费结构失衡。中国偏向于资本驱动的工

业化过程,发展到现阶段所导致的问题是:单纯注重投资的效率模式,反而因为注重短期投资而失去长期资本深化的能力,这种单一效率模式存在明显的效率漏出。主要表现在:(1)为了维持短期增长速度,采用基建、房地产等传统低效率方式,迫使经济进入增长——低效率——再投资——低效率维持增长的不良循环;(2)低水平居民消费需求限制了市场规模经济边界,从而也限制了资本深化边界;(3)受惠于旧模式的一部分群体,尤其是大城市的中产者,他们有对消费品质量和消费结构多样化、高级化的真实需求,但是国内产业结构无法满足,最终将这些消费力量驱赶到国外,形成对别国产业效率提升的溢出。

经济结构服务化时期,劳动力再生产是以人力资本增进为重心展开的,而非工业化时期的劳动力简单再生产,即:第一,在二元经济向工业化演进的过程中,生活必需品——尤其是物质品的生产扩张始终居于主导地位,增长重心是物质资本的积累和再生产。同时,为了保证产出扩张所必需的储蓄,消费被压低在简单劳动力再生产的水平,并且从属于物质资本积累和再生产过程。第二,在工业化向发达城市化的演进过程中,消费和服务业主导的经济增长,也相应成为生产率增进的重要来源。在这个阶段,以人力资本增进为重心的劳动力再生产成为核心,家庭消费结构中教育支出的扩大——包括政府公共支出中教育费用的增长,成为促进这一再生产循环的主要动力。我们的前期研究表明,发达经济的结构服务化的一个重要特征,就是与公共品提供有关的消费支出比重提高;并且,从日、韩这两个短期内完成城市化转型的国家来看,以消费结构调整促进人力资本结构调整——提前15—20年实现劳动力中高等教育比重大幅度提升、完成结构服务化赖以推进的高端人力资本储备,对于实现转型的迅速跨越至关重要。相比较而言,拉美国家调整时期过长,正是由于缺少了消费结构升级和人力资本积累这一环节,最终将经济拖入震荡和不稳定的泥潭。至今,除个别国家外,这一问题仍未引起重视。

第三节 通过效率改进与知识过程 消减经济跨越的不确定性

对比国际经济增长经验和中国经济状况,为了降低经济增长跨越的不确定性,以下几个调整方向有待明确和探讨。第一,在缺乏内生动力机制的情况下,大踏步进入城市化和经济结构服务化是否可行?也就是说,中国是否需要一个工业化深化的缓冲时期?第二,中国服务业调整方向是什么?第三,消费结构升级为什么重要?

一、工业化的深化、协调与缓冲

继续征引小泽辉智(Ozawa,2005)的论述,看一下增长门槛跨越时期日本的策略。日本转移低端工业链条始于 20 世纪 60 年代末期和 70 年代初期,正值大规模工业化临近尾声、国内结构性减速开始发生。当时,低端产业转移是以大规模集中转移的方式展开的,主要是向亚洲地区年轻劳动力比重较大、劳动力低廉的国家转移。这种清理房间式的产业转移,也被称为低端产业链条的再利用。之后,日本在亚洲地区的产业雁阵传递一直持续,逐渐形成国内居于高端、其他国家居于中低端的技术梯度。这种梯度的建立,一方面缓解了日本国内产能过剩的困境,另一方面,产业的国外转移和对其他国家劳动力禀赋的利用促进了国内产业结构优化。总之,日本经济转型的成功,得益于其将国内产业重组和工业化的深化置于国际大背景之下。

以什么样的方式重组工业产业和深化工业化进程,要视经济发展的国内外环境而定,最为根本的是认识到工业化向城市化转型的过渡期间,需要有一个工业化深化的缓冲期,不能盲目推进城市化,更不能依靠高土地价格作为城市化发展积累的核心战略,这样人为地"去工业化",没有给工业技术—效率升级留有空间与时间。尤其对中国这样的依赖初级要素驱动的工业化国家而言,过早放弃工业化深化这个环节,将面临效率持续改进的支点放在哪里的问题。从产业动态看,工业化丧失动力,就无法推动生产性服务业的发展,服务业效率提升也会失去机会,服务业无法对工业深加工化提供正向的反馈和促进,因此制造业深化是效率改进的支点。基于以上分析,本章认为转型时期需要给中国工业结构优化提供一个缓冲区间,这个区间包括三方面的内容:(1)利用中国超大经济体的区域潜力,促进区域之间产业雁阵梯度和结构优化。较为发达的省市,以服务业结构升级为核心,推进结构服务化进程;以服务业结构升级作为人力资本积累和知识生产配置的源头,促进产业在区域间的雁阵梯度转移和协作网络发展。(2)工业和服务业的协调。两者协调的关键在于,工业份额的减少应以工业效率提高为前提;服务业比重的增加,以不抑制整体经济效率改进为前提。实际上,对于中国现阶段的转型而言,这是一个非常严苛的条件。明智的举措是,服务业应以结构升级和效率补偿为前提进行发展,否则将会面临拉美城市化风险。(3)逐步重构技术—效率升级路径,中国制造业升级的另一个重要方面就是要重构一个企业技术创新—效率提升的体制机制,让企业逐步从“干中学”的设备引进与低价竞争的困局中走出,向着更异质性的自主创新的道路转型,这需要更积极的资本市场激励、知识产权保护、类似《杜拜法案》的新规则、人力资本积累等新要素,才能构造一个体制机制,降低技术进步的不确定性成本,让企业自主技术进步得到足够的“创新租金”补偿,激励企业技术—效率改进,推动工业升级。

二、知识过程、效率提升与服务业升级

基于马克卢普(2007)的思想,我们把知识生产、配置及以此为基础的经济效率的循环和改进,称为知识过程。由此,我们在进行高低两种效率模式对比时的一个经验假设是,发达经济阶段的高效率模式,是以服务业结构高级化为基础,这种高级化的重要表现之一,就是服务业越来越趋于知识技术密集。换句话说,我们把服务业作为知识过程和人力资本积累的载体来看待,而非像传统经济学理论中把服务业作为工业部门的分工辅助环节或成本项来看待。这种认识暗含的逻辑是,既然是服务业替代工业成为城市化阶段增长引擎,那么服务业至少像工业那样提供可持

续增长的效率支持,否则高效率模式将难以维持。

按照这种认识,发达经济的结构服务化阶段,服务业实际上充当了经济增长的先决条件,知识部门充当了高效率模式运转的先行部门。这种认识产生的经验依据是:(1)服务业主导的经济,由于工业份额的下降乃至趋于一个较小的比重,此时服务业的效率及其改进潜力,决定着经济整体效率和改进潜力。发生在高等教育、研发部门、信息技术服务部门的知识生产和配置,既是其他服务行业效率改进的决定力量,也是其他国民经济行业效率的决定力量。(2)服务业比重上升和服务业结构升级,可以认为是知识过程对传统商品(物品和服务)的替代,在此过程中发生的两个替代及国内相应产业雁阵传递的结果是:通过知识向工业部门的配置,提升制造品智能化,并因此替代传统人工服务行业;知识技术密集服务业态多样化,知识消费型服务业替代部分传统消费服务业。(3)服务业可贸易性提高。依托知识信息网络化发展,服务业贸易性提高,构成对工业贸易份额下降的补偿。尤其值得关注的是,由于知识比传统贸易更具有垄断性,基于知识的服务贸易一旦建立起来,不仅赚钱能力比传统贸易更强,而且垄断和竞争优势也难以在短期内打破。据此可以推测,服务业的可贸易性将加剧国际经济分化,构筑起更高的经济追赶门槛,这种假设也与前文实证部分的一些证据吻合。

服务业内部知识部门的增长,促进了服务业要素化趋势的发生。在知识对传统商品替代以及服务业内部的产业结构升级过程中,服务业部门呈现出"要素"的特性,表现在以下几个方面:第一,发达经济阶段,服务业不仅充当了知识生产创造的主要源头,而且与知识生产分配有关的行业份额逐步扩大,这些行业的生产函数日益趋向于人力资本增进的劳动力再生产——$H=f(H)$——以人力资本生产更多的人力资本;或者使用人力资本的知识技术(IT)再生产——$IT=f(H)$。因此,提高要素生产的知识密集度成为经济服务化的核心。现实中,这些行业包括教育、信息、研发、产权等。由于这种不同于传统工业和传统服务业的生产函数,其根本是建立在"人—人"相互作用的基础上,知识产出的机制也与以往不同,以认知和共享为纽带建立起知识网络,并据此捕捉报酬机会是其主要功能。第二,服务业地位的变化,与其要素化趋势一致。经济服务化时期,服务业以其在经济中的高比重和知识要素生产供给的重要功能,一改其在大规模工业化阶段的从属和被动分工地位,而作为增长的前提条件(或新阶段的先行条件)存在。这种主动性和决定性地位的确立,与知识密集型服务业的要素生产供给功能有关。可以这样认为,一个将人力资本组织起来的知识生产行业,就是一个要素生产的复合体,由它生产出来其他知识要素,并作为生产要素投入其他生产和消费过程。第三,知识密集型服务业获得收入的方式,与单个人力资本要素获得收入的方式相似,收益以溢价形式产生。这种认识可以解释文献中广泛关注的一个迷惑——如佩蒂特(Petit,1986)认为,不同于工业以成本递减提高生产率,服务业部门的生产率与成本无关。对于知识密集型服务业,由于其收益是以知识资本化之后的溢价方式获得,溢价直接反映了要素使用的效率改进,因此与成本没有直接关联①(换句话说,知识服务的价值或效率增进直接反映在人力资本要素的溢价上,而不像传统生产部门那样——效率增进反映在投入成本的递减上)。第四,把发达经济阶段的服务业增长,理解为人力资本增进的劳动力再生产源头,才能突破传统静态的服务业成本病的认识局限。我们的假设是,长期中,随着知识和人力资本积累的增加,新的知识过程的建立和人力资本专用特性的开发,需要进行更多的科教文卫投资,只要这种知识投资产生的效率增进可以覆盖成本的增加,那么服务业和整体经济是有效率的。

三、消费的效率补偿与增长可持续

消费和服务增长的关键不在于规模、比重,而在于结构升级,尤其是知识过程作用的发挥。在向发达城市化增长的转换时期,根据前文,可能的路径导向有两条:一条是囿于工业化规模扩张的惯性,服务业的发展以低技能的劳动力再生产为主;另一条是以知识过程为支撑的服务业的增

---

① 关于这一点,我们将在后续研究中给出详细的分析。

长。经济结构服务化过程中，服务业规模扩张和比重增加是不可避免的趋势，但是推动这种状况的动力应该是服务业的结构升级，以及消费结构升级与服务业增长的联动。基本品需求满足后，尤其是理论和现实中的丰裕社会到来时，消费者选择日益与多样性、新奇性的心理需求联系起来，特别是服务业——当代知识信息的迅速发展，促进了消费时尚的易变性和快速传播，消费者对新奇的主动的、内在的追求，推动消费和服务业结构升级。知识过程在时间和空间上赋予消费效率含义，并体现在知识密集型服务业的要素化趋势中。以"人—人"面对面交流的联合认知和知识共享的行为为例：

情景1：消费把时间资本化：诸如教育、休闲娱乐等行业的消费，已经不是传统理论上所认为的瞬时完成，与知识产品相关的消费应该看作一个过程——这是现代生产性服务业的新特征。这与知识生产消费的方式有关，"人—人"面对面交流过程中，知识生产者创造、传播，消费者接受吸收知识，在市场交换的情景中，消费者根据信息流（时间上的信息发送）的新奇性支付费用。这个过程中，消费者根据心理需求的满足程度，对不同的知识流给出意愿的支付，高水平的知识产生溢价。

情景2：消费把空间资本化：消费的迂回性，即经济服务化时代的网络化与工业化时代的网络化最大的不同，在于知识信息网络化的作用凸显。因此，发达经济城市化阶段的消费，除实现了时间的资本化外，还实现了空间的资本化，主要是借助于互联网提高知识密集型服务业的可贸易性、"人—人"面对面交流距离的拉近等。消费的这种空间资本化，一方面有利于知识流和新奇的传播扩散，提高知识生产率、扩大知识产出；另一方面有利于消费市场分割的细化，使得信息冗余大量存在的情况下提取定制化服务成为可能，专用性的知识服务和溢价也因此被抽取出来，从而指示了现代服务业结构升级和效率增进的方向。

可以这样理解，消费的效率补偿通过两种迂回方式实现：一是空间（静态）上"人—人"联合认知导致的知识生产配置的分工，主要是知识信息部门的增长；二是沿着时间知识流的动态增长累积以及知识存量的更新,跨期的人力资本要素的培育,需要消费结构升级的支撑,消费结构中科教文卫部门的增长,从知识流的动态增长角度,已经突破了传统静态成本的范畴而具有动态效率。消费结构升级、人力资本升级、服务业结构升级,在促进知识生产配置的同时,不断推动知识链条的延伸,并以此为纽带连接起国民经济的各个部门,在这个过程中,资本深化能力也得到提升。

知识过程的发生、循环和扩展,本质上是物质生产循环向以人为载体的知识循环体系的转换。因此,循环的起点逐步从生产转向消费,通过知识消费、知识网络的互动产生高质量的知识消费服务和创新溢价。知识过程如果不能有效地融合到传统的物质生产循环之中,那么,服务业升级转型和以人为主体的知识服务循环体系也将会失去作用。特别是对于经济追赶国家,服务化进程中的效率模式重塑,消费结构升级将面临严重的制度挑战,把握不好就会导致转型失败,这一转变路径具有极高的结构和制度"门槛"。

第四节 通过改革提升中国经济效率

从工业化向城市化的演进是一种质的飞跃,涉及增长模式的调整和创新动力源泉的培育。在城市化和经济服务化时期,门槛跨越的关键在于通过人力资本积累建立知识过程,这不仅是稳定的效率三角的基础,而且是服务业不同于任何增长阶段的全新特征。经济结构服务化转型包含三个方面的动力:一是消费者偏好;二是相对价格;三是以消费促进人力资本要素积累,并由此提供动态效率补偿。前两者决定了服务化比重提升,但也注定了增长分化。后发国家中,大量与人力资本提升有关的知识消费和服务业属于公共产品范畴,但通常处于被严格管制状态。在这种条件下,服务消费的需求偏好拉动,反而导致这些部门供给不足,只有通过相对价格上涨的方式提高供给,这相当于向消费者征收了知识服务行业的"垄断租金",由此形成对消费者剩余的剥夺,最终导致大量服务需求外移,国内知识服务体系落后。因此,这一阶段必须进行市场化改革,让知识密集的现代服务业发展起来,并在循环中获得消费的动态效率补偿。服务业结构升级是效率提升的根本,有助于防止增长路径向垄断抽租模式的退化(中国经济增长前沿课题组,2014)。以下几个问题还值得强调。

如何认识服务业发展?发达和不发达的国际经验——特别是步入城市化和经济服务化时期的增长经验,把增长分化的情景鲜明呈现在人们面前。如果服务业的发展,仍然沿用大规模工业化的模式,甚至对工业化时期的资源配置方式不做任何调整,而一味强调服务业规模的扩大,则中国经济很有可能陷入类似于拉美的长期调整和经济震荡中。所幸的是,中国城市化还没有走那么远,因此,一些潜在系统性问题仍有机会避免。我们强调服务业的要素化趋势——当作建议的服务业结构优化和发展的方向,这个方向的起始点是知识过程的建设,其核心是下述经济循环的着力打造:消费结构升级→高层次(熟练技能和高等教育)人力资本积累→技术知识密集型产业发展→高资本深化能力和高消费能力→消费结构升级。一句话,重视服务业转型升级,积累人力资本后劲,为门槛跨越做准备。

如何认识政府作用?不同于工业化以物质资本为核心的再生产过程,城市化时期的消费效率补偿,需要依托人力资本增进的劳动力再生产。知识和人力资本,尤其是高等教育和研发等高端知识和人力资本,具有极高的生产成本、外部性和专用性,不能离开公共部门的支持。同时,由于受到经济制度、机会成本等因素的影响,人力资本积累对发展中国家来说也是重要门槛。对于这个问题,我们的观点是,比重较高的高等人力资本(连同熟练技能劳动力)应该在 15—20 年的时间里尽快培育起来,这是减少工业化向城市化和服务业转型风险的重要保障。服务业的要素化趋势,及以此为垫脚石的增长跨越,给政府整合资源方式提出了两个要求:一是改善收入分配;二是重视知识过程建设的投入。这种要求意味着转型时期政府职能需要切实转变,可以这样认为,与产业结构的优化升级相比,经济服务化过程中制度规则的完善作用更加具有基础性。收入分配方面:拉美经验和日韩经验对比表明,大规模工业化结束至经济服务化形成之间,有一个为期不算很长的缓冲期(20年左右的时间),这个时期里,日韩通过快速积累高等人力资本,以便为城市化的知识过程建设和效率模式重塑开拓空间;拉美之所以缺少这个环节,而直接奔向服务业和消费主导,是因为国内收入分配差距阻碍了人力资本积累,结果陷入"低人力资本—低消费结构—低效率改进能力"的怪圈。知识过程建设的投入方面:包括熟练技工培训体系的完善、熟练技术工人晋升激励体系的建设、高端人才体系的建设、政府基础性研发支持体系的建设等。毫无疑问,经济转型时期政府的作用依然重要,这种重要性不是要政府去干预生产、消费决策,而是通过公共支出结构的调整优化,培育经济潜力。一句话,经济服务化时期政府干的事情,集中于疏通知识过程建设渠道,为门槛跨越做准备。

如何认识创新?经济服务化时代中国对增长门槛的跨越和经济追赶,离不开创新,此时,创新已经不仅仅是创造发明这种狭义的概念,而是效率模式重建过程所涉及的制度规则建设完善、知识生产配置网建设完善、消费生产一体化等更加具有综合性和系统性的范畴。原因是,经济结构服务化意味着更复杂的经济系统协同、分布创新、高质量人力资本良性激励与循环等问题,经济增长中的"非竞争性"新要素需要不断生产出来,制度规则、创意、国民对知识的参与分享水平、教育、信息网络等,逐渐成为效率改进和可持续增长动力源泉。一句话,以网络化为基础的再结构化,是创新发生和门槛跨越的保障。

第四章　协调现代化经济体系的空间布局

　　第一章阐述现代化经济体系建设的逻辑框架,阐释了传统经济体系到现代化经济体系的"四个转向"和"四个机制",其中机制4经济体系的内生转化表明,高速增长到一定程度,引起社会主要矛盾从总量性到结构性的转化,进而导致从传统经济体系到现代化经济体系的内生转化。内生转化的一个佐证是低质量发展引发的问题越来越突出,最终凸显为发展的不平衡不充分。这种不平衡不充分体现在空间布局上,即高速增长过程中供给体系对需求体系的适应并不总是均匀的,而是有显著的不平衡性。从区域看,东部地区实现了率先发展;中西部地区发展相对缓慢。从城乡关系看,城镇化进程持续推进,但是也出现了市民化进程滞后、城乡差距扩大等问题。从对外开放看,除了出口和进口的不平衡、"引进来"和"走出去"的不平衡,东、中、西部对外开放也不平衡。

　　在中国经济由高速增长转向高质量发展的关键时期,党的十九大提出"贯彻新发展理念,建设现代化经济体系"的战略目标,旨在通过建设现代化经济体系,实现发展方式转变、经济结构优化、增长动力转换,并最终建成社会主义现代化国家以及实现人民共同富裕目标。因此,现代化经济体系应该同时具备提高经济效率和让全体人民共享发展成果的双重特征。作为一个以二元经济为主要特征、幅员辽阔、对外经济往来密切的大国,中国的城乡和区域发展差异巨大,对外经济关系错综复杂,如何实现城乡、区域协调发展,并推动开放型经济在不同区域的深入发展,进行合理的空间布局,以提高经济效率和全体人民福利水平,是现代化经济体系建设必须面对的重要问题。

本章第一节至第三节将从城乡协调发展、区域协调发展和开放型经济新空间布局三个角度出发,分析我国经济发展中的城乡、区域、对外开放布局不平衡问题及促进协调发展的对策。值得注意的是,城乡、区域、对外开放中的不平衡问题纠结在一起,增大了协调发展的难度。东部地区是对外开放的"桥头堡",率先实现了高速增长。在这个过程中,大量人口从中西部农村地区聚集到东部大城市,因此城乡不平衡与区域不平衡实际上是高度关联的。而中西部地区发展之所以滞后,重要原因是中西部地区对外开放程度不够;区域之间,城镇化发展差距也较大。

第一节　城乡协调发展

一、现代化经济体系下的城乡关系

从现代化经济体系的特征来看,要实现城乡协调发展,必须在提高城乡经济发展效率的同时,让城乡居民共享经济发展成果。其中,城乡经济高效率发展以农业和非农产业的现代化为基础,这同时要求二元经济向一元经济转变,劳动力从农业向非农产业转移,实现高度城市化。城乡居民共享经济发展成果则意味着城乡居民收入水平的提高、收入差距缩小以及享有的公共服务均等化。概括而言,现代化经济体系下的城乡协调发展主要包括三个内容:农业和非农产业的现代化、高度城市化以及城乡居民在更高福利水平上的福利均等化。

尽管由于资源禀赋、发展历史、制度环境不同,每个国家的城乡发展都有自己的特点,很难提供一个统一的城乡发展模式。但发达国家现代化过程中的一些共同特征,或许揭示了现代化经济体系的一些普遍规律,值得我们借鉴和学习。

(一)现代化经济体系下的农业和非农产业特征

从农业和非农产业的产值来看,由于大多数农产品需求的收入弹性大于0,这就意味着随着收入水平的提高,对农产品的需求也会增加,农业产量总体上呈上升趋势。但对于农业与非农产业的相对比重而言,恩格尔定律表明,随着收入增长,对农产品尤其是食品消费占比将会下降,因而农业在三次产业中的比重也将随着经济发展而下降(见图4-1)。与之相反,对工业品和服务的需求则随着收入的增长而快速上升。其中,工业品尤其是初级工业品对资源的依赖程度较高,且多为劳动密集型产业,处于价值链的底端,因而随着经济发展和收入水平提高,大多数发达国家将工业尤其是初级工业向国外转移,对工业品的需求也可以通过国际贸易的方式得到满足,这就是所谓的后工业化时期。而大多数服务则难以由国外提供,因此,服务业在三次产业中的占比将随着国民收入的增长而上升,而工业所占比重则呈现先上升后下降的趋势。

发达国家已基本进入后工业化时期,农业和非农产业现代化程度较高,其三大产业的特点也在一定程度上代表了现代化经济体系下农业和非农产业的特征。从 OECD 成员国的农业和非农产业比重来看(见表4-1),农业产值占 GDP 的比重基本维持在2%以下,2016 年这一数值只有 1.38%。美国的这一比例只有 1.01%,而德国和英国更是低至 0.5% 左右。工业增加值占比由 1997 年的 26.47% 下降到 2016 年的 22.49%,其中美国的这一比例为 18.88%,德国和英国的比例分别为 27.47% 和 17.99%。OECD 成员国服务业的比重平均为 69.68%,美国、德国和英国的比重分别为 77.02%、62.05%和 70.60%。

表 4-1　2016 年 OECD 几个主要国家三大产业增加值、就业占比和劳动生产率

变量	产业	OECD 成员国	澳大利亚	法国	德国	日本	韩国	英国	美国
增加值占比 (%)	农业	1.38	2.43	1.45	0.55	1.15	1.93	0.54	1.01
	工业	22.49	22.26	17.56	27.47	29.30	35.13	17.99	18.88
	服务业	69.68	68.27	70.34	62.05	68.78	53.75	70.60	77.02
就业占比 (%)	农业	4.70	2.63	2.87	1.31	3.50	4.90	1.12	1.66
	工业	22.69	19.42	20.29	27.38	25.61	24.89	18.46	18.79
	服务业	72.61	77.95	76.83	71.31	70.88	70.21	80.42	79.55

续表

变量	产业	OECD成员国	澳大利亚	法国	德国	日本	韩国	英国	美国
劳动生产率（美元）	农业	26695	79293	52472	38593	22653	18796	49139	83736
	工业	84057	141165	87161	92557	103794	68506	76651	111835
	服务业	79602	95480	95864	78433	91830	37151	77434	104073

说明：数据来源于WDI。

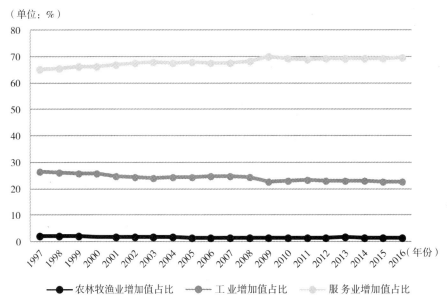

（单位：%）

图 4-1　OECD 成员国三次产业增加值占 GDP 的比重
数据来源：世界银行 WDI 数据库。

　　三大产业的就业比重取决于三大产业的产值占比和劳动生产率的相对大小。从绝对数值来看，图 4-2 显示，农业劳动生产率最低，由于经济发展和技术水平提高，三大产业的劳动生产率也在逐渐上升，但农业受到土地等自然资源的限制，劳动生产率提升的速度最慢；服务业次之；而工业相对而言技术进步率更高，再加上机器设备的使用和规模效应，劳动生产率提升最快。金融危机以后，以美国为首的工业化国家提出以重振制造业和大力发展实体经济为核心的"再工业化"，以摆脱经济危机和推动经济长期增长。"再工业化"加速推进先进制造业技术的应用,必然进一步提高工业劳动生产率。因此,结合三大产业产值和劳动生产率的变化趋势,农业就业占比呈单调下降趋势,服务业就业占比逐渐上升,而工业就业占比则呈现先下降,近年来在"再工业化"发展的条件下有小幅回升的趋势。

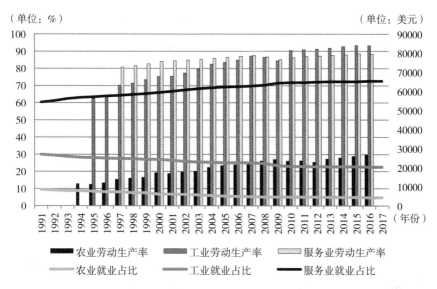

图4-2　OECD成员国三大产业就业占比(左轴)和劳动生产率(右轴)

说明:数据来源于WDI。劳动生产率为该行业增加值除以劳动者数量。劳动生产率的单位为2010年不变价美元。

OECD成员国工业的平均劳动生产率自2008年开始超过服务业,但总体而言,工业和服务业的劳动生产率相差不大。农业劳动生产率虽然呈现上升趋势,但仍然与工业和服务业存在较大差距。从就业占比来看,农业就业占比逐渐下降,近年来一直维持在5%左右,工业就业占比也呈现下降趋势,大体在22%左右;服务业占比则呈现上升趋势,达到72%左右。

(二)现代化经济体系下的城镇化

城镇化是经济社会发展的结果,也是现代化发展的必由之路。随着农业产值和就业比重下降,居住在农村地区的人口也会减少。工业化要求规模经济,人口在城镇集聚带来的集聚效应和规模效应为工业化发展创造了条件,也便于降低公共服务成本,提高居民福利水平。从图4-3来看,半个多世纪以来,OECD几个主要国家的城镇化率总体呈上升趋势,并于近年来稳定在较高水平。2017年,OECD成员国平均城镇化率为80.39%,其中日本城镇化率达到91.5%,城镇化率相对较低的德国也长期稳定在77%左右。韩国的经济发展起步较晚,城镇化发展的时间也慢于其他国家。但韩国的城镇化发展迅速,1960年城镇化率仅为27.71%,到1990年已经赶上并超过OECD成员国平均水平,2017年韩国城镇化率已经达到81.5%。

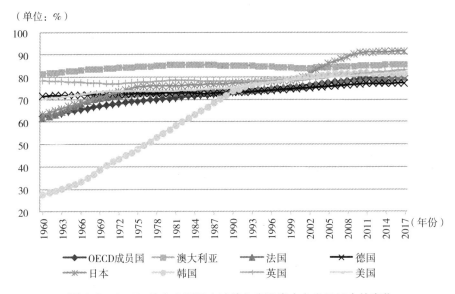

（单位：%）

图4-3 OECD几个主要国家城镇化率及半个多世纪以来的变化

说明:数据来源于WDI。

尽管OECD各国城镇化水平较高,但应该集中发展大城市还是实现大城市和中小城镇均衡发展,各国采取的策略却不尽相同。从图4-4可以看出,各国居住在人口在100万及以上大城市的人口占比差异极大,日本的比例非常高,2017年已经达到64.36%,这说明日本以发展大城市为主,人口高度集中。而德国的这一比例自1960年以来就长期维持在9%左右,说明德国采取的是中小城镇均衡发展战略。平均来看,OECD成员

国居住在人口在 100 万及以上大城市的人口占比有缓慢上升趋势,2017
年这一比例为 36.78%。

（单位：%）

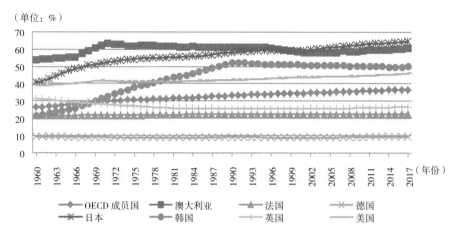

图 4-4 OECD 几个主要国家居住在人口超过 100 万的大城市的人口占比
说明：数据来源于 WDI。

（三）现代化经济体系下的城乡居民福利均等化

由于受到土地等自然资源的限制,农业劳动生产率远低于非农产业,
与此同时,受气候和环境的影响,农业产出具有较大的不稳定性。因此,
与非农产业相比,农业劳动力收入并不具有竞争力。发达国家亦经历过
城市繁荣富裕而农村贫困凋敝的时期,但经过一系列的制度安排,发达国
家不断缩小城乡发展差距和城乡居民福利水平,实现城乡协调发展。例
如,通过财政资金补贴农业生产,建设和改善农村基础设施,支持农业和
农村教育,完善农村社会保障制度,改革农村土地制度,实现农业生产规
模经营,促进农村劳动力向城镇流动并保障流动者权益等（张秋,2010;
胡卫华,2015）。

总体而言,根据发达国家的经验,现代化的农业和非农产业的特点
是,农业产值和就业占比均处于非常低的水平,农业以较低的就业和较低
的产值占比就能满足消费者对农产品的基本需求;工业产值和就业占比
则呈现先上升后下降的趋势,并基本稳定在 20% 左右;服务业产值和就
业占比则呈上升趋势,达到甚至超过 70% 的水平。尽管农业劳动生产率

相对较低,但工业和服务业劳动生产率处于较高水平且基本相当。现代化经济体系要求高度城镇化,发达国家城镇化率基本达到70%以上。在城乡居民福利均等化方面,通过一系列制度安排,实现城乡居民共享经济发展成果。

二、城乡协调发展的现状和问题

(一)农业和非农产业现代化程度不高

改革开放以来,中国经济高速发展,从一个农业国变成一个工业国,农业产值和就业占比大幅下降,非农产业产值和就业占比上升。无论从三大产业产值还是就业比重等各项指标来看,目前中国已经进入工业化后期(黄群慧,2013)。但总体来看,中国的农业和非农产业现代化程度还较低。图4-5和图4-6列出了三大产业增加值占比、就业占比、劳动生产率及其变化情况。

首先,农业产值和就业占比过高[1],其中,2017年农业增加值所占比重仍然有7.92%,就业占比更高达17.51%。就业占比远高于增加值比重意味着农业劳动生产率低下,2017年,以2010年不变价美元计算的农业劳动生产率只有5805美元,仅为OECD成员国平均水平的20%左右。说明中国还需要进一步推进工业化,促进劳动力向非农产业转移,并提高农业生产技术和农业劳动生产率。

其次,尽管服务业承接了绝大多数非农就业,但服务业发展水平较低,劳动力配置缺乏效率。改革开放以来,服务业增加值和就业占比均大幅上升,尤其在近年来推动的所谓产业结构升级之后,服务业增加值占比已经于2012年超过工业,成为第一大产业部门。而服务业就业早在2001年就已经超过工业部门,可以说服务业承接了中国大部分的农业转移劳动力。2017年,服务业就业占比达到55.87%,而工业部门就业仅占26.62%。

---

[1] 为了与其他发达国家进行对比,中国的产业增加值、就业占比和劳动生产率数据均来自WDI数据库,这里所指的农业、工业和服务业与国家统计局的三次产业分类标准略有区别。

虽然中国从产业构成上实现了产业升级,但这种产业升级的经济效率却是值得商榷的。无论是工业还是服务业,中国的劳动生产率都与发达国家有较大的差距,其中,2016 年,中国工业劳动生产率是 OECD 成员国平均水平的 26.3%,服务业劳动生产率更低至其平均水平的 13.2%。从中国三大产业内部来看,2017 年,工业劳动生产率是农业的 4.07 倍,而服务业劳动生产率仅是农业的 1.92 倍。这说明农业劳动力转移到服务业,大多从事的是低端服务业。如果说农业劳动力向非农产业转移是中国经济效率提升和经济长期增长的重要原因,那么农业转移劳动力流向劳动生产率更高的工业部门而非服务业,则可以进一步获取劳动力部门配置带来的效率提升。从这个角度来说,过度强调提高服务业占比而降低工业占比的产业结构升级,并没有最大化劳动力配置效率。而发达国家的工业和服务业劳动生产率相差不大,尽管服务业就业占比较高而工业就业占比较低,其劳动力配置也是有效率的。当前的问题在于,如何在实现农业劳动力向非农产业转移,并同时发展工业和服务业以及提高其劳动生产率的条件下,在工业部门为劳动力创造更多的就业岗位。

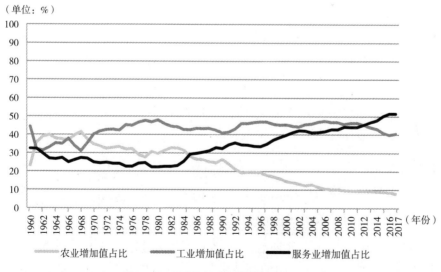

图 4-5　三大产业增加值占比及其变化

最后,工业部门就业吸纳能力不足,工业化程度的地区差异巨大,高端制造业发展面临挑战。从图 4-6 来看,尽管 1991 年到 2017 年中国处于快速工业化时期,但工业就业占比基本维持在 26%—30% 之间。随着劳动力和土地等生产成本上升,劳动密集型工业在与其他低劳动力成本的发展中国家的竞争中逐渐丧失优势,工业部门的就业吸纳能力更显不足。

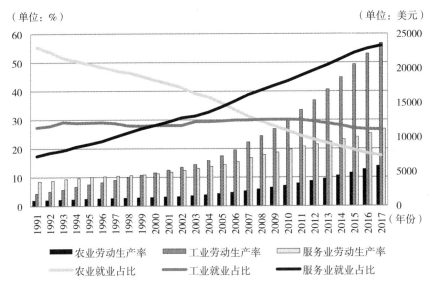

图 4-6 三大产业就业占比(左轴)、劳动生产率(右轴)及其变化
说明:数据来源于 WDI。

由于幅员辽阔和不平衡的区域发展战略,中国工业化程度的地区差异非常大。据估计,2010 年,中国仍有三个省处于工业化初期,而北京和上海已经完成工业化,到达后工业化时期(黄群慧,2013)。不过工业化的区域差异也为维持中国工业体系的完备性、进行差异化的区域产业分布和创造就业岗位提供可能性。

除了劳动密集型工业面对来自发展中国家的竞争,发达国家"再工业化"战略的推行也对中国的制造业发起了挑战,中国工业现代化的道路前途坎坷。

（二）城镇化率较低

计划经济时期，人口流动受到严格限制，城镇化基本停滞。改革开放以来，随着人口流动限制放开和工业化的推进，中国的城镇化也在加速发展。图4-7列出了1960年以来中国常住人口的城镇化率和居住在100万人口以上城市的人口占比。常住人口城镇化率从1978年的17.9%上升到2017年的57.96%，超过世界平均水平（54.83%），年平均增速达到3.06%，而同期世界年均增长率只有0.91%。但与发达国家相比，中国的城镇化水平还较低。如果考虑户籍人口城镇化率，则中国的城镇化水平甚至低于世界城镇化平均水平。2017年，中国户籍人口城镇化率只有42.35%。说明中国的城镇化还有待进一步推进。

从城镇化的发展方式来看，中国居住在100万及以上人口城市的城镇人口占比随着城镇化的推进而逐年上升，2017年，这一比例已经达到27.27%，但上升的速度低于城镇化率的增速，这说明中国的城镇化越来越趋于大城市和中小城镇平衡发展，这与产业向中小城镇转移是分不开的。

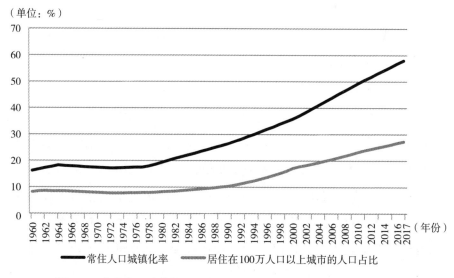

（单位：%）

图4-7　常住人口城镇化率及居住在100万人口以上城市的人口占比

（三）城乡居民福利水平存在较大差距

由于长期实行的户籍制度及与之相对应的城乡分割体制,农村无论是在居民收入、基础设施建设还是在社会保障等公共服务方面均落后于城镇地区,城乡居民在共享经济发展成果方面还存在较大差距。

计划经济时期,为了建设工业体系,我国通过工农业产品价格剪刀差、限制农村劳动力流动等政策,将农业剩余输送给城镇地区。城镇地区依托于单位负责的供给制,为职工提供包括教育、医疗、住房、养老等在内的社会福利,而农村居民则除了为鳏寡孤独提供的敬老院以外,基本没有福利保障。改革开放和社会主义市场经济体系的建立,逐渐形成了产品和要素市场,工农业产品价格逐步市场化,劳动力流动也逐渐放开,改革开放前由于制度导致的城乡分割在一定程度上出现松动。

然而,由于农业劳动生产率增长的限制,农业收入必然低于非农产业收入,再加上计划经济时期城乡教育、医疗不平等导致的城乡居民人力资本水平差距,进一步加剧了市场经济条件下由劳动生产力决定的城乡居民收入差距。尽管近年来经过一系列收入分配制度改革,城乡居民收入差距有所缩小,扶贫攻坚战略的实施也大幅减少了农村贫困人口,但2017年农村居民人均可支配收入仍然只有城镇居民的 36.9%,农村还有3046 万贫困人口尚未摆脱贫困。[①]

尽管劳动力流动放开为农村居民提供了更多的就业机会,城镇劳动力市场上对农业转移人口工资和就业机会的户籍歧视也逐渐减少,但以户籍为依据的公共服务供给体系仍然将农业转移人口排除在城镇公共服务之外。例如,农业转移人口的子女在受教育机会、受教育条件等方面与城市居民子女存在较大差异。城市医疗卫生机构设置以户籍人口为依据,很多农业转移人口聚集区由于户籍人口较少,规划的医疗服务机构不足,导致农业转移人口医疗服务的可及性较差。农业转移人口参加城镇

---

① 数据来源于《中华人民共和国 2017 年国民经济和社会发展统计公报》,参见http://www.stats.gov.cn/tjsj/zxfb/201802/t20180228_1585631.html。

职工养老保险和医疗保险的比例还较低。这不仅人为限制了农业转移人口公平享有城镇化发展成果的权利,也阻碍了农业劳动力的进一步转移和城镇化的深入推进。

城乡基础设施和社会保障仍然存在较大差距。虽然随着中国经济发展,2002 年以来中央提出了一系列反哺农业的政策,包括取消农业税,增加各项农业补贴,从农村地区开始免除义务教育学杂费,依托于新农村建设完善农村基础设施,建设覆盖城乡的社会医疗保险和社会养老保险体系等,但城乡基础设施和社会保障还存在较大差距。例如,2015 年义务教育阶段校舍面积中的危房比例,全国平均为 1.07%,乡村地区的危房面积占比则达到 2.29%。① 2016 年每千人卫生技术人员数,城市为 10.42人,而农村只有 4.08 人,每千人医疗卫生机构床位数的城乡差异也较大,二者分别为 8.41 张和 3.91 张。② 城乡各项基础设施在硬件上的差异已经很明显,如果考虑教学质量、医疗服务水平差异,则二者的差距就更加突出。在社会保障方面,尽管 2016 年开始整合城乡基本医疗保险,但由于城乡之间医疗资源不均等,城乡居民享有的医疗保障也存在差异。此外,城镇的住房保障体系逐步完善,而农村居民则基本没有住房保障。

总体而言,城乡居民收入差距较大;受户籍制度及依托于户籍制度的公共服务供给体系的影响,农业转移人口仍无法平等享有城镇基本公共服务;城乡基础设施和社会保障也存在较大差异,经济发展成果难以公平地惠及城乡居民。

三、实现城乡协调发展的途径

现代化经济体系下的城乡协调发展应该以农业和非农产业的现代化为基础,通过推动农业劳动力向非农产业转移和深度城镇化,提高农业劳动生产率和农村居民收入水平。即便如此,由于农业的特殊性,现代化农业的收入水平也很难赶上非农产业收入水平,更不用提农村居住分散带

---

① 教育部财政司等编:《中国教育统计年鉴 2016》,中国统计出版社 2017 年版。

② 国家卫生和计划生育委员会编:《中国卫生和计划生育统计年鉴 2017》,中国协和医科大学出版社 2017 年版。

来的公共设施和公共服务较高的供给成本，这必然导致农村基础设施和公共服务落后于城镇地区。协调的城乡发展战略应该在实现农业和非农产业现代化的同时，通过非农产业反哺农业，城镇反哺农村，支持农业、农村和农民发展，提高城乡居民福利水平，让城乡居民更公平地分享经济发展成果。

（一）加快推进农业和非农产业现代化

现代化经济体系要求实现农业和非农产业现代化。然而，当前存在的问题在于，农业产值和就业占比过高，农业劳动生产率低下；服务业尽管吸纳了大多数的非农就业，但服务业劳动生产率过低，不利于提高劳动力资源配置效率；工业就业吸纳能力有限，且面临发展中国家劳动密集型产业和发达国家高端制造业的双重竞争。要推动农业和非农产业现代化，必须加快农业劳动力向非农产业转移，提高农业劳动生产率；策略性地发展劳动密集型工业，创造更多的就业岗位，发展创新经济，推动高端制造业发展，提高制造业国际竞争力；发展高端服务业，提高服务业劳动生产率。

提高农业劳动生产率要求改革土地制度，推动农业的机械化和规模化经营。改革开放之初，在农业人口占绝大多数的条件下，家庭联产承包责任制的推行使每个农户家庭均获得了土地，但也导致以家庭农业为主的农业经营规模过小。尽管城镇化减少了农户数量，农村土地也经过几次调整，在一定程度上提高了农户土地经营规模，但农业经营规模过小的现状并没有发生本质的变化。中国农户的平均土地经营规模只有 0.6—0.7 公顷，仅相当于世界银行定义的"小土地经营者"标准（2 公顷）的 1/3（蔡昉，2016a）。这显然不利于机械化和现代科技要素的投入以及农业的现代化。改革土地制度，允许土地经营权适度流转，研究城镇化农户的土地退出机制，有利于推动农业经营机械化和规模化，并实现农业现代化。

现代化农业还要求提高农业经营者人力资本水平以及提供农产品生产经营的服务支持。当前中国农业从业者老龄化的趋势已经非常明显，根据农业部种植司提供的信息,2009 年务农劳动力的平均年龄就已经达到 45 岁(朱玲,2017)。① 这些农业从业者受教育水平较低,人力资本不足,难以使用和推广先进的农业生产技术。与此同时,农业从业者老龄化也从侧面说明较低的农业收入难以吸引高素质的年轻人进行农业生产。如果农业生产现状不发生变化,一旦现有的农业从业者老年后退出劳动力市场,农业生产将变得后继无人。因此,一方面,需要通过农业技能培训提高现有农业从业者和农业储备力量的人力资本水平;另一方面,还需要通过提高农业生产效率和农业抗风险能力,提升农业对高素质年轻人的吸引力。除了扩大农业生产规模以外,通过完善灌溉等农业基础设施、进行农业技术指导、成立农产品销售合作组织、农产品产量和价格信息及时发布等服务的供给,也有利于提高农业效益和农业抗风险能力,进而吸引更多优秀人才进行农业生产。

利用区域发展差距,实行梯度工业化发展战略。中国幅员辽阔,区域发展差距也很大。中西部地区工业化发展还较为滞后,又是农业转移人口的主要流出地,在劳动力、土地成本上较东部地区更有优势,适宜发展传统的劳动密集型工业,为中西部地区劳动力的就地转移创造就业条件。而东部地区省份已经处于工业化后期甚至后工业化时期,又遍布高校和科研院所,技术人才供给充足,适宜发展高新技术产业。不过无论是高新技术产业还是传统的劳动密集型工业,都应以提升劳动力人力资本为前提,这样才能提高劳动生产率,在国际竞争中占据优势。

发展现代服务业,提高服务业劳动生产率。中国的服务业尽管创造了大量的就业岗位,但劳动生产率还较低。以消费型服务为主的传统服务业往往具有缺乏规模经济、技术含量低、劳动生产率提高缓慢的特点,而以生产性服务业为主的现代服务业则相反。通过改变制造业大而全的经营模式,将生产过程中或制造企业内部的服务独立出来,形成专业化分

---

① 叶贞琴:《夯实农业基础　提高粮食综合生产能力》,5 月 22 日在中国农村发展高层论坛上的讲演。

工,有利于扩大规模效应。与此同时,充分利用互联网等信息技术改造传统服务业,还可以形成规模经济,并降低房租等生产成本,促进服务业劳动生产率提升。

(二)实现高度城镇化

与发达国家相比,即便是考虑常住人口城镇化率,中国的城镇化水平也还很低。更严重的问题在于,尽管年轻的农业转移人口进城意愿较强,但年老的农业转移人口更倾向于返乡,这就意味着还可能出现城镇化过程逆转的情况(蔡昉,2016b)。城镇化率之所以难以提高,主要原因在于,一方面,受到人力资本的限制,再加上城镇劳动力市场上仍然存在的户籍歧视,农业转移人口收入过低,难以负担城镇地区高企的房价,不得不在年老时返回农村;另一方面,受到户籍制度及户籍制度下公共服务供给体系的影响,农业转移人口难以在城镇平等获得教育、医疗、住房等公共服务,进城务工只是在年轻时为了获得高于农业收入的一种家庭劳动力配置决策,其中随迁子女难以获得平等的城镇教育机会是导致农村家庭无法整体迁移的重要原因。根据《2014 年全国农民工监测调查报告》,在 16821 万外出农民工中,只有 3578 万农民工举家外出,占比仅为 21.27%,这意味着大多数外出农民工仍然与家人城乡分离。这种家庭城乡撕裂型迁移模式显然难以使农民工在城市稳定就业和生活,城市也难以成为大多数农业转移人口的最终归宿。因此,提高农村居民和农业转移人口人力资本水平,进而改进其收入能力和城市定居能力,是提高城镇化率的一个重要措施。此外,减少城镇劳动力市场的户籍歧视,改革以户籍为依据的公共服务供给体系,让农业转移人口平等享有城镇公共服务,将有助于促进农业转移人口举家迁移和推动深度城镇化。

实行大城市和中小城镇协调发展,是适应现代化产业体系建设、降低城镇化成本和实现高度城镇化的可行发展模式。基于中国幅员辽阔、区域发展差异巨大的特点,产业体系建设也应呈现梯度推进的特征。产业向中西部转移不仅给中西部地区创造就业机会,而且由此带来的人口集聚也将为推进中小城镇的发展和提高城镇化率创造条件。此外,中国是一个人口大国,如果集中发展大城市,居住需求带来的住房价格提升也将限制农业转移人口的城市定居能力,而发展中小城镇,则可以降低农业转移人口的城镇定居成本,提高城镇化率。

(三)实现城乡居民福利均等化

农业和非农产业现代化在提高农业和非农产业劳动生产率的同时,也缩小了城乡居民收入差距,而城镇化的推进则让更多农村居民享受到城镇公共服务,这意味着这些措施在提高经济效率的同时,也在很大程度上推动了城乡居民福利均等化,让城镇和农村居民共享经济发展成果。

但正如前面分析的,即便实现了农业和非农产业现代化以及高度城镇化,农业、农村和农民仍然是经济发展的薄弱环节,需要政府加大对三农的政策倾斜,进一步实现城乡协调发展。例如:改善农村教育办学条件和教育质量,提高农村医疗卫生服务水平,为农民提供职业技能培训,缩小农村居民和城镇居民人力资本差距;实行脱贫攻坚工程,完善包括最低生活保障、养老保险和医疗保险在内的社会安全防护网和社会保障体系;减免农业和农村居民税费,增加对农业和农民的补贴,进一步缩小城乡居民收入差距;完善农村道路、交通、污水和废弃物集中处理等基础设施,改变村容村貌,建设生态宜居的美丽乡村等。

第二节 区域协调发展

一、现代化经济体系下的区域协调发展

(一)区域协调发展的目标选择

区域协调发展的实质是寻求区域发展中效率和公平的平衡。关于协调发展的具体内涵和实施重点,现有研究提出了不同的看法。魏后凯(1995)提出适度倾斜和协调发展相结合的非均衡协调发展思想,即为了提高资源配置效率,国家可对重点地区和重点产业实行适度的倾斜政策,但是必须以保持地区间和产业间的协调发展为前提。曾坤生(2000)则结合现代协同理论,提出了区域经济动态协调发展的观点,强调适度重点

倾斜与全面协调发展相结合。李晓西(2000)认为,协调发展承认差别,但要求缩小差距、要求配合。吴殿廷(2006)则提出,区域协调主要包含三个层次:首先是区域中人地关系的协调即人与自然环境的关系协调;其次是区域中人的协调,涉及同代人之间和代际之间的关系;再次是区域内部不同地区之间的协调。覃成林等(2011)给出区域经济协调发展的概念:区域经济协调发展是指在区域开放条件下,区域之间经济联系日益密切、经济相互依赖日益加深、经济发展上关联互动和正向促进,各区域的经济均持续发展且经济差异趋于缩小的过程。

依据现有研究对区域协调发展的阐述,区域协调发展具备六种目标,即收入差距保持在合理范围、基本公共服务均等化、比较优势充分发挥、全国统一大市场建立、资源高效利用、生态环境保护和改善(陈秀山、杨艳,2008)。针对区域协调发展的目标,有四类基本指标用于衡量区域协调发展度。一是反映人均可支配收入的协调程度,包括基尼系数、恩格尔系数等指标。二是反映人均公共产品和公共服务的协调程度,包括日用电力、初级卫生、初级教育等领域的供给水平。三是反映地区发展保障条件的协调程度,重点关注就业率、社会保障覆盖率等。四是反映区域发展的协调性和区际分工协作的发育水平,即各地区比较优势是否得到充分发挥,是否形成合理分工协作(陈栋生,2005)。

(二)区域协调发展的现代化需求

现代化经济体系要求区域协调发展要优化现代化经济体系的空间布局,实施好区域协调发展战略,推动京津冀协同发展和长江经济带发展,同时协调推进粤港澳大湾区发展。因此,推动现代化经济体系建设,需要培育和发挥区域比较优势,加强区域优势互补,塑造区域协调发展新格局。依据相关研究,我们认为新时期我国区域协调发展需要具备一些现代化的新需求。

第一,区域经济空间布局的进一步优化。构建现代化经济体系要求各地区居民可支配收入、基本公共产品和服务供给的差距日益缩小,逐步实现共同富裕的空间发展格局,依据各地区资源禀赋和经济发展现状,国土资源的开发、利用、整治和保护能够实现统筹规划,各区域经济增长与资源环境实现和谐的发展模式。同时,区域之间相互开放,各地区之间生产要素流动畅通和便利,形成公正、公开、公平竞争的全国统一市场。

第二,区域之间的联动日益加强。构建现代化经济体系要求各地区之间的经济技术合作能够实现全方位、宽领域和新水平的目标,形成各区域互助合作的新型区域经济关系。特别是京津冀、长三角、珠三角三大都市圈的内部合作更加紧密,各城市之间经济发展的空间相关性不断增强,同时对周边城市产生更强的辐射带动作用。与此同时,在环境污染问题日益突出的背景下,各区域在环境治理过程中的联动机制尤为重要,迫切需要区域之间形成经济发展和环境治理补偿的联动机制。

第三,区域之间优势互补更加凸显。构建现代化经济体系要求各地区的比较优势和特殊功能得到科学、有效的发挥,形成体现因地制宜、分工合理、优势互补、共同发展的特色区域经济。这就要求在我国现有三大城市群基础上,进一步加快其他城市群建设发展,将一定区域内的城市捆绑在一起,整合人流、物流、信息流等资源以实现生产要素有序流动与优势互补。

二、我国区域经济发展的空间格局

(一)经济发展空间不平衡

1991 年,国务院发展研究中心开始了"中国区域协调发展战略"课题研究。1999 年我国提出西部大开发战略,标志着区域协调发展战略开始进入具体实施阶段。到 2000 年,《国民经济和社会发展第十个五年计划纲要》提出,"实施西部大开发,促进地区协调发展",把地区协调发展提到了前所未有的高度。党的十六大也强调发挥各具特色的区域优势,促进地区协调发展。改革开放以来,我国区域经济发展不平衡问题一直较为明显。目前看来,区域发展不平衡主要体现在以下方面:地区之间发展水平的差距仍然较大、区域人口分布与经济活动尤其是产业分布严重失衡、区域城镇化发展差距较大、区域基础设施和公共服务仍存在较大差距。其中,地区经济发展水平和人口空间分布的不平衡特征最为明显。

第一，地区经济发展水平差距较大。通过比较改革开放初期至今各省市的人均地区生产总值（1981年为人均工农产值）（见图4-8），发现各地区经济发展水平差距明显，北京、上海、广东等省市作为我国三大经济区的代表性省市，其经济发展水平的绝对增幅明显大于其他地区，与其他地区的绝对差距有扩大的趋势。进一步比较单位面积上的人均GDP（见图4-9），北京和上海的优势更加明显，并不断强化这种优势。

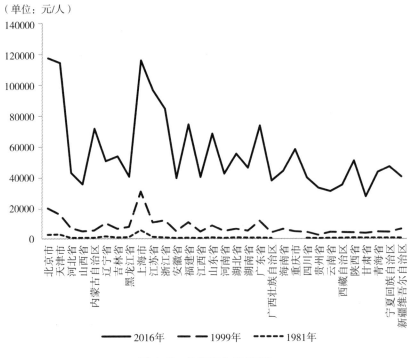

图4-8 各省市人均GDP

第二，我国区域人口分布不平衡。1935年，中国地理学家胡焕庸教授首次提出的瑷珲—腾冲直线，明确地显示出了中国人口空间分布的基本特征，东南地狭人稠、西北地广人稀的现实（胡焕庸，1935）。近八十年来，中国的经济社会发展已经出现了巨大的变化，但是今日中国的人口分布与当时相比，总体分布特征依然没有大的变化（见表4-2）。在中国的人口地理版图上，胡焕庸线今天仍未消失（徐康宁，2014）。

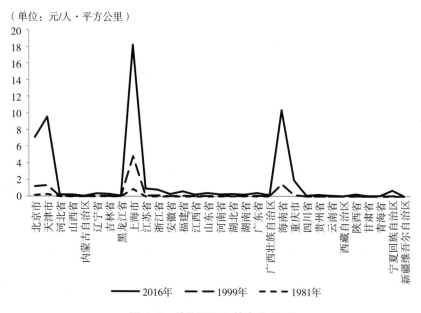

图 4-9　单位面积上的人均 GDP

表 4-2　中国东南—西北地区人口分布的变化情况

区域 \ 年份	1935	1982	1990	2000	2010
东南地区人口占比	96	94.4	94.2	94.1	93.5
西北地区人口占比	4	5.6	5.8	5.9	6.5

资料来源:徐康宁:《区域协调发展的新内涵与新思路》,《江海学刊》2014 年第 2 期。

(二)经济空间关联性有待增强

当前经济发展进程中,部分地区的发展过度依赖资源要素投入,而与经济活动的密集程度不相适应,导致空间吸引力不足,反而扭曲了原本具有优势的资源要素空间结构,经济活动反而缺乏活力(金碚,2015)。随着改革开放的推进,区域经济之间的联系有所增强,但是局部地区的经济关联程度有待进一步提升。

以人均地区生产总值作为考察指标,运用区际经济联系状态测度方法(Moran's I 指数)进行测算,发现 2016 年人均 GDP 的空间相关系数为 0.42,高于改革开放初期即 1981 年的人均 GDP 空间相关系数(0.187),

表明我国区域经济之间的空间相关性得到明显提升。然而,进一步运用局部 Moran's I 指数测度经济的居民空间关联程度,发现与 1981 年相比,2016 年人均 GDP 在西部局部空间的低低集聚现象仍然存在,而且在东部地区出现高高集聚的特点。这表明西部地区整体发展水平较低的局面没有得到明显改善,即东部地区高速发展对西部地区的带动作用尚未显现。

(三)区域发展协调度出现空间分化

判断区域经济协调发展的主要标准:区域之间必须存在经济联系;区域经济增长;控制区域经济差异扩大,逐步缩小区域经济差异。通过区域协调发展的衡量标准与测度方法,可以对我国改革开放以来区域协调发展程度进行测算。从全国和各区域经济发展协调程度来看,全国区域经济发展总体上达到了较高的协调水平,这表明国家所采取的一系列促进区域经济协调发展的战略和政策措施取得了良好的成效;东部地区的区域经济协调发展水平总体上持续提高;从中部地区的区域经济协调发展度的变化过程看,2004 年国家实施促进中部地区崛起战略,对中部地区内部区域经济发展的协调性增强发挥了积极的作用;西部地区的区域经济协调发展水平出现了较大幅度的下降(覃成林等,2013)。由此可见,不同区域经济发展协调程度存在较为明显的差异,其中西部欠发达地区区域经济协调发展度有很大的提升空间。

三、区域发展不协调的深层原因

(一)区域发展不平衡的理论解读

区域经济发展不平衡有三个可能原因:规模收益递增、要素市场自由运行的局限性、政府在工业化经济中的作用。对于发展中的空间不平衡现象为什么会存在并不断突出,以及为什么最终导致经济增长率的下降和社会总福利增长速度的降低等,可以以三种不同的经济观点进行分析(理查森、汤罗,2001)。

第一种观点是缪尔达尔和赫希曼提出的累积因果理论和核心—外围模型。一个区域最初由于诸如发现矿藏等"增长启动器"而开始发展,而区域经济增长是一个累积因果的过程,在这个过程中高价的好牌总会发给那些已经占有先机的区域,市场力量和国家支出结合在一起只能加剧而不是减缓区域间的不平等。弗里德曼的核心—外围模型把落后地区视为核心地区的殖民关系背景下的外围,它具有依附性,缺乏经济自主性,随着市场的发展、交通的改善、观念的改变以及城市扩张的分散,核心—外围的二元性将变得模糊起来。关键是如果没有积极的政策干预,这种转变会不会发生。

第二种观点是激进主义,其对第一种观点进行了批评,认为外来影响的作用被低估了,贫困问题被忽视了,并且政府是假定"为公众的利益"而运行,等等。持新马克思主义观点的批评者主张要承认发展地理学是阶级利益的反映。经济的驱动力量是资本积累,这将导致占统治地位的核心区和依附于它的外围区并存。这种等级制度被社会精英和政治精英的行动所加强,而不可能制定出强有力的抵消政策。

第三种观点是新古典主义,把区域视为集聚在一起的生产单位,在其中收入和就业的均衡要由要素市场的平稳运作而得到,不均衡仅仅反映了向均衡调整的滞后,或市场动作过程的不完整。

以上三种观点并不是相互排斥的,而是都对区域经济政策有启发性。新古典主义的观点侧重强调生产要素,尤其是强调标准化的制造业部门的作用;累积因果理论把政策引向增长中心、提高基础设施、交通通信和教育;激进主义的观点强调区域相对的封闭性和更大的自主性的重要性。

(二)我国区域发展不协调的成因

经过改革开放 40 年的发展,我国区域协调发展既有自然区位的因素,也有历史发展的原因。阐述我国区域经济空间布局和协调发展的历史成因,应从经济发展阶段、经济空间布局、比较优势、区域发展政策角度进行分析,寻找制约区域协调发展的历史因素。当前我国区域经济发展协调度不高的主要原因表现在以下几个方面。

第一,区位和功能性因素。中西部地区处于区位劣势,并且面临较为严峻的生态环境挑战。与东部地区相比,中西部广大地区生态比较脆弱,在生态环境保护与资源开发方面面临着更为严峻的挑战,这也给中西部地区经济发展带来不利影响。按照我国区域经济发展的主体功能区规划,中西部地区属于限制或禁止开发区,对其经济发展有更高的要求,如实现有质量的发展、绿色低碳发展。自然区位因素与功能定位导致中西部地区经济发展的基础条件差于东部沿海地区,进而经济发展水平明显低于东部沿海地区。

第二,落后地区吸引力欠缺。随着改革开放 40 年的不断发展,我国地区之间的经济发展水平存在明显的差异。而在影响后续经济发展的基础设施建设方面,北京、上海、广州、深圳等国家中心城市和东部地区具有较强的财政投资能力,教育、医疗资源丰富,基础设施水平明显高于中西部地区。经济发展水平和配套基础设施的差异,使得中西部人才大量外流,同时对大部分企业而言也缺乏足够的吸引力,国家不断推动的产业转移进展缓慢。由于早期经济发展滞后带来的循环累积效应,导致中西部地区的劳动力收入水平、就业机会、公共服务设施等都弱于东南沿海发达地区,进而对于劳动力和资本等生产要素的吸引力明显欠缺,进一步阻碍了其经济快速发展。

第三,发达地区的动力不足。促进区域经济协调发展的动力分为内部动力和外部动力。区域经济活动主体的主动选择和地方政府既"被动"又"主动"的选择,在区域层面上交织形成了推动区域协调发展的内在动力。区域协调发展的外在动力不仅有来自中央政府的稳定推力,也有来自国际国内其他区域成功经验的引力(覃成林、姜文仙,2011)。相对而言,当前我国区域经济协调发展的动力略显不足,发达地区地方政府主动选择带动落后地区发展的动力不足。对于精准扶贫项目而言,由于观念、资金、人才等因素的制约,一些贫困地区在国家扶贫资金的援助下,反而发展动力往往不足。

第四,结构调整因素。区域经济分化有着更深刻的时代背景。当前,我国正处在结构变革和功能转换的特殊时期,以深化供给侧结构性改革为主线。在一些以资源加工型和传统产业为主的地方,结构变革和动能转换的困难更多,最终表现为经济增速下滑。而一些经济发展机会较好、结构变革起步较早、市场化程度配套能力较强的地方,就可以从容地应对结构变革的挑战、赢得先机,保持经济平稳增长。因此,在当前经济发展背景下,中西部地区由于经济发展滞后于东部地区,在新一轮结构调整背景下相对而言处于劣势。中西部地区往往依赖于资源开发带动经济发展,在当前环境污染日益严重和产业结构不断优化升级的情形下,资源密集型地区的发展受限。

四、区域协调发展的现代化路径

(一)区域协调发展的国际经验

我国作为发展中大国,幅员辽阔,经济发展存在较为明显的东、中、西差异,这种大国经济发展的空间特征,在美国、俄罗斯和巴西的区域经济发展中同样出现过,这些国家的区域协调发展经验及其成效可以作为我国区域协调发展的国际经验。

第一,美国区域协调发展举措。20 世纪 30 年代初,美国区域经济发展不平衡达到顶点。以凯恩斯主义为指导,美国政府把解决区域经济发展不协调问题提上议事日程,开始了对落后地区经济的宏观调控。(1)制定专门法规、成立专门机构支持落后地区开发。每个法规都明确规定区域开发的机构设置、权利义务、投融资等方面的内容,使得落后地区开发得以规范、连续和有效地进行。(2)针对不同地区的经济发展水平实行不同的税制,为区域经济协调发展提供财政资金保障,提高政府调控区域发展的能力。从 20 世纪 30 年代起,联邦政府对北部发达地区多征税,把增量部分转移支付给落后地区。(3)支持落后地区产业结构优化升级。联邦政府对西南部落后区域的这些巨额拨款,既促进了落后地区的工农业发展,又带动了消费,扩大了落后地区的市场容量。(4)政府出资兴办公共基础设施,带动落后地区的经济发展。如在阿巴拉契亚山区开发初期,4/5 的开发经费用于公路建设,基本建成了该地区的开发公路网,形成了拉动地方经济的"开发走廊"。(5)鼓励私人企业向落后地区投资,加大对民营经济的支持力度。联邦政府通过经济开发署,对在落后地区投资的私人企业提供长期低息或无息贷款,对向落后地区投资提供贷款的金融机构予以信贷保险和技术援助。(6)提高劳动力素质,引导人力资源流向。在20世纪60年代,人口不到全国1/3的南部地区,所得联邦教育拨款却占全国45%左右。联邦政府在加大向落后地区的教育投资规模的同时,采取物质鼓励手段,引导劳动者特别是科学家和工程师南移(张汉飞,2014)。

第二,俄罗斯(苏联)协调区域发展的经验。俄罗斯不均衡发展引发了许多社会矛盾,逐渐引起了俄罗斯政府的重视,尤其进入21世纪以后,俄罗斯政府采取了一系列措施推动区域协调发展。(1)针对落后地区,成立专门的开发机构进行开发。为推动远东地区的发展,俄罗斯陆续成立了远东发展部、克里木事务部和北高加索事务部等机构,专门对边远落后地区进行开发。(2)发展经济特区。2013年俄罗斯联邦政府通过了远东发展部制定的《俄罗斯远东和贝加尔地区发展规划》,远东西伯利亚成为俄罗斯21世纪经济发展的重点,2020年之前在该地区安排投资950亿美元;并且建立12个沿海经济特区的方案。(3)开展与亚太地区的广泛合作,开发远东地区的能源。中国、日本、韩国等国家都是能源进口大国,俄罗斯远东贝加尔地区的石油、天然气、矿产资源、林木资源储量丰富,双方具有较好的合作基础。(4)加强基础设施投入。例如在2009—2013年高加索联邦地区109项设施投产(肖翔,2018)。

第三,巴西协调区域发展的努力与经验。1949年,东南部面积为巴西国土面积的11%,但其在巴西国民收入中占据了41.8%的份额,而北部和中西部地区面积分别为42%、22%,但国民收入则分别只占全国的4.1%和4.8%。第二次世界大战后,巴西开始重视区域协调发展,1970年巴西政府提出了"全国一体化计划"。巴西协调区域发展的主要措施包括:(1)巴西中央政府对巴西欠发达地区进行了财税政策扶植。1963年颁布的439号法令规定,根据东北部开发管理局规划而在东北部投资者,可免除50%的所得税,但必须用免缴税款在东北地区投资。全国所得税的30%作为"全国一体化计划"基金。(2)政府加大了对基础设施投资的力度。以北部和中西部为重点,巴西营造了一个以巴西利亚为中心的连接各州主要城市的公路。(3)建立经济特区。西部建立了内陆"经济特区",以点带面,逐次推进整个西部落后地区的发展。(4)巴西政府迁都,加强经济辐射能力。1956年库比契克当政。1960年迁都巴西利亚。巴西利亚地处中部高原,地理位置重要,充分发挥全国政治、文化和交通中心作用,辐射力可以到达边疆地区。经过努力,巴西落后地区的经济面貌有所改善(肖翔,2018)。

(二)我国区域协调发展的保障机制

我国区域协调发展战略分为四个阶段,第一阶段是从20世纪90年代初区域协调发展的提出到2004年提出区域发展总体发展战略;第二阶段是从2004年提出区域发展总体战略到2007年提出生态文明;第三阶段是2007年到2013年区域发展总体战略与主体功能区战略的融合期;第四阶段始于2013年提出的以"一带一路"倡议为支点的全方位开放的区域经济协调发展战略,区域经济协调发展战略具有了国际视野(张可云、蔡之兵,2015)。通过对我国区域协调发展的特征及其历史演进规律的分析发现,当前我国区域协调发展的现代化建设重点在于带动中西部经济发展。结合现代化经济体系建设对区域协调发展的新要求,如"强调支持革命老区、民族地区、边疆地区、贫困地区加快发展;强调东部、中部、西部包括东北地区的协调发展",现阶段应重点加强构建以下促进区域协调发展的保障机制。

第一,以对外开放注入新动力。对外开放是促进我国区域经济协调发展的巨大动力。应加快推进"一带一路"建设、京津冀协同发展和长江经济带三大区域战略,促进国际与国内经济发展的互联互通,形成沿海、沿江、沿边全方位的对外开放新格局。通过"一带一路"倡议,使长期处于内陆的中国西部地区一跃成为承东启西、连南接北的开放枢纽,从而大大加快这些地区的经济转型发展步伐,并为实现这些地区后发赶超创造新的条件。

第二,加大对西部的财政支持力度。财政资金要结合主体功能区建设,向革命老区、民族地区、边疆地区、贫困地区等经济基础薄弱、生态环境脆弱的地区加大倾斜力度,重点加大重大基础设施支持力度和加强教育培训力度,推进交通、能源、水利设施建设和提高劳动者素质,培育欠发达地区的自我发展能力,增强欠发达地区政府提供公共服务的能力(刘银等,2014)。同时,采取一定的激励措施,引导骨干企业转移,从而带动相关配套企业转移。尤其要重视统一规划和帮助产业集群的整体性转移(覃成林、姜文仙,2011)。此外,政府在社会事业发展及规划过程中,应适当向中西部倾斜,如可将更多的公共事业机构、设施和项目安排到中西部特别是欠发达地区。鼓励支持广大中西部地区切实抓好义务教育和职业培训,加快新型城镇化建设,加大社会建设投资,促进社会各项事业快速发展。选取中西部各省区重点发展区域以培育地区性都市圈,引导形成支撑省区经济发展、吸纳人口转移的地区性城市群。

第三,促进区域优势互补。推动区域市场开放,形成统一的市场体系,引导要素跨区域流动、企业跨区域发展和产业跨区域转移,从而增强区域之间的联系,促进区域之间的分工。中央政府在推动区域市场开放方面,应以建立全国统一市场为目标,加强市场立法,以制约地方保护主义(覃成林、姜文仙,2011)。在新的发展条件下,中西部地区应注重发挥资源丰富的比较优势,形成要素流进的洼地。为此,应进一步改善交通、能源、电信等基础设施,同时进一步简政放权,提高行政效能,健全市场法律制度,依法保护投资者合法权益,优化区域营商环境。

第四,完善分配和互助机制。积极探索建立合理的利益分配与成果分享机制,强化跨地区投资、产业转移等重大事项利益分享的政策安排和制度设计,逐步形成指标健全、权重合理的较为完善的分配体系。同时,建立完善的生态环境质量及对区域间影响的评价体系,逐步形成以"谁开发谁保护、谁受益谁补偿"为基准的市场化生态补偿机制。政府、中介机构等要创建区域合作服务体系,促进企业特别是跨地区、跨行业企业在区域合作中发挥资本、技术、管理、人才、信息跨地区转移、扩散和组合的作用。发达地区要创新对口帮扶方式,通过加大产业援助、技术援助、人才援助、管理援助的力度,将外生援助转化为内生动力,帮助欠发达地区形成自我发展的造血机制。

第三节　开放型经济空间布局

改革开放 40 年来,中国对外开放不断深化,在各领域都取得了举世瞩目的成绩。1978—2017 年,我国进出口总额从 206.4 亿美元提高到 4.1 万亿美元,年均增长 14.5%,占全球进出口的比重从 0.77% 提升到 10% 左右,在全球货物贸易中的排名由第 30 位跃升至第 1 位;自 2009 年起,我国已连续 9 年保持全球货物贸易第一大出口国和第二大进口国地位。[1] 2017 年,我国服务贸易总额也达到 6956.8 亿美元,位居世界第二。[2] 此外,根据联合国贸发会《世界投资报告 2018》的数据,2017 年,中国吸收外资 1360 亿美元,成为全球第二大外资流入国(UNCTAD,2018)。然而从区域空间布局来看,我国开放型经济仍存在发展不平衡、不协调之处,并导致了各区域经济发展的巨大差异。1987—2005 年,我国的对外贸易和吸收的外资不断向东部地区集聚,而中西部和东北地区占我国对外贸易和吸收外资的比重非常小。对外贸易和引进外资是促进区域经济发展的重要动力,东部地区借此快速发展起来,许多省市已经达到中等发达国家的水平,但是中西部地区的经济发展水平仍然较为滞后。新时代,为了促进我国各区域的协调发展和中国经济的高质量发展,有必要构建现代化经济体系下的开放型经济空间布局(简称"开放型经济新空间布局"),推动形成陆海内外联动、东西双向互济、区域协调发展的全方位开放型经济空间布局。

---

[1]　海关总署新闻发言人黄颂平在国新办新闻发布会上的介绍:《海关总署:中国从不刻意追求贸易顺差》,新华网,http://www.xinhuanet.com/legal/2018 - 04/14/c _ 1122680921.htm,2018 年 4 月 14 日。

[2]　中华人民共和国商务部:《中国服务贸易发展报告 2018》,中国商务出版社 2018 年版。

一、开放型经济空间布局的演变

我国现代化经济体系的开放型经济空间布局必须立足于我国改革开放以来所形成的历史实践。我们不能脱离开放型经济空间布局的现实状况和发展趋势来规划未来的空间布局。鉴于此,本节整理了中国改革开放以来的进出口和吸收外资数据,并进行简单分析。需要说明的是,1978—1982 年的改革开放初期,由于许多省市的统计制度不尽完善,导致该时期的对外贸易和吸收外资数据在省市层面上缺失较大,所以我们没有考察该时期的开放型经济空间布局。而且,我国在该时期的对外贸易仍处于中央统一管理的"统购统销"时期,利用外资也较少,开放型经济空间布局还无法体现。

具体来看,图 4-10 展示了 1986—2017 年我国四大地区(东部、中部、西部和东北地区)①占我国进出口总额、出口额和进口额比重的变化趋势。图 4-11 给出了 1987—2015 年我国四大地区占我国实际利用外资比重的变化趋势。结合图 4-10 和图 4-11 所显示的中国改革开放 40 年以来开放型经济空间集聚的特征,以及我国对外开放体制的改革历程,本节将其划分为三个阶段。第一阶段是 1978—1986 年,由于统计制度还不完善,该时期的空间布局特征无法体现;第二阶段是 1987—2005 年,该时期我国的进出口和吸收的外资加速向东部地区高度集聚;第三阶段是从 2005 年左右至今,该时期东部地区占我国进出口和吸收外资的比重开始下降,经济活动在一定程度上向中西部若干地区集聚。下面将对每个阶段的特征进行详细分析。值得注意的是,东北地区在对外贸易方面,占全国的比重均不断下降,反映了东北地区经济不断下滑的事实。

(一)空间布局无法体现的中央政府"统购统销"阶段(1978—1986 年)

改革开放初期,我国实行高度集中的外贸经营管理体制,对外贸易都

---

① 根据国家统计局《国民经济发展统计公报》的划分,东部地区指北京、天津、河北、上海、江苏、浙江、福建、山东、广东和海南 10 省(直辖市);中部地区指山西、安徽、江西、河南、湖北和湖南 6 省;西部地区指内蒙古、广西、重庆、四川、贵州、云南、西藏、陕西、甘肃、青海、宁夏和新疆 12 省(自治区、直辖市);东北地区指辽宁、吉林和黑龙江 3 省。

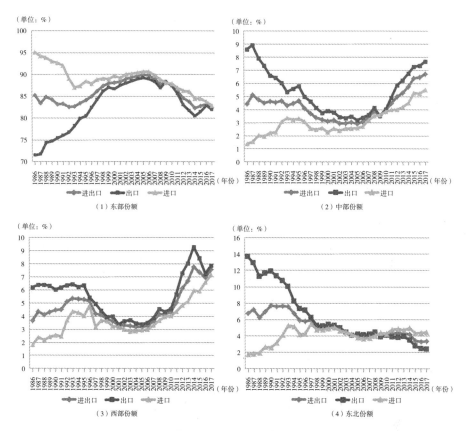

图 4-10 中国对外贸易空间布局（四大区域）

数据来源：作者根据中经网数据库省级进出口数据计算得到。

是由中央外贸公司在全国范围内"统购统销"，企业基本上没有自主进出口权。所以，这一时期的对外贸易空间格局并不能真实反映外贸发展的地区差异。而且，进口仅仅是为了弥补物资的短缺，而出口几乎完全由进口来决定，因此当时的对外贸易额很小。生产与出口则由行政命令和计划安排决定，使得地区间对外贸易的差距较小，地区对外贸易发展水平不高但比较均衡。1978—1984 年，中国对外贸易的 80% 以上仍属于中央外贸系统，仅 20% 属于地方，这其中深圳、珠海、汕头、厦门四大经济特区又占据了绝大部分比重（商务部研究院，2008），因为他们的外贸经营权、外贸体制改革、引进外资和加工贸易方面均走在全国前列。自 20 世纪 80

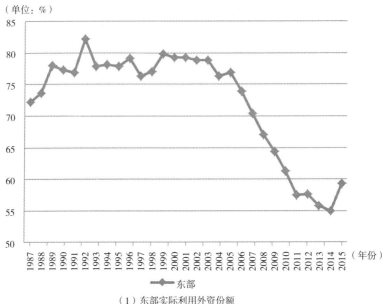

（1）东部实际利用外资份额

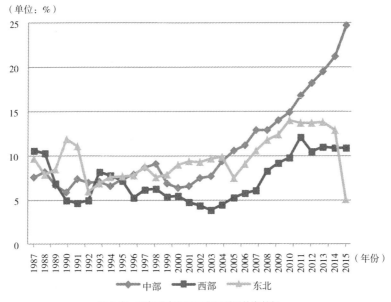

（2）中、西部及东北地区实际利用外资份额

图 4-11 中国实际利用外资空间布局（四大区域）

数据来源：其中 1987—2008 年数据来自《新中国 60 年统计资料汇编》，2009—2015 年数据根据各省
统计年鉴整理得到。

年代中后期开始,外贸领域的一系列改革使得对外贸易开始发生转变,各地区对外贸易水平迅速提高的同时,地区间外贸差距也逐步扩大。特别是,1984 年我国的外贸体制经历了重大改革,地方政府的外贸份额大幅度上升,1985 年地方出口已经占全国出口的 85.9%,1991 年达到 95% (World Bank,2009)。但是总体来看,这段时期我国对外贸易基本属于中央集中管理的"统购统销"时期,对外开放的空间格局无法体现。

（二）向东部地区高度集聚阶段（1987—2005 年）

自 1987 年起,承包经营责任制开始在对外贸易领域推行,这极大调动了地方政府的积极性。在地理位置、经济基础和政策优惠方面均具有比较优势的上海、广东等东部地区的对外开放进入快速发展阶段。在此阶段,我国实行从沿海向内地逐步推进的对外开放政策,广东、海南、福建、上海等东部沿海地区率先设立了经济特区、沿海开放城市、各类开发区和海关特殊监管区。例如,我国 5 个经济特区和 15 个沿海城市都在东部沿海地区。在沿海开放城市,我国成立了若干"国家级经济技术开发区"。截至 2007 年,国务院批准成立了 54 个国家级经济技术开发区,但是东部 10 个省市（含北京）就占了 32 个,占地 682.02 平方公里;中部 8 个省市仅有 9 个,占地仅 93.74 平方公里;西部 12 个省市（含广西）仅有 13 个,占地仅为 111.75 平方公里(World Bank,2009)。而且,中西部地区的开发区都是 1998 年以后才设立的。我国中央政府和各级地方政府在开发区制定了大量吸引外资的优惠政策,外商直接投资大量涌入东部地区,带动了该地区对外贸易的发展,也拉大了东部和中西部地区对外贸易发展差距。因此,从 1987 年开始,中国开放型经济的地区间差异迅速扩大。

从图 4-10 不难发现,从 1987 年开始,东部地区的出口和实际利用外资占中国的比重不断上升。就对外贸易来说,这种增长趋势一直持续到 2005 年并达到最高峰,东部占比高达 90% 以上。就实际利用外资来看,这种增长趋势则持续到 2002 年左右,东部占比高达 80%。与此同时,我们发现中西部和东北地区占对外贸易和实际利用外资的比重在这段时间内不断下降,在 2005 年,中西部和东北地区占我国对外贸易比重甚至低于 10%,这与其人口和土地面积比重极不相称。此外,我们也计算了京津冀、长三角和珠三角进出口总额占比情况,发现 1987—1994 年,珠三角占东部地区非常大的份额,广东最高占比达到 40%,这主要由于广东最早实施特殊的外贸政策。事实上,在 1984 年以前,在地方占全国外贸不足 18% 的份额里,广东省就占据 15% 以上(World Bank,2009)。

但是,我们也发现长三角自 1987 年以来对外贸易比重不断上升,现在已经成为外贸占比最高的地区。相反,珠三角地区的外贸占比不断下降。这是因为,珠三角的发展模式主要建立在与中国港澳以及东南亚地区紧密联系的外向型经济模式上,直接参与全球价值链循环,所以起步较快。相对而言,长三角则走的是一条多元化的开放型经济发展之路:既吸收外资以参与全球价值链分工,又重视民营企业和国有企业以立足国内市场;既利用外资大力发展加工贸易,又重视发展民营经济和一般贸易。这使得长三角具有鲜明的自给自足的特色,从而也具有较强的发展后劲。内资在长三角占据重要地位,这与珠三角有很大不同。从起步之初,长三角的对外贸易发展就是依靠内资企业(既有国有企业也有民营企业)。例如,苏南和浙北的温州、义乌都是依靠内资起步的。

(三)向中西部若干地区合理集聚阶段(2005 年以来)

中西部地区处于中国腹地,在地理位置方面与东部沿海地区比较有较大劣势。而且,改革开放较长时间以来,我国的公路运输、航空运输和铁路运输并不发达,而且存在较大的区域贸易壁垒,这导致中西部地区的对外贸易发展面临很大困难。此外,中西部地区的政策优惠和政策自主度也远不如东部沿海地区。这些都导致中西部地区 2005 年以前对外贸易和吸收外资比重不断下降。

但是近年来,特别是 2000 年以及 2005 年以来,对外开放程度不断深化,中西部地区吸收外资和对外贸易比重都不断上升。从图 4-10 可以看出,2005 年以来,中西部地区对外贸易比重不断上升,已经基本达到改革开放初期的比重。我们通过计算也发现,中部 6 省和西部的 3 个代表性省市(四川、重庆和陕西)的外贸比重均不断上升。对于实际利用外资来说,我们也发现了这种类似的变化趋势(见图4-11)。究其原因,一方面,是由于中西部地区运输基础设施不断完善、营商环境不断优化、西部大开发和中部崛起等战略,且中央赋予它们更多的政策优惠;另一方面,也是由于中西部地区相对于东部地区在土地成本、劳动力成本等方面具有优势,从而使得外商直接投资增多,一些外资项目和国内投资项目开始向内地转移,促使中西部对外贸易占比不断上升。例如,在2002年新颁布的《指导外商投资方向规定》和《外商投资产业指导目录》中,实行更为优惠的政策,鼓励外资投向中西部地区。2000年颁布且2004年修订的《中西部地区外商投资优势产业目录》对其中所有项目在税收、贷款等方面给予中西部地区优惠,并放宽中西部地区吸引外资的领域以及设立外商投资企业的条件,鼓励东部地区的外资企业到中西部地区再投资。2000年实施的西部大开发战略加大了对西部地区的建设资金投入,通过财政转移支付和金融信贷支持并实行优惠税收。

二、构建开放型经济新空间布局的理念和定位

构建我国现代化经济体系下的开放型经济空间布局需要契合空间经济学基本理论,服从经济社会发展的时代特征和国家发展战略,且顺应我国开放型经济空间布局的发展规律、现状和趋势。

(一)基本理念

1.顺应新时代经济社会发展规律,促进国家发展战略和发展要求的实现

党的十九大报告提出:"实施区域协调发展战略。……强化举措推进西部大开发形成新格局,深化改革加快东北等老工业基地振兴,发挥优势推动中部地区崛起,创新引领率先实现东部地区优化发展,建立更加有效的区域协调发展新机制。"这意味着在空间布局上,现代化经济体系要求我国区域间经济平衡和充分发展、各地区分工明确,要求资源和要素高效配置和流动,要求市场一体化程度较高。由于对外开放空间布局是现代化经济体系空间布局的重要组成部分,所以党的十九大报告进一步提

出："推动形成全面开放新格局。……要以'一带一路'建设为重点……形成陆海内外联动、东西双向互济的开放格局。……优化区域开放布局，加大西部开放力度。"党的十九大报告所提出的关于区域协调发展和区域开放布局战略是我国今后构建开放型经济新空间布局必须始终坚持的理念。

2.契合空间经济学基本理论

开放型经济空间布局本质上是开放背景下的空间经济学，它需要参照空间经济学（如新经济地理学）的基本理论来构建，例如经济集聚理论、"中心—外围"理论、产业转移的"雁阵"等。本章主要从经济集聚理论视角来考量，认为未来我国开放型经济必须坚持适当集聚发挥规模效应以提高我国的国际竞争力。但需要指出的是，集聚并不是指经济活动都向特定区域（如东部沿海地区）集中，而是指在全国各区域经济活动分别集聚到某些城市或者城市群，从而通过集聚来引导区域经济协调发展。要区分好"区域协调发展"与"区域平均发展"这两个概念，构建开放型经济新空间布局不是为了"区域平均发展"，而是为了"区域协调发展"；不是设置各种隐性的区域分割的条条框框来约束资源和要素配置，而是为了更好地引导资源和要素在区域间的合理高效配置。

具体对我国而言，也就是要辩证看待四大区域的开放型经济比重关系。不要追求中西部地区在我国开放型经济中占据太大的比重，而要追求东部地区和中西部地区所占比重合理适当。这是因为，东部地区凭借地理位置优势、政策优势和人力资本优势等已经在开放型经济中形成了长期的领先地位，这是中西部地区不可能撼动的。所以需要做的是，研究中西部地区在开放型经济中的适当比重是什么。此外，也要意识到，促进开放型经济向中西部地区集聚并不意味着向所有中西部地区均等化配置，而是向中西部若干有竞争力的中心城市或城市群合理集聚。特别地，要避免为了区域平衡发展而采取强制性和行政性政策，从而迫使产业被动向中西部地区转移。这种政策很大可能是，不仅没有使产业向中西部地区转移，相反会使相关产业向国外成本更低的国家转移。中西部地区需要做的是,进一步完善交通基础设施、完善营商环境、降低企业经营成本等,从而使得相关产业主动转移过来。

3.考虑我国人口数量、特殊的经济地理和历史传统

我国开放型经济空间布局应该坚持多点集聚,以点带面的发展方式。因为,我国巨大的人口数量、特殊的经济地理和历史传统使得少数几个大城市群完全主导中国外向型经济的情况基本不可能实现。相反,东部地区外向型经济占比已经跨越最高峰,未来随着中国经济发展阶段和发展方式的变化,东部地区占外向型经济的比重将进一步回落,但仍会稳定在一个高位上。同时,中西部地区占外向型经济比重将不断上升。这就需要合理引导产业向中西部地区转移,形成若干个区域性城市群,发挥集聚效应。

4.顺应改革开放以来,特别是2003年以来我国开放型经济空间布局的变化趋势

上面所描述的我国开放型经济空间布局的历史变化趋势蕴含丰富的经济学机理,反映了经济社会发展的规律和特征,以及各地区比较优势的变化。它是我国构建开放型经济新空间布局的参照点和立足点,我们不可能无视它而空想出另外一种空间布局。而根据这种变化趋势,未来中西部地区占开放型经济比重将继续增加,我们需要做的是,合理引导外向型经济向中西部地区集聚,防止中西部各地区的恶性竞争。

（二）基本定位和战略要求

构建开放型经济新空间布局的根本目的是通过开放型经济的合理集聚,引导生产要素的空间合理配置,发挥各地区比较优势和禀赋,从而促进各地区开放型经济协调发展,进而提高我国开放型经济的国际竞争力。相应的战略要求是围绕上述目标,形成陆海内外联动,东西双向互济的区域发展格局。具体来看,开放型经济新空间布局的基本定位包括以下几点:

1.继续提高中西部地区对外开放深度,提高中西部地区开放型经济比重

根据图4-10和图4-11,自2005年以来,中西部地区在对外贸易和

利用外资方面的占比不断上升,已经达到一定高度,且从近年来的增长趋势和惯性来看,这种增长趋势有很大概率能继续保持。其深层次原因在于,中西部地区参与东部地区主导的生产分工以及直接的国际生产分工的制度成本和非制度成本均在不断降低。非制度成本方面,中西部地区的高速运输技术越来越普及,信息和通信基础设施更加完善,且在土地价格、劳动力成本、资源能源等方面也很有比较优势。制度成本方面,东部和中西部地区也不断收敛,例如两者之间的营商环境、政策环境和政策优惠都不断趋于一致。所以,中西部地区有望在未来的对外贸易和利用外资方面占有重要地位。但也要意识到,相对其人口、土地面积和 GDP 比重来说,目前中西部地区对外贸易和利用外资占全国的比重仍有继续提升的空间,其在开放型经济新空间布局中的重要性仍须继续提高。在具体实践中,中西部地区对外贸易和利用外资占全国的比重应定为多少,可以进一步量化分析,例如可以根据其人口、土地面积、GDP 比重、资源和环境承载能力等指标,计算出一个参考比重。

当然,开放型经济在一定程度上向中西部集聚的同时,东部沿海地区的地理位置优势和先发优势将继续存在,并且在开放型经济中占据主要地位。而且,开放型经济总体上会进一步向全国性大城市群和区域性大城市群集聚。大城市作为总部经济中心将主要发挥现代服务业作用,其边缘郊区和邻近的中小城市或卫星城市将主要作为制造业加工基地和农产品加工基地。这种布局在珠三角和长三角等地已经基本形成。

2.形成地区间开放型经济的合理分工

在构建开放型经济新空间布局中,要根据各地区现有比较优势形成"各有侧重的开放型经济基地"。我国各个地区资源禀赋不同,对外开放的起点不同,开放时间也有早晚,且地区经济发展水平对开放型经济的形成和发展也有很大影响。因此,不同地区的开放型经济也必然有其各自的特点。要以全国性和区域性城市群为基础,形成地区间开放型经济的分工和互补关系;地区内要形成总部经济和多中心生产基地关系,在中部地区和西部地区分别形成2—3个出口集聚区,从而改善劳动力、资金的地区配置局面,改变东部地区土地过度开发以及环境污染现状。

具体而言:(1)在东部地区,应当研究如何建设"具有全球竞争力的开放型经济基地",特别是在战略性新兴产业、现代服务业和科技创新领域。开放型经济新空间布局应该具有较强的抵御外部冲击(如贸易摩擦、技术封锁)的能力,这需要自主创新能力的培育。所以要在东部地区形成创新经济集聚区,集聚高端人才和国内外优质资本,提高我国自主创新能力。(2)在中部地区和少数有条件的西部地区,要发挥劳动力优势和土地价格优势,更多承接东部地区转移过来的劳动密集型产业。但是,不应该重复沿海地区早期工业化模式,而要形成东部与中西部地区生产分工明确、优势互补、紧密结合的价值链体系。(3)在西部地区的沿边城市,要充分发挥口岸经济优势,借助"一带一路"倡议与中西亚、中东欧等国家建立更多经贸联系。在大部分西部地区,考虑到当地的资源和环境承载能力,不宜发展大工业,而要形成独具特色的产业,例如特色农林畜牧业和配套产业、以自然景观为特色的旅游业等。

3.促进区域间经济的协调发展

现代化经济体系下的开放型经济空间布局应该是各地区经济平衡协调发展的布局,特别是要通过对外开放加快中西部地区经济发展。党的十九大报告提出:"我国社会主要矛盾已经转化为人民日益增长的美好生活需要和不平衡不充分的发展之间的矛盾。"其中,地区发展不平衡是我国不平衡发展的重要体现,而中西部地区发展之所以滞后,主要原因便是对外开放程度不够。所以,今后需要着重提高中西部地区的对外开放程度。而且,东部地区开放程度已经很高,所以中西部开放是我国深化对外开放的主要潜力所在,是拓展开放型经济广度和深度的关键所在。要通过加大中西部地区的对外开放,形成东、中、西部的对外开放合理分工,形成国内生产分工和国内价值链的"雁阵"模式,促使大量产业转移到中西部地区,从而促进中西部地区的经济发展和人民收入水平提高。这也有助于资源和要素在全国范围内更好配置、高效有序流动,提高中西部地区在资源和要素配置上的均衡比重。

4.充分发挥各地区的比较优势,提高我国在国际分工中的综合竞争力

改革开放以来,我国各地区在经济发展过程中形成了不同的比较优势。第一,东部地区率先发展,有的地方已经接近中等发达国家水平,积累了大量世界领先的生产技术、物质资本和人力资本。第二,中部地区中低端劳动力丰富、土地价格较低,距离东部港口城市较近,且随着高铁网络的普及,其到东部港口的运输时间已经非常短。第三,西部地区除了具有中部地区的劳动力和土地资源比较优势外,其重要优势是与东南亚、中亚和西亚等"一带一路"沿线国家毗邻,具有发展边境经贸的优势。各地区要根据其比较优势,制定相应的对外开放发展策略,提高它们在国际分工中的独特竞争力,从而提升中国在国际分工中的综合竞争力。具体而言:

(1)提高东部地区开放型经济的质量和效益,形成京津冀、长三角、粤港澳大湾区、海南自由贸易港等对外开放高地。通过这些地区的高层次对外开放,与国际高标准、高规则接轨,充分吸收国外优质资本和创新要素,推进产业升级,形成总部经济、创新经济和新经济中心,成为我国经济高质量发展的引擎,打造我国在高端制造业和现代服务业方面的国际竞争力。

(2)加快中部地区对外开放程度,发挥郑州、武汉、长沙、合肥等中心城市的带动作用,从而引导部分中低端要素、生产工序向中部地区流动,缓解东部地区的环境和资源压力,也带动中部地区经济发展,扩大我国对外开放的战略纵深。在高铁时代,中部地区的货物运输到东部沿海港口的时间已经很短,所以中部地区可借此进一步承接东部地区的劳动密集型制造业,使我国在制造业方面的国际竞争力继续保持。当然,中部地区也须大力发展现代化、集约化农业,从而提高我国农产品对外贸易的国际竞争力。

(3)加大西部地区开放力度,发挥重庆、成都、西安、昆明、乌鲁木齐等城市的作用。西部地区是"一带一路"建设的重要节点,是我国与"丝

绸之路经济带"沿线国家展开贸易和投资往来的前沿地区,必须加快开放力度。西部地区除部分承接东部产业转移外,主要对接中亚、西亚等"丝绸之路经济带"沿线国家,在这些国家的进出口中占有一定比重。

5.促进形成若干开放型经济产业集聚区和城市群,助力城市化建设

要通过现代化经济体系下的开放型经济空间布局的构建,促进形成若干产业集聚区和城市群,从而加快我国城市化建设的进程。总体而言,要把构建开放型经济新空间布局和城市化建设结合起来,统筹规划。具体而言,要围绕国家中心城市和地区中心城市,分别形成更大范围的产业集聚区和对外开放集聚区,通过集聚带动人口、要素和资源向城市群聚集,从而推动城市化建设和城市群建设。在国家层面,需要围绕粤港澳大湾区、长三角和京津冀三大城市群,形成各具特色的开放型经济集聚区;在地区层面,可以围绕各地区中心城市来集聚开放型经济。

6.促进形成资源和要素在地区间的高效流通机制

为了促进开放型经济新空间布局的形成,必然要求部分人口、资源和要素从东部地区向中西部地区回流,且要求农村人口加快向城市集聚。就目前来看,东部地区在人均收入和公共服务方面均更有优势,而农业人口和农民工落户城市仍存在诸多政策限制,这些是构建开放型经济新空间布局必须要面对的挑战。所以,要借构建开放型经济新空间布局的契机,促使各地区在人均收入和公共服务方面相对均衡,有效破除人口城乡流动和区域流动的限制。政策层面,要深化户籍制度综合配套改革力度,完善户口迁移政策,有效实施新型居住证制度;研究解决人口自由迁移背景下的教育、医疗、养老等公共服务供给,使得地区间公共服务基本均等化。此外,要采取措施打破地方保护主义,使得全国范围内的一体化程度更高,并完善全国性的资源和要素信息平台构建等。

三、构建开放型经济新空间布局的可行路径

如何推动构建现代化经济体系下的开放型经济空间布局?本章认为从总体方向看,必须立足当前的国家战略、政策导向、运输技术、经济发展特征等影响开放型经济空间布局的关键要素。从这些方面看,我国已经

基本具备构建开放型经济新空间布局的条件,各级政府需要完善自身建设以充分利用上述条件,促进这种空间布局的形成。当然,对于可操作的具体思路,还有待政策制定者们从实践中探索。

(一)切实把握我国区域协调发展的政策机遇

改革开放初期,我国采取"摸着石头过河"的政策思路,各种改革开放的政策举措都是率先在东部沿海地区试点实施的。例如,我国基本沿着经济特区—沿海开放城市—沿海经济开放区—内陆地区这一对外开放战略思路进行。最早的 4 个经济特区深圳、厦门、珠海和海南都位于东部沿海,14 个沿海开放城市基本上是沿着东部海岸线划定,各类型国家级开发区和海关特殊监管区也大都位于东部沿海。这种对外开放政策上的优惠使得东部地区具有比中西部地区更多的政策灵活性和自由度,也在土地开发、税收、吸引外资、发展合资企业、发展民营经济等方面具有更多优势,从而使得东部地区作为政策先行先试地率先发展起来。但是,随着中国发展到现阶段,我们已经走到开放型经济的区域协调发展时期,对外开放政策对各地区来说已经趋于平等化,各地区基本具备相同的政策条件。事实上,自 2003 年以来,随着西部大开发、中部崛起、东北振兴等战略的提出,中西部地区在土地使用、财政转移支付、税收优惠等方面甚至具有更多优势。而我国近年以自贸试验区为抓手的进一步深化对外开放政策更是对各地区平等对待。我国不仅在东部地区设立了上海、天津、福建、广东、浙江、海南自贸试验区,也在中西部和东北地区设立了河南、湖北、四川、重庆、辽宁、陕西自贸试验区,基本做到各地区的全覆盖。

所以,如何把握这种对外开放政策机遇是提高中西部地区开放型经济集聚水平的关键。一方面,中西部地区应在住房价格和租金、土地价格、劳动力成本等方面创造更多的比较优势;另一方面,要提高营商环境的透明度和法治化,创造宜人的生活和工作环境。这将有利于东部地区外向型经济的价值链低端向中西部地区转移,从而使得我国开放型经济空间布局更加向中西部地区适当集聚。此外,中西部若干地区可在国家允许的范围内,实行开放度更高的外商投资准入负面清单和准入前国民待遇措施,吸引外资进入。

(二)借助"一带一路"建设深入推进和"中欧班列"运行的战略机遇

"一带一路"(特别是"丝绸之路经济带")建设深入推进和"中欧班列"运行给我国中西部地区打开了一条新的贸易运输通道和新的广阔市场,中西部地区需要充分借助这一战略机遇发展开放型经济,形成若干集聚区。随着"一带一路"建设的深入推进,我国同中西亚、中东欧、俄罗斯等"丝绸之路经济带"沿线国家的经贸关系更加紧密。而且,近六年来,"中欧班列"快速发展,开行路线和里程不断增多,运输货物品种不断增加。根据相关数据,自 2011 年以来,"中欧班列"累计开行数量已突破6000 列,2017 年突破 3673 列,2018 年上半年达到 2490 列,运行线路多达57 条,国内开行城市 35 个,可达欧洲 12 个国家的 34 个城市。"中欧班列"的大量开行、站点和海外仓库的建立,不仅开创了新陆地贸易运输方式,而且改变了以往"投资—生产—贸易"的传统经济合作形式,形成了"运输物流—贸易—生产—运输物流—贸易—生产"的新的经济循环和国际生产分工格局(裴长洪、刘洪愧,2018)。

从地理位置上看,"一带一路"建设和"中欧班列"更有利于中西部地区加强与"丝绸之路经济带"沿线国家的贸易和投资往来。目前,郑州、武汉、重庆、成都、西安等城市均开通了开往"丝绸之路经济带"沿线国家的班列,霍尔果斯等西部口岸则是"中欧班列"的货物集散地。中西部地区可围绕这些区域中心城市和"中欧班列"节点城市,构建开放型经济集聚区,积极开拓面向"一带一路"沿线国家的开放型经济,这将在很大程度上改变现在的开放型经济空间布局。

(三)充分利用高速运输技术快速发展和普及的物质条件

根据新经济地理学,我国开放型经济向东部沿海地区集聚是一种必然的趋势,但是集聚的边界却会随着运输技术的改善而扩大。改革开放以来的很长时间,我国的高速运输技术发展较慢且物流成本较高,这使得开放型经济大都集中于东部沿海地区,无法向中部和少数西部地区合理分散,空间上的资源配置效率较低。但是近年来,我国的高速铁路运输

（简称"高铁"）、航空运输和高速公路网络快速发展。例如,中国高铁技术不断取得突破,时速稳步提高,普遍达到300千米/小时,部分高铁(如复兴号)时速甚至高达350千米/小时以上;高铁里程也不断上升,运营网络持续完善。根据李克强总理2018年的政府工作报告,我国高铁运营里程已经高达2.5万公里,占世界的三分之二,高速公路里程则达到13.6万公里,新建民航机场46个。[①] 未来,我国将修建更多中小型机场,开通更多支线航空线路,航空运输方式也将越来越普遍。

高速运输技术的普及将使得运输时间和物流成本大幅度下降,从而极大拓展开放型经济集聚的边界。东部沿海港口和中心城市的辐射范围将大幅度增加,这将使得中部地区承接东部地区的产业转移更加可行。事实上,克鲁格曼等很早就指出,运输速度的提高和物流成本的降低将使得经济集聚由沿海向内陆转移(Fujita 和 Krugman,2004)。所以,中西部若干城市需要充分利用高速运输技术快速发展的物质条件,通过改善营商环境、提高人才待遇、降低生活成本、提高政府管理效率等方式吸引东部地区相关产业和人才转移过来。具体而言,中部地区一些城市可借助高铁拉近与邻近的东部中心城市的距离,发展外向型制造业;西部地区的一些特色城市和重点城市更多需要利用航空运输,发展对运输量要求不高但是技术含量高、体积较小的现代化制造业。例如,重庆在计算机制造各环节已经取得了重要成绩,武汉光谷在信息技术相关产业也有较快发展,西安拥有众多高校和高素质人才,可发展高端制造业。总体而言,在高速运输技术快速发展的背景下,我国开放型经济空间布局确实具备了进一步优化配置的物质条件,通过引导产业和人才的合理流动,完全可形成东部地区作为现代服务业和研发业集聚中心,中部地区作为制造业集聚中心,西部各地区根据禀赋状况发展特色产业。

（四）有效抓住服务贸易加快发展的时代契机

随着信息和通信技术的快速发展,服务的可贸易性大幅度增强,使得

---

① 李克强:《政府工作报告——2018年3月5日在第十三届全国人民代表大会第一次会议上》,新华社,2018年3月22日。

服务贸易快速发展。从全球整体来看,2010—2017 年,服务贸易占总贸易比重已经由 20% 提高到 23.7%;就我国来说,服务贸易比重在 2016 年和 2017 年分别达到 15.1% 和 14.5%。① 随着服务贸易比重的增加,其已经成为世界各国关注的焦点以及未来发展的重点,各类型区域贸易协定涉及服务贸易的内容越来越多,这将反过来进一步促进服务贸易的发展。当然,中国服务贸易比重相对于世界平均水平来说还较低,相对于其他发达国家来说则更低,但这也说明我国服务贸易未来发展潜力巨大。

与传统的商品贸易不同,现代服务贸易(例如会计、咨询、金融、计算机服务等)不需要有形的运输,而是通过信息与通信技术直接交付。这将使得地理位置的相对重要性有所下降,东部沿海地区的比较优势将不断弱化,从而中西部地区将迎来开放型经济发展的新机遇。所以,中西部地区需要加快研究影响服务贸易发展的关键要素,并结合自身比较优势选择若干服务贸易细分领域,形成若干服务贸易集聚区。一般来看,服务贸易下的开放型经济更多依赖于人力资本和人才集聚,中西部地区要充分抓住服务贸易的发展机遇,有效利用其比较优势吸引到更多人才,大力发展现代服务业和服务贸易。事实上,对于某些特定的服务行业,中西部地区还可能有禀赋优势。例如对于大数据和云计算,需要耗费大量电力或者需要干燥的气候,西部地区反而有优势,贵州在大数据、云计算方面已经有较好的发展。

---

① 根据《中国统计年鉴 2017》和联合国贸发会数据库(UNCTAD Stat)计算得到。

第五章　创新和完善现代化经济体系的宏观调控

　　创新和完善宏观调控,是我国建设现代化经济体系的重要内容。从我国经济发展和体制改革的阶段看,有两个时点可供参照。一是1978年党的十一届三中全会,提出把全党工作重点转移到社会主义现代化建设上来;二是1992年党的十四大,提出建立社会主义市场经济体制。党的十一届三中全会后的市场化改革和对外开放,解放了我国压抑已久的生产力,使得我国经济迸发出巨大活力,然而,由于"计划者冲动"和"预算软约束"的传统体制弊端,我国经济也表现出通货膨胀频仍的严重问题,考验政府的改革决心和治理能力。党的十四大后一系列的财政体制和金融体制改革,使得我国初步建立起计划、金融、财政"三位一体"的宏观调控体系,有效调节和遏制了经济过热和通货膨胀,为我国此后的经济发展创造了相对稳定的环境。然而,随着我国经济的持续增长,一方面,经济的金融化和全球化不断深入,防范化解金融风险和应对外部经济冲击变得越来越重要;另一方面,我国经济由高增长阶段转向高质量发展阶段,转变发展方式、优化经济结构、转换增长动力成为一项紧迫任务。建设现代化经济体系正是因应这些迫切要求的方略,也是我国未来经济发展的战略目标。

　　党的十九大报告第五部分"贯彻新发展理念,建设现代化经济体系",对宏观调控做了新的表述,提出了新的要求。报告有两处直接提及宏观调控。第一处在第五部分的开篇总括部分,指出要"着力构建市机制有效、微观主体有活力、宏观调控有度的经济体制"①，把宏观调控作为描摹经济体制的一个重要维度，对宏观调控的要求是"有度"。第二处在第五部分的第五个问题"加快完善社会主义市场经济体制"，提出要"创新和完善宏观调控，发挥国家发展规划的战略导向作用，健全财政、货币、产业、区域等经济政策协调机制"②，对宏观调控提出更高要求，寄予新的期许。报告第五部分有关宏观调控的内容还有一点需要强调，即"健全货币政策和宏观审慎政策双支柱调控框架"③，这是对宏观调控需要关注金融风险的再次定调。

宏观调控有度，这个有度可以从两个层面来理解。第一是范围有度。党的十九大报告强调，"使市场在资源配置中起决定性作用，更好发挥政府作用"④。政府在很多经济事务中介入过深、介入过多，妨碍市场机制发挥作用，一直是我国经济备受苛责的痼疾。同时，我国宏观调控政策一直有泛化的趋势，目标过多、工具过多会模糊焦点，制造混乱，降低政策效率。不过，有些工具的使用却又是我国宏观调控体系的优势所在，不可一概而论。比如，我们在影子银行监管和对资产价格遏制方面有一些独特做法，金融危机以后，宏观审慎政策的讨论已经或多或少从理论上合理化了这些举措。第二是力道有度。对于我国在全球经济危机爆发后实施的4万亿刺激计划，存在较大争议，各方褒贬不一，从中可以看出宏观调控力度的把握何等重要。宏观调控要讲究技巧，要加强形势预判和前瞻性预调微调，也要做好预期管理，这样才能做到四两拨千斤，用较小的政策动作达到政策目标，化解危难于无形。当然，在重大突发状况来临之际，

---

① 习近平：《决胜全面建成小康社会　夺取新时代中国特色社会主义伟大胜利——在中国共产党第十九次全国代表大会上的报告》，人民出版社2017年版，第30页。

② 习近平：《决胜全面建成小康社会　夺取新时代中国特色社会主义伟大胜利——在中国共产党第十九次全国代表大会上的报告》，人民出版社2017年版，第34页。

③ 习近平：《决胜全面建成小康社会　夺取新时代中国特色社会主义伟大胜利——在中国共产党第十九次全国代表大会上的报告》，人民出版社2017年版，第34页。

④ 习近平：《决胜全面建成小康社会　夺取新时代中国特色社会主义伟大胜利——在中国共产党第十九次全国代表大会上的报告》，人民出版社2017年版，第21页。

或者在破除严重积弊之时,也要当机立断,敢于出重拳,以阻止事态的进一步恶化。

创新和完善宏观调控,需要回答两个问题,即我国的宏观调控体系从哪里来,到哪里去。"从哪里来"是对我国宏观调控体系演变历程的回顾。只有回顾历史才能厘清现状。准确认识现状,找到目前各种弊端和不足的来由,发现当下经济发展阶段的迫切需求,是创新和完善宏观调控的前提。"到哪里去"是未来我国宏观调控体系的目标模式问题。从"师夷长技以制夷"到"摸着石头过河",由于长期落后,我国任何一个阶段的改革总有因循和借鉴的目标模式。发达国家的市场经济模式经历了数百年的发展,有丰富的经验和教训供我们参考和学习。成熟市场经济体发展出了不同的宏观经济政策框架和管理模式,需要认真研究,详细比对,找到对我国宏观调控改革有益的成分。当然,除了目标模式本身的好坏高下,适合自身现状才是最重要的。脱离自身现实去追求所谓理想模式,只能是邯郸学步、东施效颦。对此,钱穆先生早有精到的论述,他在《中国历代政治得失》中指出,"再则我认为政治制度,必然得自根自生。纵使有些可以从国外移来,也必然先与其本国传统,有一番融和媾通,才能真实发生相当的作用。否则无生命的政治,无配合的制度,决然无法生长"。

西方发达国家的宏观政策框架也不是一成不变的。在前引书中,钱穆先生还指出,"就历史经验论,任何一制度,绝不能有利而无弊。任何一制度,亦绝不能历久而不变。历史上一切以往制度俱如是,当前的现实制度,又何尝不如是。我们若不着重本身人事,专求模仿别人制度,结果别人制度,势必追随他们的人事而变,我们也还得追随而变,那是何等的愚蠢"。近30年来,随着全球化进程的推进,全球经济体制和生产组织方式呈现出高度趋同的态势,即几乎每个经济体某种程度上都是混合经济,市场和政府并存,在资源配置中共同发挥作用。自两次世界大战以来,西方发达经济体的宏观经济政策框架和思想也经历了较大的变化和转折。大萧条后是凯恩斯主义的勃兴,20世纪70年代大通胀后则是货币主义和新古典宏观经济学的崛起。2007—2009 年从美国次贷危机引发的大衰退，引发了西方宏观经济管理的又一次大变革，这也势必影响我国的宏观调控政策框架。

第一节　政府在经济中的作用

在我国传统计划经济体制下，政府对经济的控制将市场作用压抑到了最低限度。改革开放后，随着市场在资源配置中的作用不断增强，我国经济爆发出了巨大的增长潜力，与此同时，我国主流经济思想也出现滑入另一极端的危险，即政府越小越好，政府最好完全不干预经济生活，因为往往一管就错、一管就死。那么，我们到底应该如何认识政府在经济中的作用呢？如果政府越小越好，政府对经济的干预越少越好，那么我国宏观调控的目标和定位是否应该作出重大调整呢？

自科学革命、工业革命以来，人类经济增长进入新纪元，英国和美国是迄今为止最成功的两个经济体。我们可以通过考察英国和美国的情况，来一窥政府在经济中的作用。衡量政府的经济作用有很多面向，我们选取比较常用的政府支出。

图 5-1 显示的是英国 1692 年以来 300 多年中的中央政府财政支出（占 GDP 的比重）情况。在第一次世界大战前的两个世纪中，英国财政支出占 GDP 的比重基本都在 20% 以下。只有在发生重大战争的时期，财政支出才会达到 20% 左右。这两个世纪中从财政支出可以识别出的重大战争有七次。在拿破仑战争之后，英国开始走向世界之巅，领土一度达到 3600 万平方公里，经济总量占全球的 70%，贸易出口比全世界其他国家的总和还多。在英国全盛时期还发生过两次比较重要的战争，即 1840 年的鸦片战争和 1853 年的克里米亚战争，但是从财政支出水平看其识别度并不高。两次世界大战后，英国的财政支出规模发生了根本性转变。在两次世界大战中，英国的财政动员都达到了接近极限的水平，财政支出占 GDP 的比重高达 60% 左右，战后财政支出水平也系统性地从低于 20%

跃升到40%左右。从图5-1可以看到,英国政府在大萧条和大衰退时期也明显增加了财政支出。

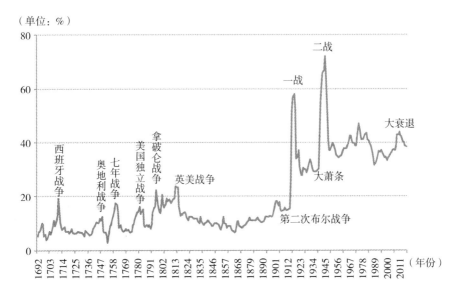

图 5-1　英国中央政府财政支出占 GDP 的比重(1692—2011 年)

数据来源:www.ukpublicspending.co.uk。

图5-2显示的是美国1792年以来200多年中的联邦政府财政支出(占GDP的比重)情况。在19世纪的百年中,美国政府财政支出占GDP的比重一直徘徊在非常低的水平,只是在英美战争和南北战争中才有可识别的提高。英美战争时期财政支出不到GDP的5%,南北战争时期也只是超过10%。两次世界大战期间美国的财政动员创出新高,第一次世界大战超过GDP的20%,第二次世界大战超过GDP的40%。和英国一样,两次世界大战之后,美国财政支出规模出现系统性的提高,从此前长期不足GDP的5%的水平,跃升到占GDP的20%左右。在1929—1933年的大萧条时期,美国的财政支出也有大幅提高,这是罗斯福新政的影响。在2008年爆发的全球金融危机引发的所谓大衰退中,美国财政支出也有明显提高。

对比图5-1和图5-2可以看出,英国和美国财政支出最大的相同点,是在两次世界大战后支出规模都有了系统性的提高。正如美国著名

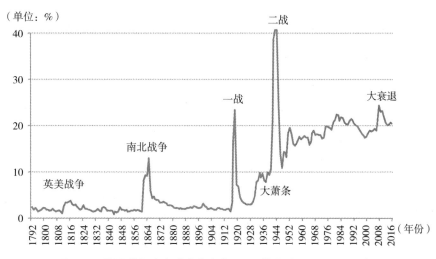

图 5-2　美国联邦政府财政支出占 GDP 的比重(1792—2016 年)

数据来源:www.measuringworth.com。

经济学家阿尔文·汉森(1964)指出的,"四十年代和五十年代的情况足
以证明我们在生产和就业方面已经有了长足的进展。在这二十年中,资
本主义制度已在不小的程度上,由于内在稳定器之类的制度方面的新的
部署以及对抗萧条的其他方法,而得到了改造。一言以蔽之,在这二十年
中,我们使政府的作用扩展到了前所未有的地步。这种扩展非但没有削
弱资本主义制度,反而使它得到了新的动力"。汉森认为,"我们正在发
展着一种双重社会——私人企业和政府的合伙。在这一合伙中,私人企
业实际生产所有的物质产品。……政府的任务是提供越来越多的为提高
文明和文化水准所不可或缺的社会服务和设施。这就是福利国家的意
义"。汉森的学生,诺贝尔经济学奖得主萨缪尔森则把汉森的"双重经
济"称作"混合经济",即"私有制度通过市场机制的无形指令发生作用,
政府机构的作用则通过调节性的命令和财政刺激得以实现"(萨缪尔森、
诺德豪斯,1992)。在其教科书的较新版本中,"混合经济"被重新表述为
"市场决定大多数私人部门产品的价格与产量,而政府运用税收、支出和
货币管理计划来调控总体经济的运行"(萨缪尔森、诺德豪斯,2008)。

　　图 5-1 和图 5-2 会令人产生一种误解,即英国和美国政府在经济中

的作用,尤其是政府对经济生活的干预,主要体现在两次世界大战之后。实际上,政府干预或者说所谓非市场控制,从美国建国之日起即深深根植于其思想传统和经济体系中,而这一传统又主要来源于英国。美国著名经济史家休斯和凯恩(2011)多次强调了美国的非市场控制传统,指出了联邦权力在美国经济发展过程中的独特作用。阿塔克、帕塞尔(2000)也明确指出,"尽管人们误以为18世纪末和19世纪初是自由放任时期,而19世纪末和20世纪初的政府干预是新鲜事物,但以上所讲美国自建国以来的政府干预史足以证明美国经济中政府干预传统的存在。……从规模上看,大政府自美国建国起便出现了"。"政府是经济中的一支强大力量"(阿塔克、帕塞尔,2000),问题是如何使用好这种力量,而不是完全限制或者放弃这种力量。

政府在经济发展过程中发挥作用的早期典型案例,是特许贸易公司。罗德里克(2011)详细拆解了世界最悠久的股份有限公司——哈德孙湾公司(Hudson's Bay Company)的发展史。该公司在1670年获得了英国国王查理二世颁发的特许状,不但获得了哈德孙湾流域(今天加拿大40%的国土)的垄断贸易权,还获得了该地区的土地产权。这一时期有很多这类公司,比较著名的是英国的东印度公司和荷兰的东印度公司,它们对全球经济发展影响深远。这种政治权力和商业利益赤裸裸地直接结合,是政府干预经济的早期典型形态。这种形态直到现在也仍未消失,特许经营权、政府和社会资本合作(PPP)即为其某种形式的延续。

政府在经济中的作用是内生的,其中一个重要理由是管制垄断企业。休斯和凯恩(2011)指出,"在争夺'大企业'控制权的斗争中,美国慢慢地改变了,发展出了现代管制经济。实际上,按照米勒的观点,用一种糟糕的方式陈述的话,现在'大政府'只是政府与大企业互动的结果"。如图5-1和图5-2所示,政府管制经济的另一个理由是战争。在两次世界大战的特殊时期,美国也实行了高度集中的中央管制经济,而在进入和平时期后,政府在经济方面的职能并没有恢复到战前状态,而是在不断加强。政府利用关税保护本国幼稚产业是一个有争议的论题。在美国,19世纪

的大部分时间里,关税是财政收入的主要来源。1790 年占财政收入的
99.9%,1860 年也要占 94%之多。关税是否促进了美国的工业增长存在
争议,但是它确实为制造商带来了额外收益。与关税和产业政策相比,政
府在经济周期波动中的逆周期调节争议较少,这是政府在经济发展中发
挥作用的传统领域。

　　总之,罗德里克(2011)提出的两个原理切中肯綮。他的第一个原理
指出,"市场和政府是互补的,二者缺一不可。如果一国希望市场发展得
更快、更好,相应的政府治理应该更多、更好。政府治理不力的国家,市场
运作一定也不好;政府管理有方的国家,市场也一定运作顺畅"。他的第
二个原理进一步指出,"资本主义的模式并不是唯一的。劳动力市场、金
融、企业治理、社会福利等社会基础设施的不同组合都能达到使经济稳定
繁荣的目的。各国很可能而且也有权利根据不同国情来做不同的选
择"。

第二节　宏观经济政策的"目标—工具"框架

　　从近几十年的全球经济发展来看,各个国家的经济制度和生产组织
方式越来越接近、越来越趋同了。最大的共同点在于,每个经济体都是萨
缪尔森所说的混合经济,即市场和政府同时存在,都在资源配置中发挥作
用。历史证明,无论是完全集中的计划经济还是完全自由放任的市场经
济,都没有生命力。在两端向中间靠拢的过程中,彼此的方向正好相反。
传统的社会主义经济体大都经历了私有化和市场化的转轨过程,而传统
的资本主义经济体也都不同程度地加强了政府干预。

　　然而,从意识形态和阵营对垒的角度看,这一趋同过程并不平衡。计
划经济一端的社会主义阵营到 20 世纪 90 年代几乎完全瓦解,很多国家
经历了严重的经济下滑甚至政治动荡,先后走上了艰难的经济转型之路。
市场经济一端的经济和社会发展要相对平稳,无论在冷战中还是冷战后
都有较长时间的黄金增长期。尤其值得一提的是,整个资本主义世界似

乎摆脱了经济危机的诅咒,共产主义先驱的预言没有变为现实。这一重大历史事件的原因错综复杂,单就经济方面而言,政府对经济的有效管理,尤其是逆周期的宏观经济政策也许提供了部分答案。

在经典教科书中,政府在经济生活中发挥作用的领域大致有三个:一是提高资源配置效率,二是保持经济稳定,三是用再分配政策来维护平等(萨缪尔森、诺德豪斯,1992、2008)。其中第二条,即熨平经济周期波动、保持经济稳定是宏观经济研究的核心内容。人类社会出现经济周期波动现象由来已久,对经济周期的理论探索也至少可以上溯到200多年前(汤铎铎,2016)。政府有意识地利用财政和货币工具干预经济也早已有之。英国经济学家白芝浩(Bagehot,1873)在其名著《伦巴第街》中控诉:"没有什么能比下述事实更加确定无疑,即政府干预一个行业是在伤害那个行业。政府可以对货币市场做的无可争辩的最好事情,就是让它自己照顾自己。"这恰恰从反面说明,在白芝浩的时代英国政府就在有意识地干预经济。而且,所谓的"白芝浩原则",即中央银行在经济危机中应该充当最后贷款人的角色,实际上也是政府对经济的干预。

英国新古典经济学家庇古在完成代表作《福利经济学》之后,又写了一本《工业波动论》(庇古,1929)。这本1929年出版的著作,前半部分讨论经济周期问题,后半部分则大谈"救治方法",其中包括信贷管理、工资政策和财政刺激。当然,凯恩斯(Keynes,1936)7年后出版的《通论》影响要大得多。凯恩斯阐明了有效需求不足如何妨碍经济繁荣,并且提出了更为激进的财政刺激主张。在凯恩斯的理论上升为凯恩斯主义之后,获得了持续的追捧,同时,也遭到自由主义经济学家持续的抨击。他们主张减少政府对经济的干预,并且认为很多时候政府干预正是经济出现波动的原因。

然而,不管是政策制定者还是理论研究者,不管是凯恩斯主义者还是自由主义者,图5-3所示的"目标—工具"框架,都成为深植于其脑中的宏观经济政策讨论基准。经济作为一个整体,有一个合意状态,不管称作最优也好,均衡也好。偏离这一状态即是不合意的,会造成效率和福利损失。政策目标就是表明经济处在合意状态的一系列指标。如果某些指标偏离了目标水平,那么政府就有动机用工具箱中的工具进行纠正。这些工具通过一定的传导机制发挥作用,最终影响相关指标。一般而言,在凯恩斯主义者看来,市场不能自发地持续处于合意状态,有时还会大幅偏离,需要政府积极干预;在自由主义者看来,政府应该减少积极主动的干预,放弃使用政策工具,或者让政策工具处在"中性"状态,或者作为自动稳定器,相信市场自发调节的能力。

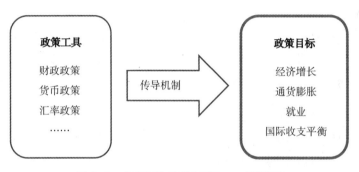

图5-3　宏观经济政策"目标—工具"框架

　　理论争论反映到现实领域,就是政策制定者对图5-3中工具箱和目标集的选择。在凯恩斯主义占上风的时候,工具箱里的很多工具都会被充分利用,政策目标也会很多元;在自由主义占上风的时候,工具箱里的很多工具都会被"雪藏",政策目标也会趋向单一。美国历史上两个重要的自由主义占上风的时期分别是20世纪20年代和80年代。阿尔文·汉森(Hansen,1951)指出,在20世纪20年代价格稳定被认为是最重要的政策目标,对应的政策工具则是公开市场操作和贴现率,财政政策受制于财政稳固信条而被认为作用有限。布兰查德等(Blanchard等,2010)则指出,2008年全球金融危机前,一个工具一个目标成为宏观经济政策的圭臬,一个工具是联邦基金利率,一个目标是通货膨胀,财政政策也被束之高阁。在这两个时期政策制定者的信念大体是一致的,即只要价格水平稳定,实体经济就是稳定的,只要实体经济稳定,那金融市场也就是稳定的。从图5-2可以看到,这两个时期随后都爆发了严重的金融和经济危机,即所谓大萧条和大衰退时期,宏观经济政策也随之发生重大转向。

整个现代宏观经济学的核心内容,都是围绕着图5-3展开的。在目标和工具之间,隔着的实际上是市场,也就是说,政策工具是作用于居民和企业等市场主体的,通过影响市场主体的行为和选择,来最终达成政策目标。这就引出了图5-3最重要的隐含前提,即市场主体能够自主地行为和选择,能够按照利益最大化的原则对政策变化作出反应,从而完成政策传导。所以,我国的市场化改革实际上有两方面的内容:一方面是建立市场和培育独立的市场主体,另一方面则是规范市场和监管市场主体,包括管理宏观经济。二者缺一不可,不可偏废。而且,在改革之初,二者是被同时决定的,没有先后之分。在1985年9月召开的"巴山轮"会议上,著名匈牙利经济学家科尔奈提出了四种经济模式,其中最后一种,即有宏观控制的市场协调(IIB模式)成为会议的共识(刘国光等,1985)。从事后发展来看,我国选择的正是IIB模式,而这种模式也是西方发达经济体的标准模式,可以用图5-3来刻画。

第三节 我国宏观调控历程:两个 20 年

正如休斯和凯恩(2011)所说,"经济体的未来走向很大程度上取决于它过去的历程"。回顾我国的宏观调控历程,有助于我们展望我国宏观调控的未来走向。新中国成立之初,我国的人均 GDP 只有 439 元(1990 年国际元),低于大多数亚洲国家,不到美国的二十分之一(麦迪森,2009),是一个一穷二白的农业国。通过恢复国民经济和社会主义改造,我国很快建立了单一公有制集中计划经济体制。这一体制的两大特征是所有制上的单一公有制和资源配置上的中央计划。所以,贫穷的农业国和计划经济体制是我国经济的起点,我国近70年的经济发展和体制改革从此出发,也始终受制于此。研究任何经济问题都不能忘记这一起点,宏观调控问题当然也不例外。

从贫穷的农业国和计划经济体制出发,我国经济一直面临两大主题,即经济发展和体制改革。经济发展是要从农业和农村占主体走向工业化和城市化,进而改变贫穷面貌,走向富裕。体制改革则是要从单一公有制转向多种所有制共同发展,从集中计划走向市场在资源配置中起决定性作用,从而纠正价格扭曲,调动各方积极性,释放经济活力,最终促进经济发展。经济发展和体制改革相互交织,有时候互相促进、有时候互相掣肘,形成我国经济历史的一条主线。我国宏观调控的内涵和特征,正是围绕和依附于这一主线而发展演变的。

经济发展阶段和体制改革方式塑造了我国宏观调控的基本形态。经济发展要遵循基本经济规律,是一个逐步累积、循序渐进的过程,不可能一蹴而就。揆诸历史,现代经济的发展历程大致可以归到工业化、城市化、金融化和国际化四个面向,随着"四化"的层次递进展开,政府宏观经济管理的重点和工具势必随之不断变化。就体制改革而言,大致有"渐进式""增量改革"和"一揽子""休克疗法"两种进路。我国比较偏向前者,而苏联和东欧的改革比较偏向后者。顾名思义,我国的体制改革采取了相对和缓的路径,这也就决定了我国的宏观调控体系较少大范围突变,更多是局部的渐进调整。总之,为了适应经济发展和体制改革进程,我国的宏观调控体系不断改变,逐步完善。

1993 年 11 月召开的中国共产党十四届三中全会,通过了《中共中央关于建立社会主义市场经济体制若干问题的决定》,系统论述了"改革、发展、稳定"的关系,三者紧密关联、相互促进、相互统一。"改革、发展、稳定"的关系落实到经济层面,就是体制改革、经济发展和宏观稳定的关系,此三者同样紧密关联、相互促进、相互统一。因此,作为保证宏观经济稳定的最重要手段,宏观调控一定要提高到与改革和发展同样的高度上来认识。这在 1992 年召开的党的十四大上已经有所体现,大会的主旨是建立社会主义市场经济体制,其中最重要的一个特征就是"要使市场在社会主义国家宏观调控下对资源配置起基础性作用"。

从改革开放到 2008 年全球金融危机爆发,学界一般认为我国其间共经历了六次宏观调控(刘树成,2004;易纲,2005;王健,2008)。其中有五次紧缩性调控,一次扩张性调控。这种划分主要以通货膨胀率为依据。如图 5-4 所示,改革开放后我国通货膨胀率节节走高,出现了四个高点,分别为 1980 年 7.5%、1985 年 9.3%、1988 年 18.8% 和 1994 年 24.1%。这四个通货膨胀的高点,对应着前四次宏观调控。

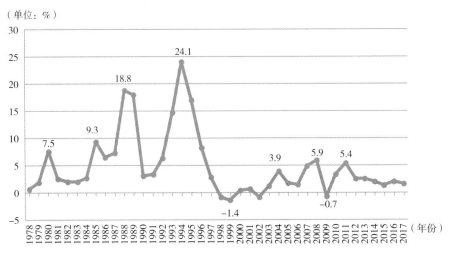

图 5-4　中国年度 CPI（1978—2017 年）

数据来源:WIND。

　　纵观这四次通货膨胀和宏观调控,有相同点,也有不同点。改革开放以来的四次通货膨胀,其主要原因都可以概括为"计划者冲动"和"预算软约束"这两个因素,都伴随着宽松的财政政策和货币政策。这一时期的经济发展,在中央作出计划和经济决策之后,具体执行者是地方政府和企业。随着市场化改革推进,地方政府和企业获得了越来越多的经济自主权,有着内在的扩张经济和扩大投资的冲动。但是,这种经济自主权的获得,缺少相对称的经济责任的约束,使得经济很容易出现过热和通货膨胀。面对经济过热,政府紧缩性政策的出台总是引起激烈争论。反对者的最大理由是紧缩会妨碍经济改革,挫伤市场主体的积极性。这种争论往往会让政府宏观调控政策的出台错过最佳时机。从政府的宏观调控措施看,最常用、最管用的是两个直接控制手段:一是压缩投资和基建规模,二是压缩贷款规模。

　　以上是相同点,不同点可以从三个层面概括:首先,每次通货膨胀的具体表现都不同。比如,1988年是"价格闯关"导致了严重的挤兑和抢购风潮。1993年以来的过热被总结为"四热、四高、四紧、一乱":"四热"是房地产热、开发区热、集资热、股票热;"四高"是高投资膨胀、高工业增长、高货币发行和信贷投放、高物价上涨;"四紧"是交通运输紧张、能源紧张、重要原材料紧张、资金紧张;"一乱"是经济秩序混乱,特别是金融秩序混乱(刘国光、刘树成,1997)。"四热"在当时都属于新鲜事物。

　　其次,宏观调控的工具逐渐开始多元化。虽然压缩基建规模和贷款规模的直接行政手段仍然占据主导地位,发挥主要作用,但是随着体制改革的推进,市场化间接调控的手段开始逐步建立。1984年中国人民银行开始执行中央银行职能,后三次通货膨胀的治理中使用了提高利率和存款准备金率等货币政策手段。在最后一次通货膨胀治理中,国债发行和税收征管也是重要措施,财政政策也开始发挥作用。

　　最后,调控的时机选择和结果不同。前三次宏观调控在实施之前都面临激烈争论,不能迅速达成共识,最终导致政策出台过晚,不能把通胀遏制在萌芽阶段。而且,前两次的宏观调控都未能完全到位,导致通胀很快就死灰复燃,而第三次调控的紧缩力度又过大,导致经济出现"硬着陆",经济增长低迷,出现严重失业问题。1993年开始的第四次宏观调控,虽然在过热的确认上理论界还是发生了激烈争论,但是决策层紧缩政策的出台则下手较早,没有受到太大影响。最后这次调控相对而言取得了成功,我国经济实现了"软着陆",表明政府的宏观调控水平有所提高。

　　从图5-4可以看出,以1996年"软着陆"为界,我国通货膨胀的形态发生了比较明显的变化,最重要的就是波动率的大幅下降。此后20年有三次通胀抬头,分别是2004年3.9%、2008年5.9%和2011年5.4%,都远低于前20年的通胀高点。同时,还出现了两次比较明显的通货紧缩,即1999年的-1.4%和2009年的-0.7%。这两次通货紧缩的出现都和外部冲击相关,即1997年的亚洲金融危机和2008年的全球金融危机。由于波动幅度明显下降,通胀通缩交替出现,外部冲击扰乱了原有周期频率,因此,后 20 年的宏观调控不宜按照通胀情况划分次数,而更应该视作一个连续操作的动态过程。

整个过程的起点可以追溯到 1992 年以来的一系列重大经济改革措施,尤其是分税制改革和明确央行职能的金融改革。1992 年年初邓小平发表南方谈话,重申了深化改革、加速发展的必要性和重要性。同年年底的党的十四大提出,我国经济体制改革的目标是建立社会主义市场经济体制,使市场在社会主义国家宏观调控下对资源配置起基础性作用。1993 年 11 月召开党的十四届三中全会,提出要转变政府职能,建立健全宏观经济调控体系。其中最重要的改革措施有两项:一是把地方财政包干制改为在合理划分中央与地方事权基础上的分税制,建立中央税收和地方税收体系。维护国家权益和将实施宏观调控所必需的税种列为中央税;同经济发展直接相关的主要税种列为共享税;充实地方税税种,增加地方税收入。二是明确中国人民银行的中央银行职能,即在国务院领导下独立执行货币政策,监管各类金融机构,维护金融秩序。同时建立政策性银行,实行政策性业务与商业性业务分离,将专业银行发展为真正的商业银行。通过这一系列的重大改革,我国逐步建立起计划、金融、财政之间相互配合和制约的宏观调控体系,为我国后 20 年的经济发展奠定了制度基础。

我国改革开放以来后 20 年的经济发展,一个重要特点是货币化和金融化过程的深度扩张。金融业从业人员从 1997 年的约 300 万人增长到 2017 年的近 800 万人,平均工资也从 1997 年的 9700 元增长到 2017 年的 123000 元,远超其他行业;金融业增加值在 1997 年为 4716 亿元,占 GDP 的 5.2%,到 2017 年则为 65749 亿元,占 GDP 的 8%,高于美国等发达国家的水平;M_2 占 GDP 比率从 1997 年的 114% 增长到 2017 年的 202%;非金融部门杠杆率(信用/GDP)也从 1997 年的 120% 增长到 2017 年的 255%。除了规模增长之外,我国金融体系还呈现出复杂化的趋势,在社会融资总额中,人民币贷款从 2002 年之前占 90% 以上,到 2013 年只占 52%,2017 年回升到 71%;2017 年我国资产管理业务规模接近 100 万亿元,而同期的居民储蓄存款不过 65 万亿元。在金融业膨胀和金融体系复杂化背后,一个重要现象是资产价格的大起大落。我国股票市场自 1990 年建立以来就波动较大,新世纪以后的波动尤其剧烈。我国 1994 年开始全面推进住房商品化,将房地产建设的收益下放至企业和地方政府,用金融手段支持和鼓励居民购房,到 21 世纪初,房价开始迅猛上涨,不但成为重大民生问题,也成为重要的宏观经济问题。如果说 1997 年之前我国宏观调控主要关注通货膨胀,是货币问题,那么 1997 年之后则要加上资产价格,变成了更为复杂的金融问题。

我国改革开放以来后 20 年的经济发展,另一个重要特点是深度参与全球化和国际化进程。我国进出口贸易总额从 1978 年的 206 亿美元,增长到 2017 年的 41045 亿美元,是世界货物贸易第一大国。我国服务贸易也从 1982 年的 47 亿美元,增长到 2017 年的 6957 亿美元。我国实际利用的外商直接投资从 1984 年的 13 亿美元,增长到 2017 年的 1310 亿美元。我国对外投资近几年上升得很快,累计已经接近 2 万亿美元,居世界第二位。特别是在 2001 年加入 WTO 之后,中国开始制度性地全面开放,也开始全面融入全球分工和全球产业链。开放一方面提升了我国的产业竞争力和经济增长,另一方面也改变了我国的经济周期波动形态。1997 年的亚洲金融危机和 2008 年的全球金融危机都对我国经济造成了较大影响,如何应对外部经济冲击也成为我国宏观调控的重要课题。

从经济周期波动的角度看,我国改革开放以来的 40 年可以划分成两大阶段。1996 年"软着陆"之前为第一阶段,以四次逐步走高的严重通货膨胀为标志,经济发展虽然迅猛,但是大起大落的问题非常突出,宏观调控处在被动的探索阶段。此后为第二阶段,1992 年党的十四大以来的一系列经济改革措施,逐步建立起计划、金融、财政"三位一体"的宏观调控体系,有效治理了通货膨胀频发的问题。但是,随着金融化和全球化过程的深入,尤其是两次大的外部经济冲击,也给我国宏观调控体系带来了全新的挑战。

第四节 "放乱收死"循环与"三位一体"框架

"宏观调控"一词第一次在我国党和政府的重要文献中出现,是在1988年党的十三届三中全会报告中。宏观调控是一个组合词,由宏观调节和宏观控制二词组合而来。在宏观调控被采用之前,宏观调节和宏观控制经常被交替使用;而在宏观调控被采用之后,前二者很快就销声匿迹,被完全取代了。从字面含义看,宏观调节显然更偏重市场化手段,而宏观控制更偏重计划和行政手段。宏观调控最终将二者结合起来,并不仅仅是简单的字词组合,更体现了经济思想的融汇和调控手段的杂糅。

党的十三届三中全会报告第一次使用宏观调控的段落,值得全部引用。报告指出,"这次治理经济环境、整顿经济秩序,必须同加强和改善新旧体制转换时期的宏观调控结合起来。邓小平同志最近指出:宏观控制要体现在中央能够说话算数。这几年我们走的路子是对的。现在是总结经验的时候。这几年,我们如果不放,能搞出这样一个规模吗? 过去我们是穷管,现在不同了,是向小康社会过渡的宏观管理。邓小平同志的这些话告诉我们,在经济生活中,既要搞活,又要制约,既要放开,又要管理,宏观控制的任务十分艰巨。必须综合运用经济的、行政的、法律的、纪律的和思想政治工作的手段,五管齐下,进行宏观调控。在新旧体制转换时期,尤其不能过早地轻率地放弃行政手段,以免出现经济生活的混乱。加强行政手段的目的,是为了更好地推进改革,而不是走老路,对这一点必须有明确的认识"①。

这段话的核心和实质,是对政府和市场关系的分析,体现了当时决策层的思想和认识。在我国经济领域的讨论中,一直流行所谓"放乱收死"循环的说法。在计划体制时期,经济权力完全掌握在中央政府手中,造成

---

① 《在中国共产党第十三届中央委员会第三次全体会议上的报告(一九八八年九月二十六日)》,人民网—中国共产党新闻网,http://www.people.com.cn/GB/shizheng/252/5089/5105/5186/20010430/456364.html。

僵化和效率低下。市场化改革是中央政府向其他市场主体下放经济权力的过程。这种权力下放如果没有相应的经济责任制约，很容易出现经济过热和通货膨胀等各种乱象。于是，政府又利用各种手段收回权力、治理乱象，有时就又回到僵化和效率低下的老路上。概括起来，就是所谓"一放就乱，一乱就收，一收就死，一死又放"。这一循环一般被认为是我国经济的痼疾，需要通过市场化改革来克服。然而，党的十三届三中全会报告的这段话，却让我们看到了循环的另一面。首先，决策层显然尝到了"放"的甜头，这才明确指出，"我们如果不放，能搞出这样一个规模吗？"也充分肯定了此前的政策，"这几年我们走的路子是对的"。其次，决策层对放了之后出现乱象是有预期的，而且想要竭力避免"出现经济生活的混乱"。再次，决策层也清醒认识到解决问题的关键所在，那就是"中央能够说话算数"，"不能过早地轻率地放弃行政手段"。最后，决策层还认识到不能走回老路，而是要不断推进改革。

因此，我国经济发展和体制改革的过程，也是决策层不断探索和实践政府和市场关系的过程。"放乱收死"循环并不是回到原点的简单闭环，而更应看作进二退一、不断上升的螺旋。在这一过程中，宏观调控发挥了至关重要的作用，而决策层对宏观调控的认识也在不断演进和深化。套用图5-3来分析，我国政府在这一时期进行了对市场主体放权和收权的试错，也开始尝试使用市场化的工具来管理经济，"目标—工具"框架正在逐步形成。

在1993年党的十四届三中全会报告中，决策层对宏观调控有了更加深刻的认识，开始着手建立计划、金融、财政"三位一体"的宏观调控体系。报告提出，"社会主义市场经济必须有健全的宏观调控体系。宏观调控的主要任务是：保持经济总量的基本平衡，促进经济结构的优化，引导国民经济持续、快速、健康发展，推动社会全面进步。宏观调控主要采取经济办法，近期要在财税、金融、投资和计划体制的改革方面迈出重大步伐，建立计划、金融、财政之间相互配合和制约的机制，加强对经济运行的综合协调。计划提出国民经济和社会发展的目标、任务，以及需要配套实施的经济政策;中央银行以稳定币值为首要目标,调节货币供应总量,并保持国际收支平衡;财政运用预算和税收手段,着重调节经济结构和社会分配。运用货币政策与财政政策,调节社会总需求与总供给的基本平衡,并与产业政策相配合,促进国民经济和社会的协调发展"①。

这段论述表明,我国已经逐步建立起现代宏观经济政策的"目标—工具"框架。首先,政策目标是多元化的,包括总量平衡、结构优化和持续增长。其次,政策工具也是多元化的,大致包括计划、金融和财政三个方面。其中,金融和财政对应于西方发达经济体的货币政策和财政政策,计划是有中国特色的部分,是一些传统体制和机构的延续。具体来说,就是把综合经济部门改组为宏观调控部门,调整和减少专业经济部门,加强执法监管部门。当然,政策工具总体还是强调利用间接的经济办法,没有再提党的十三届三中全会报告中的行政、纪律和思想政治工作的办法。最后,这一切都是以市场主体培育方面取得的成果为前提,而且,在财政和金融方面的进一步改革,为政策传导提供了更加有利的环境。

总之,在我国双轨过渡和渐进性体制改革背景下,决策层的宏观调控思想也经历了渐进性的演变。首先,在社会主义市场经济体制下的宏观调控体系最终取代有计划按比例和综合平衡思想的过程中,经历了从后者占主导,到二者并存融合,再到前者占主导的渐进演变。其次,传统体制并没有被完全抛弃。计划在经历了一系列的分化和消解之后,最终被纳入新的宏观调控体系,成为宏观调控的重要手段之一。计划、财政和金融"三位一体",这是我国宏观稳定政策体系的最大特色(汤铎铎,2018)。最后,从20世纪80年代开始,西方发达国家经验和相关经济理论即在我国获得广泛传播,决策层不断从中获得启发、汲取营养,建立起了如图5-3所示的"目标—工具"框架,不过在具体操作层面还是以我国为主,从我国的经济现实出发,而不是完全照抄照搬。

---

① 《中共中央关于建立社会主义市场经济体制若干问题的决定》,人民网—中国共产党新闻网,http://cpc.people.com.cn/GB/64162/134902/8092314.html,2008年9月23日。

第五节　全球金融危机后的反思

2008 年爆发的全球金融危机已经过去 10 年了,但是它对全球经济社会造成的影响还在持续扩散和发酵中。就经济方面而言,这次危机是对 20 世纪 80 年代以来,甚至是两次世界大战以来,所形成的资本主义经济体系的根本挑战。这一体系在金融方面的弊端早有端倪,但是一直没有得到正确的审视和足够的重视。罗德里克(2011)指出,"当处于全球金融体系边缘的国家,例如泰国和印度尼西亚被危机吞没时,我们认为错在这些国家,因为它们达不到这个系统的严格要求。而当同样的事情发生在体系中心国时,我们认为错在体系,我们要修改这个体系"。布兰查德和萨默斯(Blanchard 和 Summers,2017)最近也表达了同样的意思,"即使是日本'失去的十年',也被解释为一连串政策失误的后果,而不是对流行范式的挑战"。终于,在美国和欧洲同时陷入金融和经济危机的时候,一系列针对当下资本主义经济体系和政策框架的反思开始了。

一个危机后令人震惊、危机前大家却习以为常的事实是,在宏观经济层面,金融没有得到足够的重视。在危机前政策制定者大都认为,分析宏观经济形势时,可以忽略很多金融系统的细节。在主流的新凯恩斯主义货币经济学模型中,缺乏对金融中介的描述,因此货币、信贷和银行并没有在模型中扮演有意义的角色。因为缺乏理论指导和需求刺激,甚至统计部门也未能全面有效地进行宏观金融统计。因此,危机 10 年后,西方理论界和决策层的最大共识是,应该从宏观经济层面给予金融足够的重视。一是要加强金融账户的统计工作,二是要在宏观经济模型中真正纳入金融部门,三是要用宏观审慎政策应对金融周期。

对金融的忽视归根结底源于危机前对经济周期和稳定政策的传统认知。危机前的主流观点以所谓自然率假说为核心,这一假说最早由弗里德曼(Friedman,1968)和菲尔普斯(Phelps,1967)提出,是 20 世纪 70 年代以来西方宏观稳定政策之圭臬。该假说认为,经济的潜在增长率(或自然失业率)在长期不会受货币政策的影响,想要使用货币政策永久性地使得经济增长率高于潜在增长率(或失业率低于自然失业率),只会导致加速的通货膨胀。所以,稳定的通货膨胀意味着货币政策是合适的,而经济的其他部分都会在潜在增长率(自然失业率)的趋势吸引下自动稳定。自然率假说一经提出很快被广泛接受,并且一直是宏观经济学中的主导范式,也是当今大多数央行使用的通货膨胀目标制框架的理论基础。在自然率假说下,稳定不变的长期趋势决定了经济周期波动形态,这是一种"冲击—传导"的振荡模式,可以进行线性近似和线性模拟。在这整个框架中,金融部门和金融体系没有明确的位置,或者说,它们属于经济中可以自我稳定的部分,无须特别关注。

危机后理论界开始严肃地反思自然率假说(Blanchard,2018)。经济能否自我稳定,暂时的外部冲击是否会有持久的效应,这些问题重新进入理论家的视野。金融危机也大大改变了人们对经济周期波动形态的传统认知,经济周期也许并非是"冲击—传导"的振荡模式,而是不断积累的小冲击最后突然集中爆发,更像是地震和火山爆发。这个过程显然不是线性的,而是非线性和正反馈的,银行挤兑便是典型的例子。金融危机爆发最终还导致经济增长的长期趋势出现明显的阶梯型下降,而不仅仅是在原来趋势上的小波动。当然,除了对根本问题的反思外,这次危机带来的是对宏观经济问题的全方位讨论,涉及很多有意思的话题。布兰查德和萨默斯(Blanchard 和 Summers,2017)最近做了比较全面的梳理,在危机传导机制、财政政策操作和危机紧急救助等方面都有精彩描述。

关于金融危机的主要传导机制,有两种针锋相对的解释。第一种解释认为,金融中介是最重要的传导环节。金融中介在迅速丧失资本的时候,不得不收回贷款,这才导致实体经济失血,发生危机。持这种观点的是危机应对三巨头:美联储主席本·伯南克(2016),前后两任财政部长亨利·保尔森(2010)和蒂莫西·盖特纳(2015)。第二种解释认为,消费者和厂商才是传导的核心。资产价格下跌导致过度负债的消费者和商家减少了消费和投资,从而引发危机。这种观点的支持者主要在理论界,比较有代表性的是阿蒂夫·迈恩和阿米尔·苏非(2015)。这一争论首先当然是一个学术争论,双方各自都提出了经验证据。但是,学术结论往往都隐含着利益攸关的政策内涵。如果金融中介是最重要的传导环节,那么官方救助金融机构的应对就是正确的。然而,如果高杠杆的居民和厂商才是核心环节,那么最该接受救助的就不是金融机构。

金融危机爆发后,长期遭受冷遇的财政政策再次成为焦点。各国的救助政策使得政府债务高企,达到史无前例的高点。同时,宽松的货币政策又使得利率维持在史无前例的低水平,因而债务的利息支出并不高。在这种特殊情况下,财政政策空间是不是得到了扩充,财政支出乘数如何变化,未来利息走高是否意味着财政风险,有很多问题需要研究。

关于危机后的救助措施,存在一个基本分歧。一方认为应该给政策制定者更大的权力来紧急救助困境中的市场主体;另一方则认为这种救助会恶化道德风险问题,让市场主体有意识地承担更大风险。埃森格林(2016)、布兰查德和萨默斯(Blanchard 和 Summers,2017)支持前者,主要理由是金融危机是黑天鹅事件,改变激励也无法改变风险状况,因为我们并不知道风险在何处。本次的紧急救助也表明,救助没有社会成本,最终整个救助计划是赢利的。当然,也有很多研究支持后者。

总之,经过危机后的不断反思,政府的宏观政策框架开始纳入更多的目标和工具,金融监管部门也开始要求更多的权力。其中,一个最重要的成果可能就是宏观审慎政策框架的提出。因为,在面对信贷泡沫或资产价格泡沫时,像钝器一样的货币政策并不是一个合适的工具(盖特纳,2015),而微观政策则要面对所谓"合成谬误",每个个体的健康并不必然意味着整体的健康。

第六节　从双支柱到新"三位一体"

英格兰银行前行长默文·金(2016)在其新著中提到一件有趣的事情。在 2011 年春天的一次会见中,金问一位中国央行官员对英国工业革命的评价。这位官员认真思考之后回答说,"我们中国人从西方了解到自由竞争及市场经济能够支持工业化发展,也能够创造更高的生活水平。但我并不认为你们已经完全弄懂了货币和银行的运作机制"。金承认后一句话真正刺到了他的痛处,也激发他写了这本专著。这个小故事意蕴深远。从长期视角和全球视角看,我国经济发展是工业革命以来整个世界经济发展的承接和延续,我们从西方传统中获益良多。我们学到的不仅是如何建立市场和如何培育市场主体,还有如何规范市场和如何监管市场主体。然而,从金融层面来看,我们更多看到的是危机和教训,似乎还没有找到可以学习的成功样板。

近 40 年来全球金融危机频发。对我国影响比较大的是 1997 年亚洲金融危机和 2008 年全球金融危机。这两次金融危机让我国政策制定者对金融有了更加深刻的认识,也把防范金融风险提升到了空前的高度。2008 年全球金融危机后,我们仔细比对了美国两次大危机的原因和应对(刘鹤,2013),也发现我国出现了金融业膨胀和金融体系复杂化的棘手局面(潘宏胜,2017)。于是,宏观审慎政策框架迅速成为我国政策工具栏的重要内容(周小川,2011;张晓慧,2017)。从 2010 年党的十七届五中全会提出"构建逆周期的金融宏观审慎管理制度框架",到 2017 年党的十九大提出"健全货币政策和宏观审慎政策双支柱调控框架",宏观审慎政策从"金融机构改革"板块正式进入"宏观调控政策"板块,使改革的方向和内容成为真正落地的政策。2017 年 7 月成立的国务院金融稳定发展委员会,也从组织机构方面做了呼应。

宏观经济政策工具种类繁杂,很难进行严格归类。从作用的目标看,宏观经济政策可以分为总需求政策和总供给政策,前者在需求端起效,主要关注短期波动;后者在供给侧起效,主要关注长期增长。从作用的范围看,宏观经济政策可以分为总量政策和结构性政策。宏观即意味着总量,所以结构性政策是宏观经济政策中的"异端",也是我国近期宏观调控的一个特点。从作用的边界看,宏观经济政策可以分为国内政策和对外政策。在全球化的今天,对外政策越来越重要,而一些大国的国内政策也会有很大的外溢效应。从作用的方式看,宏观经济政策可以分为市场化政策和非市场化政策。市场化手段有助于建立起博弈规则,稳定市场主体预期;非市场化手段存在的一大理由是应付特殊情况,比如战争和金融危机。

计划、财政和金融"三位一体",这是党的十四届三中全会以来所形成的我国宏观稳定政策基本框架(汤铎铎,2018)。财政和金融对应财政政策和货币政策,这是总需求管理政策的核心,也是理论家研究最透彻、决策者运用最熟稔的部分。计划原本是我国经济运行的基本方式,在经历了改革开放后的一系列分化和消解之后,最终被纳入宏观调控体系。原来的综合经济部门国家计划委员会,最终演变为现在的宏观经济管理部门国家发展和改革委员会。原来的计划目标逐步减少或演变为柔性目标,原来直接控制的方式和行政手段逐步演变为相对市场化的政策,比如产业政策、区域政策和鼓励创新的政策等。所以,"三位一体"中的计划主要偏重长期增长和供给侧,称之为增长政策(Bénassy-Quéré 等,2010)似乎更贴切。

"三位一体"的宏观调控框架为我国摆脱频繁的高通胀发挥了很大作用,其中,财政政策和货币政策是我们学习西方发达经济体的成果,而计划则是我国的一个特色。然而,在全球金融危机后新的国际环境下,在我国面临金融业膨胀和金融体系复杂化的棘手局面时,金融稳定变得越来越重要,相应地,宏观审慎政策也必须在政策工具栏占据越来越重要的位置。图 5-5 展示的是我国在现代化经济体系下宏观经济政策的新框架,可以称作新"三位一体"框架。政策目标有三个,除了传统的短期经济稳定和长期经济增长,还加入了金融稳定目标,这是 10 年来反思全球金融危机的一个共识。有几个目标就要有几个工具。总需求管理政策,主要包括财政政策和货币政策,主要应对经济周期波动。增长政策主要从供给侧发力,致力于提升长期增长潜力,很多政策工具都可以归入其中。宏观审慎政策则主要负责金融稳定。在这个框架下,宏观审慎政策被提到了更高的高度。在双支柱框架中,宏观审慎政策与货币政策并列,而在新"三位一体"框架中,宏观审慎政策与总需求管理政策并列。如此安排并不是简单为了强调而提高,而是有其内在的理论逻辑。

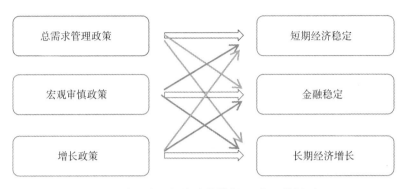

图 5-5 我国宏观经济政策的新"三位一体"框架

从图 5-5 可以看到,三套政策工具的作用并非仅及于对应目标,而是会附带影响其他两个目标。比如,货币宽松不是只会短期拉升实体经济,还有可能影响金融稳定和长期增长。我国最近面临的一个政策困境是,货币政策、财政政策和宏观审慎政策三管齐下,致力于"去杠杆"和防范金融风险(汤铎铎、张莹,2017;汤铎铎、李成,2018)。这些政策对实体经济也造成冲击,使得经济下滑压力增大。政府为了应对经济下滑放松宏观政策,市场和舆论就会认为这是"放水",是对前期"去杠杆"政策的否定。如果坚持不放松的话,那实体经济继续下滑又可能会造成更加严重的后果。在图 5-5 的框架中,上述政策困境可以得到缓解。一个需要严格遵守的基本原则是,要达成何种目标,就用何种工具,如果在过程中造成附加影响,那就搭配对应的政策工具进行对冲。比如,为了化解影子银行风险,监管当局提高了资本要求、改变了记账原则,这在预防金融风险的同时,也会冲击实体经济。在实体经济承受的冲击较大时,就可以考虑放松财政政策和货币政策,来对冲宏观审慎政策对实体经济的影响。如果市场和舆论熟悉并且认可图 5-5 的框架,就不会把这种对冲操作视为前期政策的逆转或否定。

第六章　重构现代化经济体系的公共政策

　　本章所指的公共政策是包括社会保障和公共服务在内的与社会民生事业相关的公共政策。具体而言,包括积极的就业政策和社会保险、社会救助、社会福利在内的社会保障,以及科技、教育、医疗卫生、文化娱乐、养老照料等公共服务。① 本书前面的章节已经对现代化经济体系的背景、理论内涵、发展逻辑和框架等进行了详细的论述。建设现代化经济体系是我国实现发展方式转变、经济结构优化、增长动力转换的迫切要求,也是我国未来发展的战略目标。发展经济学的一个经验性规律是,随着经济发展阶段的变迁,在人均收入迈向高收入阶段的过程中,以工业制造业为主的产业体系将逐渐转向以服务业为主的产业体系。而在服务业体系中,人力资本投资型服务业的比重将不断加大。人力资本投资型的服务,即社会保障和包括科教文卫在内的公共服务,既是整个经济体保持创新、全要素生产率持续提高的主要来源,是促进收入平等、实现社会公平正义的主要途径,也是人民群众美好生活的主要内容。既具有工具价值,也具有目标性价值。从这个角度看,包括社会保障和公共服务在内的人力资本投资型服务以及相关的公共政策,乃是现代化经济体系不可或缺的内容之一。

---

　　① 根据国际行业分类标准第四版(ISIC.rev.4),本章所指的公共服务包括如下四类:科技与专业服务(VM:Professional,Scientific and Technical Activities)、教育(VP:Education)、文化娱乐(VR:Arts,Entertainment and Recreation)、健康和社会工作(VQ:Human Health and Social Work Activities)。

改革开放 40 年来,我国公共政策领域在资源投入、体制机制等方面都发生了很大的变化,取得了很大的进步。但是,相比于经济领域的进步和取得的成就仍然是一个短板。党的十九大报告提出,我国社会主要矛盾已经转化为人民日益增长的美好生活需要和不平衡不充分的发展之间的矛盾。在这一论断中,人民日益增长的美好生活的主要内容之一就是社会保障和公共服务,而不平衡、不充分也主要体现在社会保障和公共服务的供给的不平衡和不充分。从这个角度看,公共政策领域的改革和发展是现代化经济体系建设必须要面对的主题之一。

据此,从建设现代化经济体系的角度入手,围绕我国社会主要矛盾的变化,在本书前述章节的基础上,本章将主要就现代化经济体系中公共政策的定位、功能、趋势,以及改革和完善进行论述。本章第一节首先总结 OECD 国家中的主要发达国家在经济发展转向高收入阶段的过程中,社会保障和公共服务的演变趋势,并与我国相同发展阶段的情况进行比较;在此基础上,刻画现代化经济体系中公共政策的位置、布局和蓝图,并分析我国当前的现状与现代化经济体系公共政策布局和蓝图之间的主要差距。第二节我们将转入理论和政策分析,从我国公共政策的历史演变入手,分析当前我国公共政策领域存在的主要问题及其背后的原因。在前述两节的基础上,第三节首先梳理和总结主要发达国家在人均收入进入中高收入阶段后公共政策的主要特征,并结合中国经济进入新阶段的实际情况,对现代化经济体系中的公共政策选择提出相关建议。

第一节　国际视野下现代化经济体系中的公共政策

一、国际比较中的现代公共政策体系

现代化经济体系是中国经济发展进入新阶段后提出的战略目标。经济发展进入新阶段的一个主要标志就是我国人均收入进入上中等阶段,一些东部沿海地区和大城市已进入高收入阶段。2016 年中国的人均

GDP 超过 8 千美元,进入上中等收入国家;北京、上海和天津三个直辖市的人均地区生产总值都超过了 1.7 万美元,超过了一些中东欧的 OECD 国家(见图6-1)。从国际经验看,进入这个收入阶段后,整个经济体的需求结构、产业结构、就业结构等都发生了深刻的变化,以工业制造业为主的经济体系逐渐转向以服务业为主的经济体系(Fuchs,1980)。而在这个转变过程中,并不是所有的服务业都同等发展。其中一个重要的特征是就业、社会保障和包括科技、教育、医疗卫生、文化娱乐等与人力资本投资相关的服务业所占比重越来越高。

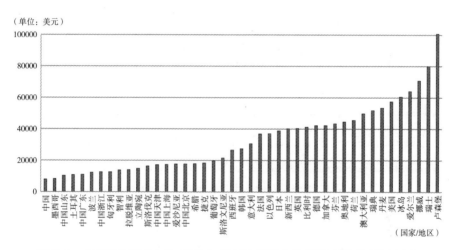

图 6-1　中国部分省市人均 GDP 与 OECD 国家人均 GDP 的比较(2016 年)
注:人均 GDP 为当年价格。
资料来源:World Bank Data;《中国统计年鉴》。

　　从 OECD 国家经济体系变迁的趋势看,这一特征主要体现在四个方面。

　　第一,在居民家庭最终消费中,教育、文化娱乐、健康服务的消费支出占比越来越高。图6-2 给出了美国、加拿大、丹麦、澳大利亚、法国、韩国和芬兰 7 个 OECD 国家从 20 世纪 60 年代至今的家庭最终消费中教育、文化娱乐和健康服务消费支出的比重变动情况。从图中可以很明显地看出,这个比重在持续增加。当然,不同国家所占比重仍然是有差别的,比如美国自 20 世纪 60 年代以来这个比重一直维持在较高的位置,在 2017

年接近 34%。从其他几个国家的情况看,这个比重也一直维持了持续性的上升趋势。从总体情况看,随着经济水平的上升,对这几个方面的居民需求是不断上升的。

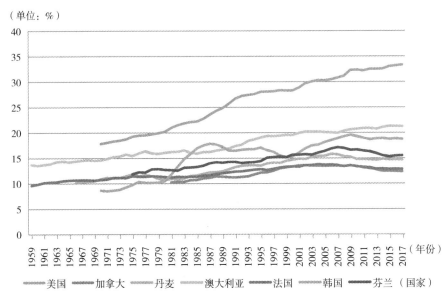

图 6-2　部分 OECD 国家居民家庭最终消费中教育、
文化娱乐和健康服务支出占比变动情况

资料来源:OECD.Stat。

　　第二,在国民经济产出中包括科教文卫在内的社会服务业增加值占比越来越高,并超过制造业占比,成为国民经济中主要的产出来源。在本章选择的 6 个 OECD 国家中(见图 6-3),法国、美国、英国和澳大利亚 4国,科教文卫四个行业的增加值在 20 世纪 80 年代中期到 90 年代初期逐渐超过制造业增加值占比,成为主要的产出来源。日本和德国科教文卫四个行业增加值的占比在很长一段时间内低于制造业占比,但是日本在2008 年之后科教文卫增加值占比超过了制造业占比。德国科教文卫增加值占比虽然没有超过制造业占比,但也处在稳步上升的趋势中。其他的 OECD 国家的数据也表现出了这个特征。

　　第三,在总就业中,科教文卫就业人员占比越来越高,并远超过制造

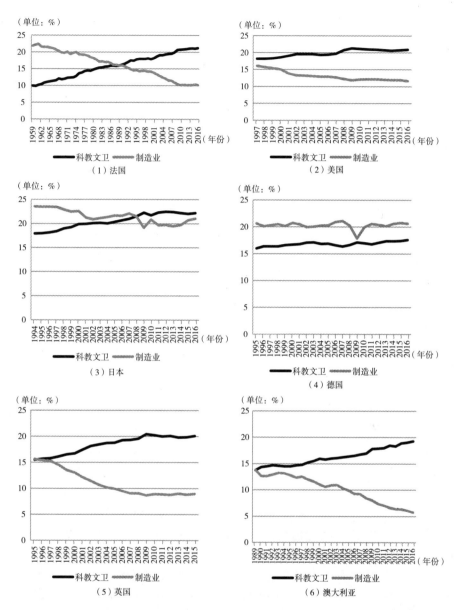

图 6-3　部分 OECD 国家科教文卫与制造业增加值占 GDP 的比重变动情况

资料来源：OECD.Stat。

业就业占比。经济增长跨过中等收入之后，或实现工业化之后，各国的经济结构一般都会出现从工业制造业向服务业的转移。这一点在就业上表现得特别明显。而在就业转向服务业的过程中，并不是均匀地分散在所有的服务业中,其中科教文卫这几个服务业的就业占比上升更为突出。
这一特征也表现在历史长周期内。以美国为例,1870—1980 年的 100 多
年间,首先是农、林、渔业就业的大幅下降,在这一过程中,制造业的就业
占比先上升后下降(转折点出现在 1947 年);而服务业占比则一直处于
上升通道中。在服务业中,从 1947 年开始公共部门的就业占比快速上升
(见图 6-4,图中表现为"政府"就业)。而在公共部门就业中,增加最多
的是公共教育部门的就业。图 6-5 给出了 6 个 OECD 国家近年来科教文
卫就业占比与制造业就业占比的变动情况。澳大利亚、英国和加拿大早
在 20 世纪 80 年代科教文卫就业占比就超过了制造业就业占比;德国和
日本在 20 世纪 90 年代中期超过制造业就业占比;韩国也在 2008 年超过
了制造业就业占比。

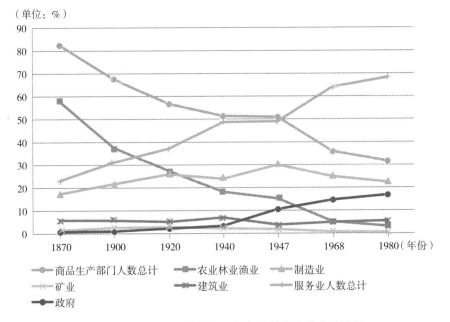

图 6-4　1870—1980 年美国不同行业就业占比变动情况

注:图中"政府"就业包括所有的公共部门的就业,包括政府公务员和政府雇员以及政府公共服务提
　　供部门的就业。这其中增加最多的是公共教育部门的就业。

资料来源:《美国的历史统计:1820—1940 年》,转引自丹尼尔·贝尔:《后工业化社会的来临——对
　　社会预测的一项探索》,高铦、王宏周、魏章玲译,新华出版社 1997 年版,第 141 页。

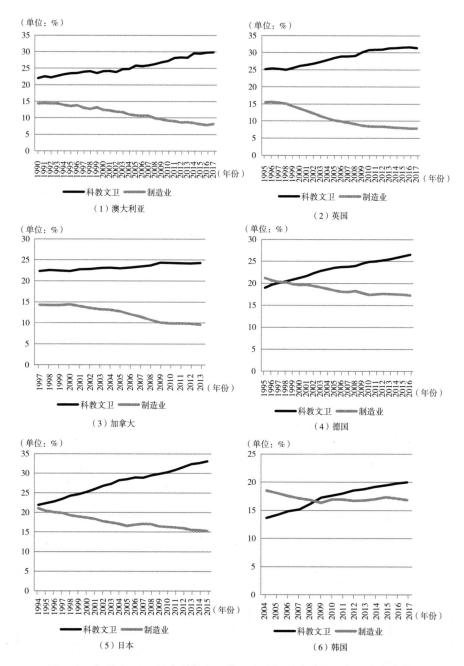

图 6-5　部分 OECD 国家科教文卫就业占比与制造业就业占比的变动情况

资料来源：OECD.Stat.。

第四,包括就业和社会保障在内的公共支出占国内总产出的比重越来越高。经济发展进入中等收入阶段,以及从中等收入阶段迈向高收入阶段的过程中,就业和社会保障在内的公共支出占整个国民总产出的比重有不断上升的趋势。OECD 国家从 20 世纪 80 年代以来的数据也表明了这一点。从整体上看,OECD 国家包括就业和社会保障在内的社会支出占 GDP 的比重从 1980 年的 15.22% 上升到 2013 年的 21.96%(见表6-1)。

表6-1 OECD 国家社会支出占 GDP 的比重　　　　(单位:%)

国家＼年份	1980	1985	1990	1995	2000	2005	2010	2013
澳大利亚	10.27	12.09	13.14	18.84	20.76	18.13	18.25	19.67
奥地利	23.34	24.42	24.35	27.08	26.41	26.77	28.41	28.40
比利时	23.18	25.63	24.45	25.21	23.50	25.27	28.30	29.32
加拿大	13.31	16.42	17.55	18.35	15.76	16.14	17.57	16.89
智利	—	—	10.38	12.20	13.90	11.13	13.23	13.15
捷克	—	—	14.17	16.13	18.21	18.35	20.31	20.64
丹麦	20.33	19.29	21.97	25.51	23.77	25.19	30.97	31.47
爱沙尼亚	—	—	—	13.82	12.97	18.32	15.87	
芬兰	17.74	21.66	23.32	28.90	22.65	23.93	27.42	29.48
法国	20.23	25.25	24.52	28.54	27.77	29.04	30.88	31.73
德国	23.64	23.71	22.90	26.72	26.67	27.24	27.07	26.16
希腊	9.86	15.37	15.72	16.60	18.38	20.42	23.83	—
匈牙利	—	—	—	—	20.11	21.86	23.04	22.11
冰岛	—	—	16.13	18.16	18.72	20.65	22.47	22.77
爱尔兰	15.66	20.37	16.84	17.54	12.57	14.88	22.39	20.23
以色列	—	—	—	17.01	18.13	16.61	16.31	16.28
意大利	18.16	21.01	22.15	22.48	23.75	25.26	28.32	29.26
日本	10.32	11.19	11.27	14.31	16.78	18.60	22.68	23.72
韩国	—	—	2.98	3.46	5.35	6.72	8.92	10.07
拉脱维亚	—	—	—	0	14.84	12.21	18.71	14.38
卢森堡	19.22	18.73	18.15	19.69	18.60	22.64	23.73	24.10
墨西哥	—	1.70	3.17	4.12	4.78	6.28	7.50	—
荷兰	23.69	24.12	24.41	22.97	19.12	21.15	22.70	23.57
新西兰	16.74	17.13	20.54	17.90	18.46	17.81	20.25	19.28

续表

年份 国家	1980	1985	1990	1995	2000	2005	2010	2013
挪　威	16.36	17.54	22.67	23.38	21.64	21.98	23.10	22.96
波　兰	—	—	14.59	21.83	20.22	20.88	20.63	—
葡萄牙	9.74	10.10	12.44	16.34	18.90	22.68	24.76	25.77
斯洛伐克	—	—	—	18.62	17.80	16.00	18.22	18.24
斯洛文尼亚	—	—	—	5.70	22.37	21.44	23.40	23.98
西班牙	14.98	17.14	19.20	20.69	19.48	20.41	25.84	26.28
瑞　典	24.85	26.97	27.24	30.89	27.28	27.75	26.62	27.81
瑞　士	14.51	15.42	15.37	20.51	21.41	23.98	24.04	25.15
土耳其	3.97	3.16	5.53	5.60	7.72	10.27	12.84	13.36
英　国	15.81	18.40	15.54	18.85	18.38	20.18	23.69	22.82
美　国	13.19	13.24	13.68	15.50	14.63	15.99	19.65	19.13
OECD全部	15.22	16.80	17.38	19.37	18.65	19.45	21.84	21.96

注:社会支出包括如下项目的公共支出以及强制性私人支出:老年与遗属、残障相关、健康、家庭、失业、住房、积极的就业政策以及其他社会性支出。包括现金给付和实物给付。

资料来源:OECD.Stat。

二、国际比较视野中的中国公共政策体系

主要发达国家消费结构、产业结构、就业结构以及公共支出结构的变迁为我国现代化经济体系中的公共政策定位提供了参考。党的十九大报告中也对经济发展进入新阶段后的结构变迁进行了深刻的论述,将建设现代化经济体系作为重要的战略目标和跨越"中等收入陷阱"的主要战略手段。结合主要发达国家在从中等收入迈向高收入过程中的经验以及我国经济发展进入新阶段面临的形势,适应现代化经济体系的社会保障和公共服务,一是成为居民家庭消费的主要内容,二是成为经济增长的主要来源之一,三是成为居民就业的主要领域,四是成为公共支出的主要领域。这个定位也符合党的十九大对我国社会主要矛盾的论述。党的十九大报告提出我国社会生产能力在很多方面进入世界前列,"更加突出的问题是发展不平衡不充分","这已经成为人民日益增长的美好生活需要的主要制约因素"。"不平衡、不充分"从目前的情况看更多体现在公共政策领域,社会保障和公共服务的供给不平衡、不充分。下面将从居民家

庭最终消费、增加值占 GDP 比重、就业占比以及社会保障和公共服务的
公共支出这四个方面对中国与 OECD 国家进行比较和对标,对中国公共
政策领域的发展状况进行定位。

(一)从居民家庭最终消费支出结构看,中国居民在教育、文化娱乐和健康服务的消费占家庭最终消费的比重高于 OECD 国家同等收入的平均水平

在 OECD 国家中,这个比例最高的是美国 21.25%,其他国家一般都
在 15%左右。控制各国的人均收入,当人均收入在 8000 美元左右时,这
个比重的平均值在 14%左右。从这个角度看,中国居民在教育、文化娱
乐和健康服务上的消费支出占家庭最终消费的比重是高于 OECD 国家同
等收入的平均水平的(见图 6-6)。

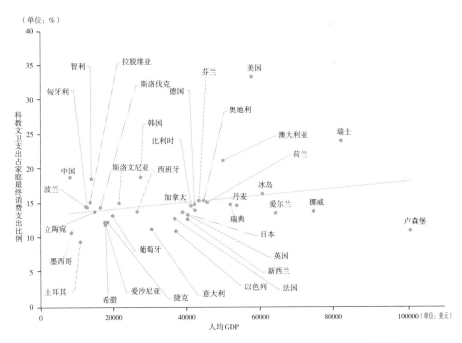

**图 6-6　中国与 OECD 国家居民教育、文化娱乐、健康服务消费支出占
家庭最终消费比重散点图(2016 年)**

注:图中拉脱维亚、挪威为 2015 年数据;瑞士为 2013 年数据。
资料来源:OECD.Stat;《中国统计年鉴 2017》。

（二）从就业结构看，中国在科教文卫行业的就业占城镇就业总量的比重低于 OECD 国家同等收入的平均水平

2016 年中国科教文卫就业人数占全部就业人员的比重为 17.7%；在 OECD 国家中，这个比例最高的是北欧一些国家，比利时、丹麦、芬兰、法国、荷兰、挪威、瑞典等国都在 30% 以上。OECD 国家在人均 GDP 达到 8000 美元时的这一比例的平均值在 20% 左右。从这个角度，中国科教文卫四个行业的就业占比要比 OECD 国家平均水平低，但是差距并不大，而且也有一些 OECD 国家在科教文卫上的就业占比低于平均值，比如韩国、加拿大、意大利、卢森堡、智利等国（见图 6-7）。

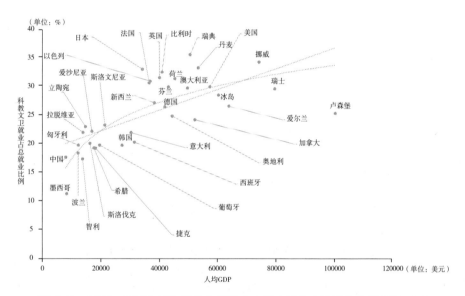

图 6-7　中国与 OECD 国家科教文卫就业人数占总就业比重散点图（2016 年）

注：中国为城镇地区就业人数。加拿大为 2013 年数据，爱沙尼亚、匈牙利、日本、新西兰、挪威、瑞典为 2015 年数据，西班牙为 2011 年数据。

资料来源：OECD.Stat；《中国统计年鉴 2017》。

（三）就业、社会保障、教育和健康服务的公共支出占 GDP 的比重，中国低于 OECD 国家同等收入的平均水平

从就业、社会保障及教育和健康服务的公共支出占 GDP 的比重来

看,2015 年中国为 15.43%。该年度中国的人均 GDP 为 8069 美元,在这
个收入水平下,OECD 国家平均的公共支出占比在 19% 左右。一些欧洲
国家公共支出的占比较高,比如法国、丹麦、奥地利、比利时、芬兰、意大利
等国这个比例都超过了 25%。从这个角度看,中国在公共支出上的投入
还是低于 OECD 的平均水平。当然,这个差距并不是很大,而且有些
OECD 国家的这个比例也远低于同等收入国家的平均水平,比如以色列、
加拿大、澳大利亚、韩国、智利等国(见图 6-8)。

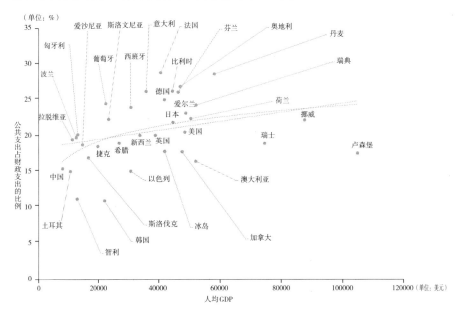

图 6-8　中国与 OECD 国家社会保障与公共服务的
公共支出占 GDP 比重散点图(2015 年)

注:中国为 2015 年数据;OECD 国家为 2010 年数据。包括政府教育和医疗卫生支出、社会医疗保险
　支出、社会养老保险支出、社会失业保险支出以及财政积极的就业政策支出。
资料来源:OECD.Stat;《中国统计年鉴 2017》。

(四)科教文卫行业增加值占 GDP 的比重,中国远低于同等收入 OECD 国家的平均水平

2015 年中国科教文卫行业的增加值占当年 GDP 的比重只有
8.36%。OECD 国家在人均收入 8000 美元时这个比重接近 14%,中国远
低于 OECD 国家的平均水平。而且这个差距相比于在就业占比上的差距

和公共支出占比上的差距显得更大,位于图中所有国家的最下方(见图6-9)。

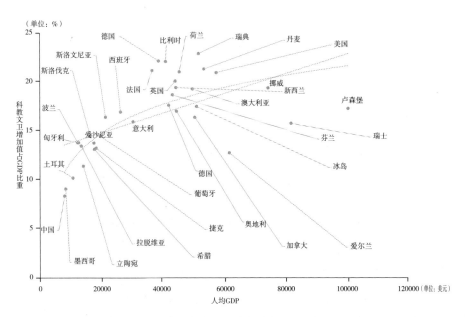

图 6-9　中国与 OECD 国家科教文卫增加值占 GDP 的比重散点图(2016 年)

注:科技与专业服务、教育、卫生与社会工作、文化娱乐业就业人数。中国为城镇地区就业人数。加
　拿大、新西兰为 2014 年数据;智利、冰岛、爱尔兰、立陶宛、挪威、英国、中国为 2015 年数据;其他国
　家为 2016 年数据。
资料来源:OECD.Stat;《中国统计年鉴 2017》。

　　从需求侧的角度看,我国居民在教育、医疗卫生和文化娱乐方面的消费支出占家庭最终消费支出的比重远高于 OECD 国家的平均水平。这表明我国居民在这些方面的需求是相对上升的。但是从供给侧的角度分析,首先,我国社会保障和公共服务的公共政策占比虽然低于 OECD 国家平均水平,但差距并不是很大;其次,我国在科教文卫上的就业人数占城镇就业人数的比重也低于 OECD 国家,但差距也并不明显;最后,我国在科教文卫的产出上则明显低于 OECD 国家的平均水平,而且差距非常明显。

　　上述内容表明,我国社会保障和公共服务在供给侧方面仍然存在较为突出的问题:一是供给总量较低,公共投入和就业人数都处于较低水平;二是供给效率低,产出在整个国内生产总值中占比偏低。这种状况也是党的十九大提出的社会主要矛盾变化的主要背景:在需求侧,随着人均收入的增长,对科教文卫等公共服务的需求快速上升,这些构成了人民群众美好生活的主要内容;而在供给侧,不平衡、不充分的矛盾凸显,供给总量和供给效率低,不能满足人民群众的需求。从这个角度看,建设与现代化经济体系相适应的公共政策体系,关键是供给侧的改革(刘伟,2017)。

第二节 公共政策 40 年的演变及当前存在的问题分析

改革开放 40 年来我国在公共政策领域取得了非常明显的进步,建立了适应社会主义市场经济体制的覆盖全民的社会保障制度,实施了积极的就业政策,在教育、医疗卫生、科技、养老照料等公共服务的供给方面取得了很大的成就。但是,不论是从上节的国际比较中,还是从当前我国社会主要矛盾转变的现实来看,仍然存在不少问题,特别是公共服务的供给总量不足、供给效率低下的问题。而公共服务的供给不足,不仅难以满足居民家庭消费需求的约束条件,而且影响人力资本的持续投资。建设现代化经济体系必须正视这些问题,问题即是差距。

在本节中,我们首先对我国公共政策改革开放 40 年来的演变进行梳理和分析,这是深入探讨当前社会保障和公共服务供给存在的问题的前提。其次,对社会保障和公共服务供给存在的问题进行总结。实际上,党的十九大报告中关于社会主要矛盾转变的论述已经将这些问题总结得非常清楚了,即"不平衡、不充分":不平衡指的是社会保障和公共服务供给的制度差异、地区差异和不同人群的差异,以及由此带来的效率损失;不充分指的是社会保障水平低,公共服务供给的总量不足、供给效率低下。最后,对这些问题背后的原因进行理论分析和制度分析。

一、改革开放 40 年公共政策演变历程

计划经济时期我国的社会保障和公共服务供给的主要特征一是城乡

分割,二是"单位制"。农村居民和城镇居民的社会保障和公共服务供给是分割的。在农村,社会保障项目主要是农村的"五保供养"和合作医疗制度;公共服务项目主要是农村的中小学教育和医疗卫生服务的供给。这些项目的筹资主要来自农村集体经济组织和农村居民个人,国家公共财政仅提供有限的补贴。以农村中小学教育为例,计划经济时期大部分农村地区的初级教育主要是通过各个生产大队和人民公社的"提留款"来保障的。"五保供养"制度也主要是村集体来筹资负担。从这个角度看,农村的社会保障和公共服务供给也是依托在"人民公社"这个"单位"之上的。

城镇地区的社会保障和公共服务依托政府的公共财政支出,但是并不是"社会化"的,而是依托城镇职工的就业单位。在城镇地区的就业人员分为机关事业单位人员、企业就业职工和非就业居民。在社会保障上,机关事业单位与企业职工是分割的,前者是财政直接负担的离退休制度和公费医疗制度;后者是企业职工退休制度和劳保医疗制度。企业的社会保障项目逐渐演变成依托"单位"的企业福利。在中小学教育、基本医疗卫生服务方面,社会化程度低,多数机关事业单位和国营企业都自办附属小学、附属医院等,为本单位职工提供服务(见图6-10)。

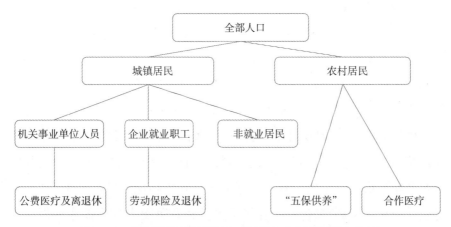

图 6-10　计划经济时期不同人群及其社会保障的制度分割

随着改革开放,这种城乡分割的、依托"单位"或某个机构、组织的社会保障和公共服务供给体系难以维持下去。首先,在农村地区,随着人民公社体制的瓦解,本就缺乏可持续性的依托农村集体经济组织的社会保障制度逐渐瓦解或难以持续下去(朱玲,2000)。随着农村集体经济的弱化,依赖农村集体经济组织的农村公共服务业也面临困难,农村教育和医疗卫生负担逐渐向农村居民个人转移,到20世纪90年代初中期,农民负担的主要来源就是教育和医疗卫生服务(叶兴庆,1997)。其次,随着城镇企业改革的展开,国有企业办社会带来的企业之间负担不均的问题愈发突出,成为国有企业改革的主要障碍之一(宋东涛,1995)。最后,随着改革开放而来的还有农村剩余劳动力向城镇的转移。乡城之间的人口流动也对城乡分割的社会保障和公共服务带来冲击。

在这一背景下,社会保障和公共服务供给体制的改革进入第一个阶段,这个阶段的特征可以概括为"甩包袱":在农村地区是由于集体经济组织的弱化被动甩掉原来依托于集体经济组织的保障项目和公共服务;在城镇地区,则是城镇国有企业和集体企业改革的需要,剥离原来依托于单位的各种社会保障和公共服务。

"甩包袱"的目的是建立全社会统筹的"社会化"的社会保障和公共服务供给体系。但是,建立什么模式的社会保障和公共服务供给体系,还依赖于我国经济体制改革的目标模式是什么(吴敬琏,1999)。党的十四大确定了我国经济体制改革的目标模式是建立社会主义市场经济体制,市场在资源配置中起基础性作用。要建立市场经济体制,就要求有合格的市场主体。国有企业的改革成为当时的主要改革任务,目标是建立现代企业制度。现代企业制度要求剥离依附在企业身上的社会保障和公共服务供给职能,将其社会化。因此,这一阶段社会保障和公共服务供给体制改革的特征就是为国有企业改革提供配套。党的十四大提出社会保障和公共服务供给改革的原则是"强化社会服务功能以减轻企业负担,促进企业组织结构调整,提高企业经济效益和竞争能力";党的十四届三中全会提出大力发展第三产业,"为经济结构调整、企业经营机制转换和政府机构改革创造重要条件";党的十五大继续提出完善社会保障制度为国有企业改革提供配套。

在为国有企业改革提供配套的框架之下,我国的社会保障制度的重构主要是在城镇地区,农村地区社会保障仍然没有进入国家公共支出的视野。在城镇地区,社会保障制度的模式被确定为社会统筹加个人账户制度,以同时激发国家、企业和个人三个方面的积极性。在公共服务的供给方面,为减轻国家财政收入的压力及财政支出负担,并激发公共服务供给方的活力,改革的方向是"扩大自主权"和放开社会力量,社会投入集中在公共服务供给领域。

不管是 20 世纪 80 年代的"甩包袱"还是 90 年代为国有企业改革进行配套,这两个阶段的共同特征是:在社会保障和公共服务供给上,减轻国家财政负担,提高个人责任,并引入市场力量。从效果上看,这一改革方向确实提高了公共服务的供给激励,同时也为国有企业改革轻装上阵提供了条件。但是问题依然存在,一是社会保障的覆盖面狭小,主要覆盖城镇就业职工,农村居民仍未建立起相应的社会保障制度;二是个人在公共服务支出上的负担加重,成为城乡居民新型的贫困,因病致贫返贫、因教育支出致贫的问题越来越多。以医疗支出负担为例,在 20 世纪 90 年代末期,个人医疗卫生支出占医疗卫生总费用的 60%以上(见图 6-11)。

这一状况在进入 21 世纪的第一个十年后发生了改变。社会保障制度建设加快,政府对公共服务支出的覆盖面扩大,支出水平不断提高。2003 年我国决定建立以政府补贴和个人缴费为筹资模式的农村新型合作医疗制度,以解决农村医疗保障空缺的问题。2002 年开始的农村税费改革,确定了政府财政对农村中小学教育的筹资责任,由县级财政负责,改变了农村中小学教育由农村集体经济组织负担的局面。此后,农村的低保制度、医疗救助制度逐步建立,2009 年又建立了政府补贴和个人缴费相结合的新型农村养老保险制度。在城镇地区,除了 20 世纪 90 年代末期建立的城镇企业养老保险、医疗保险、工伤保险、失业保险、生育保险等社会保险外,2007 年和 2011 年又开始建立覆盖城镇非就业居民的城镇居民基本医疗保险制度和城镇居民养老保险制度。至此,我国社会保

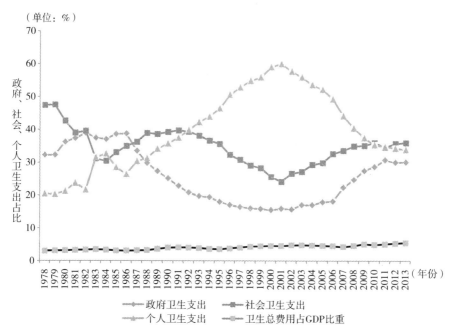

图6-11 1978—2013年中国卫生总费用构成历年变化情况

资料来源:《中国卫生和计划生育统计年鉴2014》。

障实现了全民覆盖。而在公共服务的支出方面,政府对教育、医疗、养老照料等的支出也不断加大,医疗卫生总费用中,个人负担逐渐下降到30%左右。这一阶段公共政策主要特征可以概括为实现发展成果为人民共享的主要载体(见图6-12)。

党的十八大之后的公共政策在之前的基础上,一是社会保障的制度整合,二是大力推进基本公共服务的均等化。截至2012年我国社会保障已经实现了全覆盖,但城乡分割、人群分割的问题依然存在。党的十八大之后,一是实现了城乡居民养老保险的整合,2014年将新型农村养老保险和城镇居民养老保险整合为统一的城乡居民养老保险;二是将新型农村合作医疗与城镇居民医疗保险整合为统一的城乡居民医疗保险。

改革开放40年,我国社会保障和公共服务供给体制几经改革,逐步完善,取得了巨大的成就。但是,随着我国经济发展进入新阶段,社会保障和公共服务供给面临的形势也发生了巨大的变化。居民消费结构的升

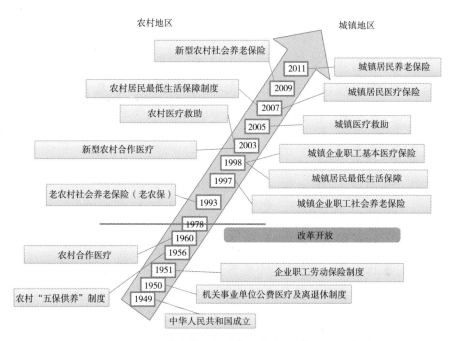

图 6-12　我国城乡社会保障体系的建设（截至 2012 年）

级、产业结构的变迁、就业模式的变化,都对社会保障和公共服务供给提出了新的挑战。党的十九大报告提出我国社会主要矛盾已经转化为人民日益增长的美好生活需要和不平衡不充分的发展之间的矛盾,其中,人民群众日益增长的美好生活需要的一个主要内容就是对完善的社会保障和高品质公共服务的需要,而不平衡不充分的发展也主要指的是社会保障和公共服务供给的不平衡和不充分。

二、公共政策领域存在的主要问题

　　一个供给充分、发展均衡、保障完善的社会保障和公共服务供给体系是现代化经济体系的重要组成部分。这也是国际上主要发达国家经济体系演进的一般规律。一般而言,在人均收入进入中高阶段后,居民对科教文卫等公共服务的消费支出比重不断加大,科教文卫在经济产出中的比重以及吸收的就业都超过工业制造业,公共支出中社会保障和公共服务支出成为主要的公共支出领域。无论是国际比较还是国内相关的数据都显示,我国在社会保障和公共服务的供给上仍然存在较大的短板:居民消费支出占比高,但吸收的就业、公共投入都较低,而且产出效率低下。党的十九大报告对我国社会主要矛盾的论述,提出的"不平衡、不充分的发展",从这个角度而言,主要是社会保障和公共服务供给相对于人民群众的需求的不平衡、不充分问题。

(一)不平衡

我国人均收入已进入上中等收入阶段,一些发达地区已进入高收入阶段。从我国经济发展的现状看,当前的"不平衡"的发展主要不是一般的工业制造业产品的不平衡。我国已成为全球的制造业大国,制造业生产能力在一些领域产生了过剩。而且一般的制造业产品能够通过产品的快速流动实现均衡。当前的"不平衡"主要是社会保障和公共服务供给的不平衡。社会保障和公共服务供给难以通过"服务"的快速流动实现均衡,主要依靠"人"的流动来实现。公共服务供给中的核心资产不是"物",而是"人",更确切地说是人力资本积累程度高的"人才"。因此,要实现供给的平衡一方面是需要人才的流动能够适应居民需求的分布;另一方面,如果供给方的人才流动不顺畅,另一个实现均衡的途径是居民根据社会保障和公共服务供给状况进行的流动。因此,社会保障和公共服务供给实现均衡的主要途径就是人的流动:供给方"人"的流动,或者需求方居民的流动。这是社会保障与公共服务供给与一般制造业产品不同的地方。

但是,从目前的状况看,无论是供给方"人才"的流动还是需求方居民的流动都存在一些障碍,这就导致了我国社会保障和公共服务供给方面的不平衡:既包括城乡之间的不平衡,也包括地区之间的不平衡,以及不同就业人群之间的不平衡。城乡之间的不平衡由来已久,虽然近几年来通过城乡居民社会保险的整合,这种不平衡在逐渐下降,但农村社会保障的水平依然远低于城镇。

2012 年我国城市居民最低生活保障的人均补助水平为每月 239.1 元,农村只有 104 元;主要覆盖农村居民的城乡居民养老保险人均年养老金水平只有 879.5 元,城镇企业职工的人均年养老金则超过了 2 万元。在城乡教育和医疗服务供给上,农村也远低于城镇(见表 6-2)。这也是大量农村居民涌入城市居住的一个主要原因,即获得较好的社会保障和公共服务供给。除了城乡差距,另一个差距就是地区之间的差距。我国的公共服务供给的资源是按照行政等级制配置的,行政层级越高,该地区的社会保障和公共服务供给资源越充分。以医疗资源为例,主要集中在几个大城市和省会城市,其次是地区级城市,再次是县城,资源状况最差的是乡镇和村。北京、上海、广州、深圳的公共服务供给不仅资源充足,而且质量也高,这是导致这些大城市人口涌入的一个主要原因。在城乡差距和地区差距之外,还有不同就业人群之间的差距。这主要是机关事业单位就业人员和企业职工之间的差距。在养老金方面,机关事业单位的养老金要高于企业职工;企业职工又高于非正规就业者(见表 6-3)。

表 6-2　中国社会保障水平的城乡及制度差距(2012 年)

			数额	单位
居民最低生活保障	人均低保标准	城市	330.1	元/月、人
		农村	172.3	元/月、人
	人均补助水平	城市	239.1	元/月、人
		农村	104.0	元/月、人
城镇企业职工基本养老保险	人均养老金		20900.4	元/年
城乡居民养老保险	人均养老金		879.5	元/年
城镇企业职工基本医疗保险	人均筹资额		2288.8	元/年
城镇居民基本医疗保险	人均筹资额		322.9	元/年
新型农村合作医疗	人均筹资额		308.5	元/年

注:2012 年 8 月城镇居民养老保险与新型农村养老保险合并统计;数据来源于 2012 年《人力资源和社会保障事业发展统计公报》。养老保险的平均养老金等于该年度基金支出额除以离退休人数;医疗保险及合作医疗人均筹资额等于该年度基金收入额除以该年年底参保人数。
资料来源:《中国民政统计年鉴》《中国劳动统计年鉴》。

表 6-3　中国城镇不同就业状况下退休后的养老金差距（2010 年）

退休前就业状况	观测值数（人）	退休金/社保给付养老金		每月总收入	
		均值（元/月）	基尼系数（%）	均值（元/月）	基尼系数（%）
A 非正规就业	2325	260.62	61.65	376.54	65.45
B 机关事业单位	2007	2508.19	29.04	2632.37	30.40
C 企业职工	5605	1528.15	20.83	1600.51	22.42
D 机关加企业	123	2847.91	26.14	2903.97	26.07
B+C+D	7735	1803.43	27.03	1888.97	28.35
全部	10060	1446.86	39.72	1539.43	40.54

资料来源：中国社会科学院经济研究所社会保障课题组：《多轨制社会养老保障体系的转型路径》，《经济研究》2013 年第 12 期。

从建设现代化经济体系的角度看，相比于一般工业制造业产品供给的不平衡而言，社会保障和公共服务供给的不平衡带来的潜在的不利影响更为深远。社会保障和公共服务供给作为人力资本投资的主要途径，其不平衡带来的是人力资本投资的不平衡，是持续性的收入差距扩大，同时也是应对社会风险冲击能力的不平衡。这种不平衡最终演变成发展的不平衡。

（二）不充分

社会保障和公共服务供给的不充分主要体现在两个方面：一是供给量的不充分，二是供给的质量和品质低，不能满足居民对高品质公共服务和完善的社会保障的需求。供给不充分的问题在国际比较部分已经提及，相比于 OECD 国家，我国在相似的发展阶段（人均收入水平），无论是就业人数占比、公共投入还是产出占比方面都较低，但是居民消费支出中的占比却较高。这种总量供给不足仍然可以从我国改革开放 40 年公共服务供给的资源投入上看出来。

表 6-4 给出了我国医疗卫生资源投入和居民收入从 1978 年到 2014 年的变动情况的比较。相比于人均收入的提高，医疗卫生资源的投入情况增长极其缓慢。人均 GDP 从 1978 年到 2014 年增长了 123 倍，城乡居

民人均可支配收入增长了84倍,但是卫生人员数、卫生技术人员数、医师
(助理)数、卫生机构数和医院床位数都只增长了几倍而已。这种供需之
间不匹配带来的就是卫生费用的快速增长。卫生总费用从1978年到
2014年增长了320倍,人均卫生费用也增长了225倍,比居民收入的增长
更为迅速。

表6-4　人均收入与医疗卫生资源投入的变动情况比较(1978—2014年)

1978 =1	人均GDP	城乡居民人均可支配收入	农村居民人均纯收入	卫生人员数	卫生技术人员数	医师(助理)数	卫生总费用	人均卫生费用	卫生机构床位数	医院床位数
2014	122.61	83.99	78.51	1.30	3.08	2.96	320.41	225.47	3.23	4.51

注:1978=1;2014年为1978年数量的倍数。
资料来源:《中国统计年鉴》(2015);《中国卫生和计划生育统计年鉴》(2015)。

　　除了供给总量上的滞后,我国公共服务供给还面临着供给质量和品
质低下的问题。这一点在教育和医疗卫生上的表现尤为突出。教育质量
的不均衡和总体质量低下一是带来了愈演愈烈的择校风,二是大量教育
需求的外溢。在医疗卫生方面也出现了这样的问题。为了追求质量更好
的医疗服务,越来越多的就医患者涌入大城市的大医院。偏远地区、农村
地区和社区医疗卫生服务的就诊人次占比不断下降。

　　在社会保障方面,虽然我们实现了全覆盖,但突出的问题是保障水平
不高,公平性和流动性差,社会保障的服务不到位。从保障水平看,我国
社会保障的水平低于同等收入OECD国家的平均水平。另一个突出的问
题是我国的社会保障关系的可携带性差,不能适应大规模人口流动的现
实。我国社会保障实行的属地化管理,统筹层次以地市级甚至县区级为
主,财政补贴主要依赖地方财政。在地区分割的情况下,社会保障关系的
转移接续极其困难。

三、原因分析

　　投入不足、效率低下、区域分割和制度分割是我国社会保障和公共服

务供给存在的主要问题。问题背后反映的则是供给效率的低下;而效率低下背后则是社会保障和公共服务供给领域中的激励不足或激励扭曲。激励不足或激励扭曲则反映了我国社会保障和公共服务供给体制的底层治理模式的困境。治理模式的困境:一是来源于社会保障和公共服务自身的一些经济学性质,这些性质使得传统的以工业制造业产品为模式的福特制工厂式的治理模式不能适应社会保障和公共服务的供给;二是来源于政府的不当管制,特别是行政化的治理模式。

(一)社会保障和公共服务的几个经济学性质

1.需求密度

产品或服务能够提供出来需要一定的需求密度。对于一般的工业制造业产品而言,由于产品的流动性强,需求可以在一个较大范围内得以聚集;但是对于服务,特别是公共服务而言,就需要在一定范围内有一定的需求密度才能提供出来。对于社会互济型的社会保险而言,需求密度体现为一定范围的风险和筹资的统筹,以提高应对风险冲击的能力。在这一条件下,公共服务的供给,特别是高质量公共服务的供给更容易在大城市人口密集的地区提供出来。因此,高等教育、高等级医疗机构等主要集中在大都市区。这也是在公共服务供给体系中"等级化"配置资源的一个主要原因。

2.公共服务供给的"成本病"

服务供给的"成本病"指的是在诸如医疗卫生、养老照护、教育等行业中,由于难以实现技术对劳动的替代,因此单位劳动生产率增长低于社会平均的生产率增长,人工成本的增长快于社会平均工资的增长,从而导致成本的膨胀(Baumol 和 Bowen,1965;Baumol,1967)。从现象上来看,就是这些服务的相对价格增长快于其他商品的价格增长。图6-13给出了1997—2017年美国一些主要商品和服务相对价格的变动情况,其中大学学费和教育、幼儿照料、医疗卫生等服务的价格增长速度最高。而在这些服务中,主要是包括科教文卫在内的公共服务。公共服务的供给一般都有公共支出的支持。因此,成本膨胀带来价格上涨,即使供给数量没有增加,也会对公共财政支出带来沉重的支付压力。

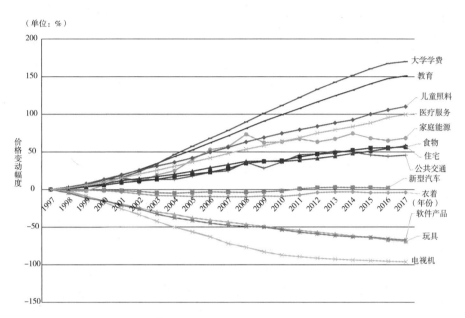

图6-13　美国消费品和服务价格变动(1997—2017年)

资料来源:https://ourworldindata.org/grapher/price‐changes‐in‐consumer‐goods‐and‐services‐in‐the‐usa‐1997‐2017。

3.关系型和体验型服务

包括科教文卫在内的公共服务一般都是关系型和体验型服务,比如教育、医疗卫生和长期照护等,对供给的数量和质量的评价呈现个体化和非标准化的特征,难以测度,使用市场价格体系的成本高昂。从历史上看,现代工业社会公共服务的供给主要是由包括政府在内的公共部门提供的,即使是由私人部门提供,也具有典型的公共供给特征,比如财政的大量补贴或政府从私人部门购买等。

(二)制度性和政策性的原因

我国社会保障和公共服务供给不平衡、不充分的第二个原因是制度性的和政策性的障碍。

首先是供给中的城乡分割、地区分割。这种"碎片化"的筹资、管理和供给体制一是来源于计划经济的遗留;二是与我国的财税体制密切相关。我国现在实行的是中央与地方的分税制,社会保障和公共服务供给的筹资责任主要在地方。随着居民收入提高,社会保障和公共服务的需求快速增长,由此带来的筹资负担主要由地方政府承担。特别是《社会保险法》将社会保险基金的兜底责任放到了地方财政上。在这样的情况下,地方政府并无激励取消这种"分割"的机制。

其次,行政化管制与事业单位编制。我国的社会保障和公共服务供给主要是依靠事业单位提供的。事业单位在国外一般对应"公共部门"（public sector）,但是我国的事业单位仍然带有浓厚的计划经济管理色彩,行政化色彩浓厚,与行政机关"政事不分、管办不分"的问题十分突出。这导致社会保障和公共服务的提供缺少竞争,形成了行政化垄断的局面。行政化垄断一是准入限制和数量管控,严格限制非本行政部门管理的供给主体的进入。这是我国公共服务供给长期供不应求的主要原因之一。二是为本部门管理的提供公共服务的事业单位提供各种隐性补贴,以维持其垄断优势。除此之外,行政性垄断还体现在对各类人才的垄断上。公共服务供给的主体不是物质性资产,而是"人才"。事业单位在行政性垄断保护下,同时也吸纳了大量的人才。但是,在行政性垄断的管控下,缺少人才的流动渠道,人力资源的配置不能适应需求变化。这也是我国公共服务供给效率低下的主要原因。

（三）底层治理结构的冲突

社会保障和公共服务的供给从工业化时代以来主要是由公共部门提供的。从理论上而言,不论是需求密度不足导致的供给不足,还是"成本病"带来的相对价格过快增长,都会导致社会保障和公共服务供给不能满足全社会的需要。包括使用市场机制的成本过高等原因,都会成为公共部门提供的理由。但是,由公共部门提供公共服务和管理社会保障会涉及公共部门的治理模式问题。在这个过程中,必然涉及公共资源和公共权力,从而产生潜在的利用公共资源和公共权力"谋取私利"的问题。

这个问题就是上文所说的行政垄断与行政管制问题。为了让公共部门承担起公共服务的供给责任,政府需要赋予公共部门相应的公共资源和公共权力,比如财政补贴、准入管制等。这就给公共部门带来了行政性的垄断地位,而垄断则会带来"垄断租金"。在实际的治理过程中,为防止提供主体利用这种行政性垄断地位和公共资源"谋取私利",需要对其进行管制,比如价格管制、工作人员的收入和报酬管制。这种管制很容易形成行政化的治理模式,将提供公共服务的事业单位作为行政单位进行管理。

行政化的治理模式的一个特征就是对供给主体的激励方向不是直接面向需求的,而是面向上级行政主管单位。上级主管单位对供给主体(在我国主要是事业单位)的管理仍然面临公共服务的基本特征,即公共服务供给的数量和质量难以测度。因此,在现实管理过程中,上级主管部门要么根据能够测度的服务进行考核,忽视不能测度的服务;要么根据资历、学历、职称、年龄等进行考核和分配。前者带来的问题是供给主体把精力和时间主要放在能够考核的服务上,忽视或不重视不能测度的服务;后者导致事业单位形成"熬资历""干多干少一个样"的"大锅饭"体制。这是我国公共服务供给效率低下的一个主要原因。

为了增加事业单位公共服务供给的激励,一个改革方向是市场化改革,引入社会力量,增加竞争。但是,市场化方向的改革又会带来另一个问题,即完全模拟制造业产品的市场化无法克服公共服务的几个经济学特征带来的问题。首先,在偏远地区等需求密度不足的地方,公共服务供给不足;其次,放开价格管制或不放开价格管制,但将服务量与工作人员的收入挂钩,因为仍然面临难以测度供给数量和质量的问题,因此也难以管控供给主体利用公共资源"谋取私利";最后,完全放开各种管制后,政府又难以有效控制成本的快速膨胀。

这一治理结构上的"悖论"导致我国公共服务的供给上面临"一收就死""一放就乱"的窘境。从医疗服务供给改革40年的历程看,20世纪80年代和90年代为了增加对公立医疗机构提供服务的激励,大幅度放开了医院的经营自主权,这导致了医疗卫生费用的快速上升,居民医疗负担不断加重;2009年新一轮医改以来,对基层社区医疗卫生服务机构的

"收支两条线"改革又使得基层社区医疗卫生机构失去了提供基本医疗服务的激励(王震,2018)。

第三节 现代化经济体系公共政策的前瞻与改革

现代公共政策是现代化经济体系不可或缺的部分。从主要发达国家经济体系变迁的经验性规律看,社会保障和公共服务已经成为工业化完成之后的经济体系的主要支柱,是就业和经济产出的主要来源,也是公共支出的主要领域。从我国当前社会保障和公共服务供给的情况来看,已经完成了社会保障的全覆盖,公共服务的供给也随着经济发展不断增长。但是相比于居民需求的增长来看,仍然面临"不平衡、不充分"的问题。"不平衡、不充分"既有社会保障和公共服务自身的经济学性质的原因,也有制度性、政策性的障碍,以及底层治理结构存在的问题。在本节中,我们首先梳理主要发达国家公共政策的演变过程和特征,总结经验和教训;其次,提出适应我国现代化经济体系的现代公共政策改革和完善的相关建议:一是社会保障制度的重构;二是充分利用现代信息技术和移动技术,提高社会保障和公共服务的供给效率;三是实现社会保障和公共服务供给治理模式的变革。

一、现代公共政策演变的国际经验

现代社会保障的建立以及教育、医疗卫生、养老照料等成为公共服务是工业化时代以来发生的事情。19世纪中期开始,欧洲的主要工业化国家开始出现社会保障,以替代传统的基于家庭的保障。公共教育也在这个时期开始发展起来,政府开始干预教育提供,建立公共机构负责提供,并开始建立义务教育制度。这个过程的发展在第一次世界大战后到第二次世界大战期间开始加速,世界主要工业化国家真正建立起了现代社会保障制度和现代公共服务供给体系。20世纪20年代末期的世界经济大危机以及凯恩斯主义的出现,各国政府都在探索适应发达的工业化社会的保障方式。美国在1935年通过社会保障法案,建立了社会保障制度;

英国在 20 世纪 40 年代中期的贝弗里奇报告,提出了国民保险制度和福利国家的雏形。

但是,现代社会保障和公共服务供给体系的体制化主要是在第二次世界大战之后随着欧洲福利国家的建立而形成的。第二次世界大战结束至今,主要发达国家的社会保障和公共服务供给体系的公共政策经历了三个主要的发展阶段(赫尔穆特·沃尔曼,2018)。

第二次世界大战结束到 20 世纪 70 年代中后期,公共政策的主要取向是政府干预的广度和深度不断扩大,社会保障和公共服务的福利化特征明显。在欧洲国家,第二次世界大战之后的一个明显的特征是福利国家的建设,建成了"从摇篮到坟墓"的福利国家。各个国家不仅加大了公共财政对社会保障和公共服务的投入,在治理模式上还趋向于加大政府直接提供的力度,一些原本社会和民间的供给主体被国有化。社会保障和公共服务的供给主体逐渐演变为公共部门,且公共部门的垄断地位得到政府行政权力的背书。比如,在英国和北欧国家建立了政府财政筹资的国民健康体系(NHS),将医院公有化。在欧洲大陆国家,法国和德国,教师、医生等服务人员被纳入公务人员行列。在美国这样的传统的市场化和商业化色彩浓厚的国家,在 20 世纪 60 年代也掀起了"伟大国家"运动,扩大了政府社会保障范围,建立了政府办的两个医疗保险体系:穷人的医疗救助体系(Medicaid)和老年人医疗保险体系(Medicare)。

20 世纪 70 年代后期开始,主要发达国家的公共政策发生了转向,减少政府干预、推动市场化和私有化,引入市场竞争成为一个趋势。出现这个趋势的背景,一是福利国家给各国的财政带来了沉重的压力。在 70 年代中期又遇到了石油危机带来的经济危机,各国经济增长和财政收入放缓,财政难以负担。二是由公共部门直接提供的体制和过度的行政化管制导致公共服务供给效率低下。这一趋势在理论上表现为新自由主义和新公共管理理论。公共政策市场化的转向,一是减少政府财政支出,政府财政支出的方向从普惠制上后退,主要关注重点人群,同时减少对社会保障和公共服务的财政支出,要求个人承担起必要的责任。这在养老金改革方面,就是个人账户养老金,包括名义个人账户制度的设立,强调个人的筹资责任。二是政府直接提供转向购买服务或服务外包,包括将一部分公共部门私有化。购买服务或服务外包是新公共管理理论的核心理论之一,即实现公共服务的提供和生产的分离,并在这个过程中引入多主体供给,通过市场竞争提高效率。"教育券"的实践就是典型的方式之一。三是在公共部门中引入竞争机制,通过竞争提高公共部门的供给效率。例如在英国教育和医疗部门的"准市场"化改革。

公共政策市场化转向一直持续到 2008 年的全球金融危机。全球金融危机使各国对过去三十多年公共政策的市场化转向进行了反思。但是,全球金融危机后的公共政策并没有简单地反对市场化,或重新回到行政化的轨道,而是呈现出多样化的特征。在这其中一个新的趋势值得关注,那就是重新强调了政府与市场之外的社会组织的作用,社会提供者再次出现(赫尔穆特·沃尔曼,2018)。例如,欧盟在 2011 年提出的社会政策的核心是鼓励社区、慈善组织和家庭重新承担起责任,建议各国鼓励和发展"以社会目标和企业行为相结合"的混合理念为基础的"社会企业"。

总结第二次世界大战之后主要发达国家公共政策的演变过程,有以下经验和教训值得中国在建设现代化经济体系的公共政策中加以关注。

第一,不同国家现代公共政策体系的模式和特征并不相同,政府干预的程度、方式、广度和深度并不相同,而且随着具体情况的变化,特别是随着经济发展阶段和经济增长状况的变化而动态调整。丹麦学者哥斯塔·埃思平-安德森在《福利资本主义的三个世界》中对不同模式的公共政策体系进行了总结和分析(哥斯塔·埃思平-安德森,2010),同为福利国家,既有民主主义的,也有自由主义的,还有保守主义的;既有国家保险的模式,也有社会保险的模式,还有主要依靠商业保险的模式。对中国而言,现代化经济体系的公共政策需要学习发达国家的经验,但没有必要设定一个学习的"榜样"或"模式",要考虑历史演变的事实和中国的实际情况设计公共政策的整体框架。

第二,避免过度福利化。第二次世界大战之后的福利国家运动的一个后果是将社会保障和公共服务过度福利化。过度福利化看似保障程度高，将社会保障和公共服务作为"福利"提供给居民；但其内在的逻辑是将社会保障和公共服务作为"纯消耗"的行业，忽视了其产业属性，忽视了其自身实现可持续性发展的性质。这仍然是传统工业化的思维，将社会保障和公共服务视为"非生产部门"。

第三，公共政策的设计框架要跳出"政府—市场"的二分法思维，转向"政府—社会—市场"的三分法。第二次世界大战之后，主要发达国家社会保障和公共服务供给的公共政策在政府与市场之间来回反复。但是社会保障和公共服务与一般的工业制造业产品不同，有其自身的经济学性质，政府干预和管制过度与过度的市场化同样是不可取的。在过去十多年国际上的一个趋势是重新重视政府和市场之间的社会组织的作用，充分利用社会组织非政府、非营利性的特征，提高社会保障和公共服务的供给效率。从其自身的经济学性质来看，社会保障和公共服务不需要大规模的投资，在社会保障和公共服务的供给中物质资本并不是关键，"人力资本"才是关键。而从经济学理论上分析，这种行业人力资本具有明显的信息优势，更适合非营利性的治理模式。

二、社会保障制度的重构

现代化经济体系是我国转变发展方式、优化经济结构和转换增长动力的必由之路，也是我国发展的战略目标。我国目前的社会保障制度，是在改革开放过程中逐步建立和完善的。但是从建设现代化经济体系的目标看，从当前我国产业结构变迁以及由此带来的就业模式变化看，以及从进入经济发展新阶段后人口大规模流动常态化的现实看，我国现行的以城镇企业职工社会保险和居民保险为"双主体"的社会保障制度需要重构。我国现行的社会保障制度的主体是社会保险制度，社会保险制度经过十几年的完善已经形成了职工保险和居民保险两个主要的体系。从基金方面看，职工保险是主体；但从覆盖人数看，居民保险是主体。职工与居民保险并存的状况，从目前的发展趋势看，不具可持续性。

首先，我国职工保险是建立在"单位—职工"有明确的雇佣关系基础上的,是作为雇主的单位和作为雇员的职工之间的互助互济制度。但是随着我国经济的发展,特别是新技术、新产业的出现,我国产业组织形式和就业模式发生了巨大的变化,福特制的有明确的"雇主—雇员"关系的企业及其雇佣的职工占比在下降,而灵活就业、个体就业、没有雇主或雇主不明确的就业比重在上升。图 6-14 显示 2016 年中国城镇就业人员中,个体就业人员占总就业人员的比重达 1/4 以上。除了产业组织形式发生了变化外,我国以农民工为主体的流动人口也是灵活就业的主体。他们流动性强,不仅就业转换频繁,而且跨区域流动性强。他们也是灵活就业的主要群体。

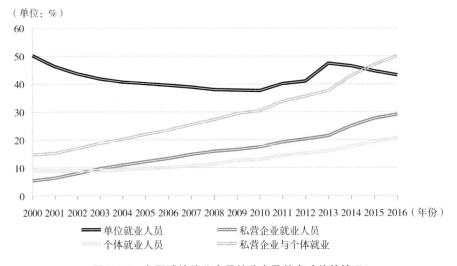

（单位：%）

图 6-14　中国城镇就业人员的分布及其变动趋势情况

注:城镇就业人员 = 单位就业人员 + 私营企业就业人员 + 个体就业人员 + 其他就业人员;其中,单位就业人员 = 国有单位 + 集体单位 + 其他单位;其他单位 = 股份合作 + 联营单位 + 有限责任公司 + 港澳台投资企业 + 外商投资企业。

资料来源:《中国统计年鉴》(2001—2017 年)。

其次,我国职工社会保险的属地化管理的特征和区域分割的特征,使得流动性强的群体参保意愿差。目前我国农民工的数量在 2.7 亿左右,其中 1.6 亿外出就业农民工中只有 5 千万左右参加了城镇企业职工社会保险,还有超过 2/3 的农民工未参保,其中一个重要原因就是属地化管理的政策带来的社会保险关系可携带性差。

最后,随着居民社会保险的完善和待遇水平的提高,大量原本参加职工社会保险的就业人员转而参加了居民保险。

上述这几个原因使得近年来职工社会保险的实际覆盖率出现了下降趋势。根据人力资源社会保障部的数据,我国每年从城镇企业职工基本社会保险中脱保、断保的人数在 4 千万左右,除去 1 千万退休人员,还有 3 千万左右不正常的脱保、断保人员。图 6-15 给出了我国城镇企业职工基本医疗保险全口径的实际覆盖率的变动情况。自 2010 年以来,实际覆盖率从 93% 逐年下降,到 2016 年的实际覆盖率只有 72.5%。

（单位：%）

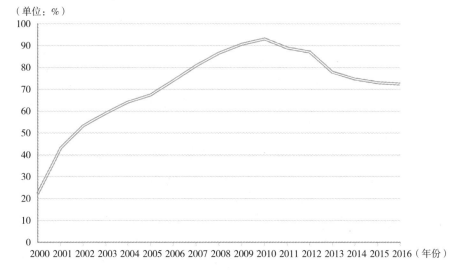

图 6-15 城镇企业职工基本医疗保险的实际覆盖率

注:图中数据为在职职工的全口径覆盖率。分子为在职职工的参保人数;分母为在单位就业和私营企业就业的职工人数,根据《社会保险法》的规定,有雇佣关系的职工都应该参加城镇企业职工基本医疗保险。

资料来源:《中国统计年鉴》(2001—2017 年)。

要解决这个问题,同时还要适应现代化经济体系的社会保险制度,一个建议是建立以居民资格为基础的全民社会保险制度。这一全民社会保险制度一是为全体居民(不论其就业状态如何)提供基本保障;二是建立全国统一的社会保险公共服务平台,全体居民的保险关系都可在这个平台上实现无障碍流动,从而适应人口大规模流动常态化的现实;三是为不同群体的不同的保障需求提供平台,不同群体的差异性的保障需求可以通过在这个平台上建立各种补充保障制度实现。

三、充分利用"互联网+"提升公共服务供给效率

公共服务供给效率问题是一个各国都面临的问题,这与公共服务自身的经济学性质有关。对于如何提升公共服务的供给效率,以"互联网+"为代表现代信息技术、移动技术的发展提供了一个可供选择的途径。新技术的应用对于克服需求密度过低带来的偏远地区公共服务供给不足、克服公共服务的"成本病"等具有重要的现实意义。这一点对中国而言更具意义,是利用新技术革命契机,实现"弯道超车"的重大战略机遇。

"互联网+"可以实现服务的远程输送,从而破解公共服务供给的需求密度不足的问题。在传统的公共服务供给中,特别是高质量服务的供给,是需要一定的需求密度的。在需求密度低的偏远地区,例如中西部农村地区,公共服务的供给一直是不足的。特别是高质量的公共服务,例如教育、医疗服务等,在中西部农村地区几无供给的可能。当地居民要获得这些服务就需要通过自己的努力"流动"到大城市去。

但是"互联网+"使得服务的远程输送成为可能,将"人"的流动获得服务转变为"服务"的流动适应人口的居住格局。在这一点上,一是教育领域的"慕课革命",实现了教育服务的远程输送,极大地提高了高质量教育服务的覆盖范围和供给效率。二是当前正在大力推动的"互联网+医疗",将北京、上海等大城市的优质医疗服务远程输送到偏远地区。在社会保险的经办服务方面,信息技术的发展也提高了保险经办的效率。我国目前正在实施的异地就医联网直接结算,将手工报销转变为网上直接结算,极大提高了经办效率,同时也提高了监管能力。

效率的提升又可以解决困扰公共服务供给的"成本病"问题(Baumol,2012)。"成本膨胀"是公共服务供给体系必须面对的问题。对公共服务的政府干预、财政补贴,乃至行政化管制,从根源上说与"成本病"的性质是密切相关的。过去几十年来,无论是福利化还是市场化,其

逻辑根源都可以追溯到如何解决公共服务成本膨胀的问题。之所以要将公共服务福利化,其重要的原因是在完全市场化的情况下,低收入群体的公共服务供给不足;而转向市场化是因为公共服务供给给财政带来的巨大压力。以"互联网+"为代表的现代信息技术和移动技术为解决公共服务供给的"成本病"提供了新的可行的途径。

对于中国而言,充分利用"互联网+"的技术优势实现在公共服务供给效率上对发达国家的超越则是有可能的。这也是我们建设现代化经济体系的可行之路。主要发达国家由于之前的公共服务体系和基础设施都比较完善,一旦大规模引入"互联网+",将对原有的体系带来冲击,沉没成本较高。而我国在这方面则可以轻装上阵。

不仅如此,"互联网+"技术的大规模引入还可以为体制改革提供新的途径。无论是社会保障还是公共服务供给体制,面临的诸多问题都需要进行深刻的体制改革。但由于涉及各种既得利益,体制改革有时难以深入。"互联网+"带来的技术创新以及由此带来的产业组织和模式的创新,则可以绕开既得利益的障碍。比如现在正在推动的医疗保险跨省异地就医直接结算,不仅可以实现医保费用的直接结算,而且由此可以实现医疗服务的信息化、标准化和规范化,打破区域性医疗服务供给垄断,提高医疗服务的供给效率。

四、构建社会化治理模式

"治理"指的是一个领域内利益相关者之间处理和协调相互关系的方法和方式的总和。奥斯特罗姆(Ostrom,1990)将治理结构或治理的模式分为三种:一是基于集权化的行政治理模式;二是基于私人交易关系的市场化治理模式;三是基于组织自治的社会化治理模式。行政化的治理模式强调等级制和下级对上级的服从,市场化的治理模式强调竞争和选择;社会化的治理模式则介于行政化与市场化之间,利益相关者之间的黏性大于市场化模式,同时又具有一定的竞争和选择。

我国计划经济时期的国有企业和提供公共服务的事业单位,以及社会保障都具有典型的行政化色彩,按照行政机关的治理方式来进行治理。

改革开放之后国有企业通过建立现代企业制度转向市场化治理模式。但是在社会保障和公共服务供给领域却仍然采用以事业单位为主的行政化的治理模式。在这种治理模式下,改革开放以来公共服务的供给呈现出"一放就乱""一收就死"的治理悖论。因此,要提高供给效率需要对社会保障和公共服务供给的底层治理结构进行重构,改革行政化的治理结构。党的十八届三中全会对此专门提出了事业单位"去行政化"的改革方向。

但是,去行政化是否意味着走向完全市场化或商业化的治理结构?无论是从国际经验,还是从我国过去的改革历程以及我国的国情来看,市场化的或商业化的方向并不适合。从国际经验看,自 2008 年全球金融危机后,向市场化的转向发生了变化,重视社会化供给、重视社会组织和社区的供给成为各国社会保障和公共服务供给的趋势。从我国的情况看,完全的市场化也不具有可行性。从这个角度,建议走向社会化的治理结构。

适应我国现代化经济体系的现代社会保障和公共服务供给的社会化的治理模式,一是事业单位等公立机构可以仍然是公立的,政府依然要担负起筹资和管理责任,但作为供给主体的工作人员要实现社会化。也就是说,机构可以是公立的,但其中工作的"人"不能是公立的,要把"人"从事业单位编制的束缚中释放出来,充分激发他们的积极性。当然,政府对公立结构的筹资和管理也可以适用多种模式,可以是直接管理,也可以是委托管理以及公私合作等。

二是把"人"释放出来的前提是要为人才的流动提供社会化的保障和社会化的平台,原来依托事业单位的各种隐性的福利要逐步显性化、社会化,脱离对单位的依赖。比如机关事业单位的社会保障制度要逐步与企业职工社会保障并轨。在这方面我们已经迈出了第一步,机关事业单位养老保险制度的建立为事业单位人员的流动提供了保障。

三是把"人"释放出来后,还要把社会保障和公共服务供给的空间释放出来。对社会保障和公共服务的传统的工业化思维使这些领域是"纯消耗"的服务,要将其控制在一个"必要"的限度内。但是现代化经济体系的建设必然要求社会保障的完善,各类公共服务也必然成为经济产出的主要来源。在这种思维的指导下,对社会保障和公共服务供给是严格管控的,准入要经过严格的数量管制的审批。要将对公共服务供给的行政管理从数量管控逐步转向资质的监管,把空间释放出来。

行文至此,需要对现代化经济体系的社会保障和公共服务供给的公共政策做一总结。

首先,需要指出的是社会保障和公共服务不是外在于现代化经济体系,不是"服务于"现代化经济体系,也不仅是"支撑"现代化经济体系,其本身就是现代化经济体系的重要组成部分,在某种意义上还是最关键的组成部分,是解决我国社会主要矛盾的主攻方向。不在社会保障和公共服务供给的改革与完善上有所突破,现代化经济体系不仅是不完整的,也难以持续。这是工业社会以来的一个发展趋势。

其次,改革开放 40 年来我国建立了覆盖全民的社会保障制度,公共服务供给的数量和质量都有所提高。与社会保障和公共服务供给相关的公共政策在 40 年间经历了几个阶段的变化:从 20 世纪 80 年代的"甩包袱",到 90 年代的为国有企业改革配套,再到成为发展成果由人民共享的主要载体,其本身的重要性不断凸显。但无论是从国际比较的角度,还是从供需之间缺口的角度看,仍然存在很多问题,不适应现代化经济体系的建设。总体来看,问题一是城乡分割、地区分割和人群分割带来的社会保障的"碎片化"以及公共服务供给的不平衡;二是社会保障的保障水平较低,公共服务供给的效率低下。这两个问题背后的原因,既有社会保障和公共服务自身的经济学性质,也有体制、机制和政策性的障碍,以及由此导致的底层治理结构的冲突。

第二次世界大战之后主要发达国家在社会保障和公共服务供给的公共政策经历了三次转向:第一次转向是第二次世界大战后到 20 世纪 70 年代中期的福利化时期,不仅欧洲国家建立了福利国家制度,包括像美国这样的市场化色彩浓厚的国家也建立了多项社会保障制度,加大了对公共服务的公共投入;第二次转向是 20 世纪 80 年代以来的向私有化、市场化的转向,其代表性的理论是新自由主义和新公共管理理论;第三次转向是以 2008 年的全球金融危机为标志,各国开始反思向市场化的转向,但是并未重新返回福利化和行政化的老路,而是更加重视社会组织、社区、社会企业等的作用,可以用社会化的转向来加以概括。

从我国现代化经济体系建设的角度出发,社会保障和公共服务的公共政策选择,一是适应现代化经济体系中产业组织、就业模式的变化,以及大规模人口流动常态化的现实,重构社会保障制度,在当前居民社会保险的基础上构建全民社会保险。不仅要为社会提供基本的保障,更重要的是为社会组织的发展搭建平台,为不同群体多层次、多样化的保障需求搭建平台。二是充分利用现代信息技术和现代移动技术,发挥"互联网+"的作用,改造传统公共服务的供给模式,提升其供给效率。在这方面中国有"弯道超车"的优势。三是社会保障和公共服务供给的治理模式的重构,从"政府—市场"的两分法转向"政府—社会—市场"的三分法,重视"社会"的作用,构建社会化的治理模式。社会化的治理模式不排斥政府的作用,也不排斥市场的作用。具体而言,一要改革事业单位的编制体制,把"人"从事业单位编制的束缚中释放出来,激发其积极性,通过人才的流动提高配置效率;二要为人才的流动提供社会化的保障和社会化的平台;三要放开公共服务的空间,取消对公共服务供给的数量管制,转向对供给主体资质的监管和供给过程的监管。

第七章　健全现代化经济的制度体系

　　本章对现代性的本质和演进机制给出了综合性的分析。首先从理论和发达国家经济实践角度，给出了经济现代化赖以运作的三大制度体系及其反馈效果的综括。从根本上说，创新组织、信任机制和内生风险的相互作用，推动了发达国家制度演进以及经济社会再平衡。效率和生活水平的不断提高，即蕴含于这种相互关系之中。建设现代化经济体系，对原有工业化体制的弹性和适应性提出了严峻挑战，鉴于城市化发展和结构服务化的特殊性，同时也鉴于原有经济体制的局限性，中国实际上正在面临一种"全有全无法则"的制约。因此，开启新时代现代化的要务即全面深化改革，提高制度适应性。

　　总体来看，现代性由三大制度体系构成：一是创新的组织体系，即市场和政府功能发挥作用的规则、资源、机制；二是信任的组织体系，即信用、信心、诚信发挥作用的规则、资源、机制；三是风险预防体系，即通过创新的组织和信任规则的建立，实现宏观经济稳定和社会长期发展。三个体系通过经济社会结构的反馈功能，塑造了各种不同的现代化制度模式。工业化和城市化的国际比较研究中，有两个议题引起较多关注：一是工业化和城市化的特征和机制是什么？二是如何保持增长的可持续性？对前一问题的回答，构成了新古典增长理论和产业分析理论的内容，我们已在第三章述及一些相关问题；对后一问题的回答构成了制度经济学分析的内容，这是本章的任务。

　　发达资本主义的长期增长，本质上是一部制度演化历史。市场竞争以规则和资源的合理化为前提，同时竞争和扩大再生产又推动了制度更新,制度适应性和调整从根本上保证了发达国家的长期增长。第二次世界大战以后,这种制度与增长的再平衡,充分体现在效率和生活质量提高之间的再平衡。也正是从这种不断改进的发展绩效中,一些作者发现当今资本主义的结构服务化和城市化,是继工业化之后的又一个高端。

不可否认的是,在全球化背景下,资本主义制度和价值观的影响日渐增强,包括发达国家和发展中国家在内的整个世界,20 世纪 80 年代之后均感受到了它的力量。通过对全球化的参与,各国尤其是发展中国家不得不进行国内制度和全球化规则的再平衡,以便收获全球化利益、缓和全球化损害。经过 40 年的改革开放,中国以自己的制度优势,推动了工业化快速发展,但是城市化与结构服务化是根本不同于工业化的路径,进入转型和减速时期的中国经济,为了深度融入全球化、避免不稳定冲击,势必把发展思路调整到制度供给和制度对内外环境的适应上去。而揭示这种必然性,正是本章的主要目的。

第一节 现代性的三个制度支柱

原则上来看,工业化起飞后增长可持续的保持,是一个经济社会再平衡的问题,比起单纯的生产函数分析,这个议题更加具有基础性,认识到这一点,也就可以明白为什么直到现在仍然有许多优秀的学者致力于这一问题的研究。这些努力为我们认识现代化问题提供了便利,本部分首先对几个学者的思想和发达国家增长历史给出梳理和综合,对创新、信任和风险的反馈机制进行提炼、分析,以便为中国转型问题研究提供参照。

一、现代化与制度演进的理论

(一)罗斯托、罗森堡和小伯泽尔的相关理论

在与马克思资本主义现代化和发展阶段理论比较的基础上,罗斯托(1960、1997)在其《经济增长的阶段》和《这一切是怎么开始的》构建了西方工业化和城市化变迁的庞大理论,核心是以经济社会再平衡的观点,解释长期增长的可持续问题,扬弃了利润最大化的机械逻辑。这种认识方

法所达成的对现代性的认识深度,即使在致力于专题研究的社会学家那里,也很少有人企及。罗斯托的思想,有两点与我们的分析有关:一是他认为"传统"与"现代"的区分标志,在于是否存在自我维持的增长,这种自我维持的动力来自于稳定的、经常不断的技术革新,而技术革新作为一种生产要素的再生产,又取决于包括政治、文化在内的制度框架的支持与否。二是再平衡的选择方式。无论资本主义还是其他社会,进入工业化成熟阶段之后,社会的中心现象不是经济,而是如何在经济社会政策上进行再平衡,社会绩效是以生产和社会福利政策的总效果来衡量的。其中的原因,按照罗斯托的说法就是工业化所带来的社会态度的变化,人们对生活质量提高的追求,迫使社会目标和政策从注重生产转到以人为中心,这个结论对后来的研究产生了很大影响。

经济增长的非经济源泉,即创新和组织管理的相互适应性这一议题,在罗森堡和小伯泽尔(2009)那里得到系统探索。他们认为发达资本主义的经济增长,本质上是社会变革在经济领域的表现,而变革又会延伸到社会与政治领域,进而再生产资本主义现代化自我维持的条件。这个处于再生产过程中的现代化制度体系,包括8个方面(见表7-1),核心认识是:从资本主义制度演化和适应性角度看,不确定性和实验逐渐成为现代化的主要特征,"科学技术—实验性经济—物质福利"共同构成了制度框架的支撑基础。也正是因为实验性经济这个特殊性,使得资本主义制度和组织不得不经常保持充分弹性,以满足革新所需要的信息、实验自由、试错等要求。这种认识被社会学的现代化理论所吸收,逐渐成为社会信任理论的重要论点,这一点我们在下面继续分析。

表7-1　西方经济增长的制度体系

阶段	制度
工业革命以前	1.商人阶层的出现;2.扩大贸易和新资源发现
工业革命以后	3.降低生产成本的创新;4.引入新产品的创新;5.创新思想源泉的发展;6.不确定性和实验;7.克服对创新的抵制;8.组织管理的创新:企业多样性

资料来源:[美]罗森堡、小伯泽尔:《西方现代社会的经济变迁》,中信出版社2009年版。

(二)熊彼特、加尔布雷斯和钱德勒的相关理论

基于宏观层面上资本主义经济、政治、文化演化,与微观层面上资本家行为的相互作用和创造性破坏,熊彼特开创了资本主义现代化研究的新视野,这个思维高度至今很少有人能够超越,他的企业家概念和支薪管理者概念被一些作者,如加尔布雷斯(2012)和钱德勒(1997)引向深入:一是随着资本主义社会演进,企业家精神将逐渐消失,大型企业组织的发展,使得支薪经理取代企业家的功能;二是企业家和资本家将让渡传统上的个人控制权。20世纪初以来,大型企业作为一种有效率的资本主义组织发展起来并成熟,第二次世界大战后以其垄断力量主导了资本主义经济,致使资本主义国家出现企业家型企业(或竞争市场)和垄断市场的分割,由此不断塑造和更新着经理式资本主义的特征。

现代大型工商业以其生产和销售的横向集中和纵向一体化能力,一改自由竞争假设下利润最大化的目标和行为,而着眼于组织的长期稳定和成长,并因此在制度和组织方面导致资本主义现代化特征的突变:第一,生产和管理方式的创新革命,为资本积累和生产率提供了持续的动力,同时也为城市化阶段公共服务体系的建立和完善提供了保证;第二,正是大企业这种组织形式的力量,使得加尔布雷斯等提出企业目标与社会目标的一致性问题,即认为它们在创造有利于生活质量提高的同时,也具有影响和控制官僚机构、文化和人们意识的潜在破坏性,最终导致公共服务目标向私人企业的偏转;第三,现代大企业的发展推动了资本市场的发展,但是金融市场发展与金融工具创新也隐含了更大的风险,缘于消费信贷的内在风险是现代资本主义的一个重要特征;第四,在结构服务化和高级城市化时代,制造业的集中化趋势饱受非议,不少意见认为大企业的集中将削弱城市化的集聚能力,不利于城市化的稳定。

(三)吉登斯的相关理论

吉登斯(1998)的现代性理论认为,处于现代化体系中的组织,其特征不在于规模和科层的性质,而在于受到认可的程度,现代化体系的本质是信任问题。放到现代化中理解的信任,包括以下含义:第一,信任就是

对人或社会系统所持有的信心,高度现代性以高度专业化为支撑和特征,信任机制——特别是对专家系统的信任机制的建立尤其重要;第二,制度的作用,是通过促进秩序而建立信任机制,信任依赖于秩序的同时又促成秩序的稳定,有利于社会发展。吉登斯这种从抽象层次上解释的现代性与信任的关系,与加尔布雷斯对大企业知识技术层的界定本质上是一样的,我们也可以用罗森堡和小伯泽尔关于商业环境的分析,对信任机制给出一个更加直观的说明。表7-2提供了一个资本主义社会商业道德规范和法定责任的简要说明,包括借贷关系、质量保证、商业承诺等诸多因素的规则,构成信任和资本主义发展的基础。

表7-2　西方社会的商业道德体系框架

具体表现
1.法律保证合同的实施,保护私有财产;2.汇票与银行业;3.保险;4.以税收取代任意征用和掠夺;5.不基于血缘关系的经济组织;6.复式记账法;7.与商业社会相适应的宗教与道德体系的发展

资料来源:罗森堡、小伯泽尔:《西方现代社会的经济变迁》,中信出版社2009年版。

二、转型与制度适应性:制度供给与再平衡机制

综合上述理论分析,这里进一步从转型动态角度对国家内部制度的适应性进行分析。图7-1列示了现代性的主要制度结构及其相互作用关系。

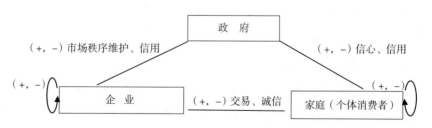

图7-1　组织—规则—关系(信任)的反馈网络

A.基本结构:

组织——包括政府、企业和家庭(或个体消费者);

规则——由三类组织通过内外部相互关系提供;

关系——在规则主导下的三类组织之间的关系,以及三类组织内部的关系。

B.关系与反馈。图 7-1 中的(+,-)表示三类组织之间或组织内部相互作用的正、负反馈关系,这种图画示意的一个重要作用,就是要展示出经济理论研究中默认或被忽视的"信任"的作用,作为现代性的一个重要甚至是核心的特征,我们在这里把"信任"以更加明确的经济学概念标识出来,大致分为三类:一是发生在企业间和企业与政府之间的借贷信用关系,也包括国家对市场秩序稳定所制定的法律法规;二是发生在企业和消费交易过程中的诚信;三是发生在政府与消费者之间的信用以及信任关系。这三类信任关系囊括了商业环境的改善、人与人之间以及人与组织之间各种正式规则和惯例。为了方便起见,我们只考察制度结构中"政府—企业—家庭"三者之间的反馈和再平衡关系,而且基于正式规则的有效性。

C.反馈回路中的稳定、失衡与风险。受到组织之内和组织内部负反馈因素的影响,现代性的一个重要特征是风险的内生性,最典型的情况就是经济的金融化和金融衍生工具的创新,导致实体经济与虚拟经济的分离,这是经济泡沫化风险的源头,进而对经济结构稳定和长期优化带来冲击。也正是由于这种风险机制的潜在危害,促使政府职能沿着高度现代性的方向优化,越来越多的制度性规范和干预,介入企业组织过程、消费组织过程以及相应的市场过程当中,制度适应性和不同国家制度模式的调整,也因此成为现代化进程中的一道风景。

(一)制度模式的区分

首先来看一下由图 7-1 衍生出来的制度模式情景。如表 7-3 所示,"政府—企业—家庭"三种组织及其关系的组合,基于资本主义国家差异化的历史演进和各具特色的发展实践,演化成不同的制度和效率模式。尽管这些发达资本主义国家的制度模式形态各异,但是都是基于一个共同特点:即个人自由、法律规制和创新活力,并以此创造出了信任和高效率的经济社会发展绩效。

大致看来,这些制度模式分布在以英美为代表的自由市场经济和以瑞典为代表的福利国家的两极。在以市场经济、个人自由(私有权)为共同制度基础的条件下,模式变异的主要因素在于政府干预的程度不同。例如,美国具有较好的个人主义和诚信的历史传统,这种诚信建立在其清教徒传统之上,避免过多干预是其目标。新加坡采取精细的法律法规建立和完善社会信任机制,源于其缺乏信任的社会传统。德国的法律法规和集体协调,与福利国家的建设时间密切相关。但是,随着高度现代化时代的到来,主要发达资本主义国家在制度模式表现出收敛的趋势,这种趋势的成因在于对抗高度现代化内生的风险,以规则制定和经济环境营造为特征的这种收敛趋势,主导了 21 世纪发达国家制度的演化和调整。

表 7-3　各国社会制度模式

制度模式	特点	代表性国家
自由市场经济	个人主义,诚实互信	美国、英国
行政市场体制	计划指导的市场经济	法国
法律规制的市场经济	法律规制	新加坡
集体协调的市场经济	政府指导与集体协调	日本
社会市场经济	法律规制,集体协调	德国
福利国家	民主社会主义	瑞典

资料来源:左大培、裴小革:《世界市场经济概论》,中国社会科学出版社 2009 年版。

(二)适应性调整和发展阶段

实践中,第二次世界大战后发达国家制度现代化的适应性调整分为两个阶段。

第二次世界大战后至 20 世纪 70 年代。这个阶段见证了资本主义国家工业化的迅速发展和生产率的巨大提高。主导这个阶段发展和变革的力量,除了前文提到的企业组织集中化及相应技术创新外,最为引人注目的是,财政体制的适应性调整和财政支出的制度化,尤其是社会保障体系的建设和高等教育(包括培训制度)的发展,公共服务在这个阶段终于成为实至名归的发展重任。19 世纪下半期至第二次世界大战之前,主要资本主义国家公共服务支出以较低的速度持续增长,20世纪30年代的经济大萧条,使得人们认识到现代化内生风险的危害和建立保障屏障的重要性,第二次世界大战后社会保障体系建设步入快速发展时期,到20世纪80年代,主要资本主义国家社会保障支出比重达到高峰,社会保障制度的建设达到成熟和完善。这个时期中,随着技术复杂性和对创新需求的提高,以美国、德国为代表的发达国家,在高等教育和技能培训体系建设方面成果卓著,高等教育和高技能普及的一个重要结果是大批知识技术白领的培育,并作为一个阶层推动了资本主义现代化高级阶段的可持续。

20世纪80年代至今。新自由化和管制放松的本质,是干预与市场经济的再平衡,这种本质与发达国家经济结构服务化的现状有关,同时也与高质量发展可持续的要求有关。与前一阶段不同,面对公共服务体系的完善及相应支出刚性的压力,20世纪80年代以来发达国家不得不借助创新和市场活力的维护,保持稳定,开发增长潜力。实际上,包括美国在内的发达国家已经意识到这些问题,一方面,试图通过再工业化扩大巩固效率基础;另一方面,根据知识信息产业的网络化和创新分散化特征,以规则标准的制定激发创新活力,同时这种做法也是为了保持技术控制力。针对金融体系的内生性风险,2008年以后,美国进行了大量金融改革,实施了更加严格的监管措施,最有代表性的是内容浩繁的《多德-弗兰克法案》(伯南克,2014):第一,该法案提供了一种让大型机构可以安全倒闭的机制,对于任何被认为未受充分监督的机构,金融稳定监督委员会均可以通过投票来指定其接受美联储的监督。类似地,金融稳定监督委员会也可以指定金融市场基础设施受美联储或其他机构监管,如股票交易所或其他交易所等。第二,该法案要求大公司每年接受一次美联储的压力测试,自身也要开展一次压力测试,以便增强公众和组织对公司应对重大风险的信心。第三,有序清偿制度,联邦存款保险公司将会对大型综合类机构的关闭进行清算,保证存款人的安全赔付。

三、全球化和国际竞争

让我们把国内(或民族国家)三大现代化制度体系拓展至全球化背

景下进行再解释,关注重点是内外部制度的相容性和国际竞争的反馈功能所造成的压力、冲击及其效应。流行的看法是,20世纪80年代以来,随着新自由化思潮的泛滥,全球化一改以往产品生产供给竞争主导的模式,进入以金融为主导的全球化模式。相应地,国际竞争的焦点也从生产供给的纵向一体化能力,转向全球经济资源配置能力的竞争。为了把控这种全球资源控制能力,发达国家调整国内制度的适应性,同时国与国之间以更加紧密的协商缓和竞争,从内外制度的相互反馈和适应中谋求国内稳定和创新,以此巩固国家的核心竞争力。总体来看,有三种全球化的制度力量,在不断更新和再平衡中发挥着作用。

(一)国际金融制度

从全球资源再配置的角度看,跨国公司的纵向一体化功能,已经不再是单纯地追求利润最大化。作为一种金融制度和资本主义文化的传播渠道,跨国公司以其更加多样的产品生产模式塑造着人们的价值观。20世纪80年代以来日益显著的新现象是,随着发达国家进入知识信息时代,跨国公司使得发达与发展中国家之间的"中心外围"态势更加固化,发达国家不仅控制了创新源头,而且以其经济政治力量支配和主导了文化传播,这一点从发达国家日益增加的教育、文化等高级服务产品出口中可以看出。流行的理论认为,工业革命以来,跨国公司主导全球资源配置顺次经历了英国主导、美国主导和日本主导这(集中于东亚)三个阶段,但是20世纪80年代以来,欧盟、美国和日本跨国公司联合主导世界经济和文化的格局逐步形成,多元化受到抑制。其中最主要的原因还是这些发达国家和地区在知识信息时代又占据了制高点。不同于工业化时代对产品和原材料市场的占据分割,结构服务化时代跨国公司以其知识、专利和国际标准的掌控力,对发展中国家的渗透力更加强大。社会学上有一个担忧,就是这些居于核心的跨国公司,不仅割裂了外资引入国家的生产销售链条、抑制了国内技术基础的培育,而且从根本上违背了教育和知识发展理念,典型如发展中国家的大学教育,基本是服务于跨国公司的"技能培训机构",用来输送专业技能工人,从而失去了大学作为文化传承的功能。

另一个需要注意的特点是,由于发展中国家在外资利用上具有先天的弱势,如过剩的劳动力、生产管理技能的短缺、国内企业家精神不足等,它们引入的多是低端产业链条,在追求短期利润的时候,通常忽视了长期增长潜力的培育——特别是通过压制国内工资和消费,取得短期的加工利润,这一点在发展中国家尤其明显。发达国家引入外国直接投资的目的,通常是为了激励国内竞争,并以此促进国内经济环境改善和国内企业竞争力;或者是为了增加消费品多样性,满足消费者偏好,无论怎样,这样的做法都从根本上改进了发达国家的福利水平,对社会信任、信用和诚信的改善都有好处。

(二)规则与全球化秩序

经济规则方面:通过规则加强国家间的信任,对于技术联盟的建立和技术传播尤其重要,在跨国公司主导全球资源配置的条件下,技术的复杂性、知识专业化分工更加需要注入研发、专利互换等规则的建立,规则是合作的基础。但是,短期、可预期的宏观稳定目标被关注得更多。如表7-4所示,在全球化的开放背景下,每一个国家都将面临"三难困境",从纯粹的经济层面到经济政治复合层面,这些困境大致分为四类,即:

表7-4 全球化和国际资本流动下的制度"三难困境"

	不相容性	解决办法
1	资本流动—固定或有管理的汇率—金融政策独立性	区域一体化
2	资本流动—固定或有管理的汇率—金融稳定	官方承诺稳定金融但不可靠
3	资本流动—货币政策独立性—民主国家	吸引外资与货币政策自主的权衡
4	资本流动—民主国家—稳定的国际秩序	国际条约和安全协议

资料来源:Jamese,H.2015:How to understand policy trilemmas,http://www.weforum.org。

(1)资本流动—固定或有管理的汇率—金融政策独立性;

(2)资本流动—固定或有管理的汇率—金融稳定;

(3)资本流动—货币政策独立性—民主国家;

（4）资本流动—民主国家—稳定的国际秩序。

每个国家在每一类"三难困境"的选择中,只能选取其中的两个。这些选择只能根据国际协商和本国制度的权衡作出决定。20世纪80年代以来,发达国家之间为了避免运用规则和选择上的不确定,开始重视区域一体化的发展,各种各样的国际论坛和磋商也发挥越来越重要的作用。另外,非经济规则的运用,特别是政治的全球化博弈策略的运用,最终目的仍然是谋求对国际经济规则的主导权和民族利益,这里不特别给出详细的说明。

（三）内外制度的适应性调整:收敛与特色

有必要对全球规则的主导者(美国)在20世纪80年代以来的影响给出一些说明。这个说明之所以有必要,是因为这个事例涉及发达国家俱乐部的后来者——日本关于自身制度适应性的讨论及实践。这个事例对于中国和其他新兴工业化国家的制度适应调整,或许具有最直观的启发性。面对日本20世纪80年代全球资源配置和控制能力的迅速提升,在美国敦请西方五国(美国、日本、德国、法国、英国)签署的"广场协议",成为日本经济脱实向虚和经济低迷的导火索,经济泡沫破灭后,日本国内一些经济学者,把经济长期低迷的原因归入到高增长时期集体协调的制度模式之中,并且引发了延续至今的日本制度改革走向问题——是保持自己的特色还是收敛到英美模式?

如图7-2所示,坚持收敛到盎格鲁—撒克逊市场经济模式的学者认为,全球化下可供选择的模式有三类:一类是已经不再适应于20世纪80年代及其后的"布雷顿森林体系"(或者民族国家—民主政治模式);一类是短期内不可能实现的"世界联邦主义"(或者抹去各民族国家政治边界,成立全球联合体);剩下的第三类是各国,无论是发达国家还是发展中国家的制度调整指向,即穿上"华盛顿共识"这件"金色紧身衣",各国投身到以自由主义为核心的改革和竞争潮流之中。但是,正如另外一些日本学者所认为的,日本1990年以来趋向华盛顿共识的改革,同样带来了收入不公平加剧、失业增加等问题,国内制度调整应该在干预和市场趋向之间进行再平衡。

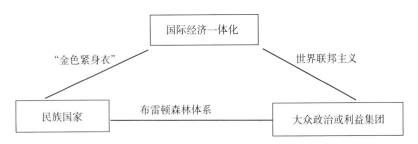

图 7-2　穿上"金色紧身衣"的全球化"三难困境"

资料来源:Rodrik, D., "How Far Will International Economic Integration Go?" *Journal of Economic Perspec-tives*, Vol. 14(1), 2000, pp. 177-186, Winter。

四、发展中国家经济转型的经济社会再平衡问题:从生产供给转向制度供给

作为本节的总结和下文关于中国问题分析的导引,我们在这里提供一个国际制度变革的对比,有几个要点值得关注:(1)发展中国家结构服务化过程中产业组织的混乱和低效率。发达国家产业组织的现代化,一方面表现在服务业替代工业成为主导力量的过程中,服务业沿着知识信息的路径升级,服务业发展以其网络化的集聚效应,为创新和企业成长提供制度环境;另一方面,制造业的集中化,与服务业的知识生产配置协同共进,以便于吸收服务业现代化的外溢效应,这是以市场竞争为前提的协调效应。相比较而言,典型如拉美国家,尤其是 20 世纪 80 年代以来的城市化,走的是制造业空心化、服务业成本型发展的路子,结果导致结构服务化过程的人口漂移和"成本病"。(2)通常受到传统制度结构的制约,发展中国家在制度内外部调整和适应性塑造方面,面临着更为艰难的局面。20 世纪 80 年代"华盛顿共识"在拉美国家的失败表明,首要的问题不在于是否全盘接受自由主义这种发达理念,而是如何规范国内经济社会秩序。(3)当然,这种国内秩序的建立需要效率的支持,发展中国家经济社会再平衡的首要选择,是可持续的效率改进与公共服务提供之间的平衡,这涉及社会保障体制的完善、金融规则的建立、竞争环境的改善等诸多

问题。但是从根本上来说,建立国内效率和公平机制,是最重要的落脚点。

第二节　中国经济大转型与经济社会再平衡问题

一、传统结构主义制度组织的绩效及其问题

从绩效表现看,至少在 2012—2016 年结构性减速出现之前的 30 多年中,中国工业化比较倾向于传统发展理论的设想,这个阶段的结构主义增长方式是非典型古典模型和非典型凯恩斯主义的混合。袁富华和张平(2016)关于中国二次转型的理论分析,把这种混合的特征具体化为:(1)外向性,即出口导向的增长;(2)外生性和(负)外部性,即依赖初级要素驱动的增长。这种以生产供给主导的工业化规模经济,是中国高增长的主要源泉。

(一)非典型的古典增长模型呈现于中国工业化

生产供给主导增长的古典模型:对于存在大量过剩劳动力且运用工业化制度组织将其转换为快速资本积累的欠发达国家而言,古典模型的两个假设通常暗含在增长实践和政策措施当中(汉森,1963):第一,(在真实收入和消费水平较低的情况下)需求主要来源于从生产过程自身产生的生产要素收入的循环流转(Nurkse,1958,p.72)。亦即,迄今未曾使用的资源的动员,经由生产和支出循环流转,扩大了收入源泉,并成为新生产过程供给增加和需求增加的基础,这是工业化过程中工业生产主导增长的理论内涵。第二,资本积累以消费压抑为代价。尤其是在大规模工业化加速过程中,高储蓄支撑高投资成为实现对发达经济追赶的主要途径,直至基本物质品大众需求得到满足,如果这种依赖物质资本驱动的工业化方式不能得到扭转,那么,消费结构升级滞后所导致的对生产的抑制效应就会出现,最终形成资本驱动的增长模式不可持续。非典型古典的增长成分:这也是传统发展所强调的——政府干预而非自由竞争,往往充当大规模工业化初期的协调机制,在中国政府直接干预的混合经济中,这种非典型成分的作用及其后果尤其令人瞩目。

（二）非典型的凯恩斯主义呈现于中国的工业化

凯恩斯主义理论中通过投资需求扩大带动产出增加,需要两个条件同时满足:一是国内较高的消费倾向;二是公共支出的增加,它们共同决定了较大的投资乘数(汉森,1963)。进一步说,就是消费能力和资本深化能力一起决定着生产率的提高,由此我们可以理解国家(工业)竞争力研究文献中,有一些争论者坚持国内劳动生产率持续改进和生活水平提高才是主要标志,其他绩效指标如出口等还在其次①。非典型凯恩斯主义的增长成分:从需求角度理解增长绩效,小泽(Ozawa,2007)把日本大规模工业化称为"贫血经济",即过多依赖出口而非国内消费支出拉动,即通过贸易扩张弥补国内消费市场不足。对于中国来说,受过剩劳动力规模效应的影响,这种非典型的凯恩斯增长成分更加显著,增长的外向性和外生性色彩更加浓厚。尤其是在1990年中国迈入重化工业化的增长轨道之后,巨大的资本积累一方面压制了消费倾向的提高。另一方面,资本效率迅速下降,进一步引致以下经济现象的发生:低消费能力与低资本深化能力的负反馈发生;制造业国际竞争力下降;以及实体资金被迫分流到房地产业,促使泡沫膨胀。

（三）边界约束和效率问题:传统结构主义对经济的扭曲

因此,我们可以从绩效角度,给出(内部)负反馈情景及其后果的分析:负反馈发生的背景是,外向的生产供给主导的大规模工业化结束,以及国内消费主导的经济结构服务化趋势形成;发生的条件是,消费结构升级缓慢导致生产扩张边界约束出现,这也是我们前期一系列研究所强调的。(1)产业结构扭曲和资本低效率陷阱。从产业结构雁阵升级模式看,重化工业引领的大规模工业化结束之后,紧接着是以零部件和复杂装配为支撑的深加工度引领增长的发生,这个过程伴随着经济结构服务化和人力资本快速积累。换言之,伴随着中等收入阶段向高收入阶段的演替,以大众基本物质品需求满足为目标的标准化、规模化生产,转向以消费者(挑剔)品味满足为目标的高质量物品服务的生产,且日益成为发达

---

① 尤其是在城市化和经济结构服务化阶段,这种判断更加值得重视。

经济的标志。偏离这个有效率的梯度演进路径，意味着资本驱动的大规模工业化难以实现知识技术密集方向上的突破，结果是：国内外市场需求的饱和导致制造业资本收益递减的负反馈发生；资金流向房地产（或股票）市场，促进经济泡沫的形成，这是大规模工业化结束普遍呈现的现象。（2）消费结构升级滞后及其边界约束。中国传统结构主义在投资/消费策略权衡上古典特征和凯恩斯主义的片面运用，导致增长对外部市场过度依赖的同时，阻滞了内部消费能力与资本深化能力正反馈机制的形成，即消费结构升级滞后及其对生产的效率改进约束边界出现，生产供给被局限在标准化工业品上，以质量提升为标志的内生动力无法形成和发挥作用，这是转型时期的主要困难，也是经济结构服务化下消费效率补偿机制建立的关键所在（袁富华、张平，2016）。（3）人力资本积累缓慢。转型时期中国出口增速的下降及可贸易部门劳动生产率增长速度的下降，暗示着以往通过出口规模抵消国内消费需求不足的增长方式正在受到挑战，把这样的生产方式直接移植到经济结构服务化时期，就会发现高物质资本积累和高出口规模的基础将不存在。而且，这种边际增量的扩张将继续抑制消费结构升级所蕴含的人力资本改善动力，最终无法达成内需拉动（内生动力）的投资/消费的良性循环。实际上，我们的前期研究多次提出，中国现阶段以初等和中等教育程度为主的劳动力素质状况，已经不适于城市化良性运作的要求，低层次人力资本"壅塞"成为转型的关键瓶颈。

二、传统结构主义增长模式的经济组织及其扭曲

传统结构主义扭曲经济的上述表现，源于大规模工业化时期经济组织的调整滞后，发展为转型时期的"制度硬化症"和"政府干预失败"（Ozawa，1996、2007）：典型如日本的情景是，经济政策对可贸易私有部门（制造业）的支持促使出口增加，政府对不可贸易部门（服务业）的保护阻碍进口扩大，贸易顺差持续累积并加剧日元升值和成本上升螺旋，最终导致高效率制造业向海外转移和国内产业"空心化"；同时，受保护的服务业部门由于缺乏竞争，效率改进缓慢，这种制度组织"双重性"导致了经济泡沫破灭之后的经济低迷。

与日本间接干预、知识技术增量创新、抑制内向 FDI 以培育国内私营企业竞争优势的工业化路径不同,中国工业化制度组织主要围绕政府直接干预、初级要素使用和内向 FDI 建立起来,增长的初始条件使其成为近乎唯一的选择。为了动员大量农村剩余劳动力,进而促成这种潜在储蓄向真实国民收入的转化,中国以投融资直接干预为支点,迅速建立起工业化阶段高增长的两种适应性组织:(1)资本动员方式及其功能性分割。国有控股企业:其作用是推进重化工业化进程和国民经济基础的建立,包括基础性工业体系的构建和交通通信等基础设施的建立,时至今日,随着城市化比重超过 50%,这个历史使命基本完成。港澳台和外资企业,其功能是弥补国内技术不足,动员国内出口能力,随着大规模工业化结束,传统外资使用方式正在日益扭曲中国经济;其他私人经济(民营经济):起初的发展是为了填补市场空隙,转型时期已经成长为出口和经济效率改进的主要源泉。(2)劳动力动员方式及其功能性分割。改革开放以来内部劳动力市场和外围劳动力市场的分割,均是为了保证重化工业化和低成本增长模式的发展,内部劳动力市场价格由国家控制,外围劳动力市场价格由市场供求决定:一方面,直接由市场机制进行协调的外围劳动力(主要是农民工和中小企业就业者),由于缺失组织谈判环节的支持,是转型时期最需要给予政策保护的部分;另一方面,占劳动力比重不足10%的劳动者就职于行政事业和工业部门,这些人大都拥有较好的教育或家庭背景,工资福利有相对稳定的保障,职业晋升路径较为清晰。但是,从某种意义上来说,内部劳动力市场对于中国整体经济造成了扭曲,高素质的劳动力被保护在了非生产性或效率改进潜力较小的非生产部门或非市场竞争部门当中,这是人力资本错配的扭曲。

(一)中国资本的功能性分割及其扭曲

我们用表 7-5 中四个区域的数据进行说明。第一,总体来看,国有经济控制资本配置的格局没有发生实质性变化。从固定资产原值比重来看,2000—2011 年这段时期里,尽管国有控股工业企业固定资产原值比重从约 73%下降到 48.1%,但是考虑到国有经济力量主要分布在重化工业部门且不以吸收就业为主要目的,因此它将直接决定转型时期中国经济效率改进潜力。由于资本深化而非就业吸收是国有控股企业的典型特征,因此,资本效率改进趋势更加适宜于描述其发展状况。表 7-5 资本效率的对比表明,2000—2011 年间,国有控股工业企业人均资本从相当于全行业的 1.4 倍上升到 2.4 倍。然而,伴随快速资本深化的是资本生产率的快速下降,由 2000 年相当于全行业的 0.75 倍(0.24/0.32)下降到 2011 年的 0.63 倍(0.40/0.63)。十年间,国有经济自身资本效率虽然有所改善,但是一直显著低于其他所有制经济资本效率的状态下运营,表现出资本配置的相对无效率。第二,受国有经济资本集中的影响,作为就业吸收主渠道和效率改进源泉的国内民营经济,资本深化趋势存在但是进展缓慢。2011 年,民营经济固定资产比重虽然达到 30%,但是人均资本只相当于国有经济的 0.25 倍,比较起来,民营经济资本生产率是国有经济的 2.5 倍,且较于其他形式的经济高出 50%,这些数据都给为何要给予民营经济充分的政策支持提供了依据。第三,最近十年发生在港澳台商和外商投资工业企业中的一个引人注目的趋势是,相对于规模以上工业的人均资本平均水平而言,这类企业存在资本浅化趋势,这个问题之所以重要,一方面显示了国外资本进入中国的目的依然是追求中国的廉价劳动力成本,从而固化了中国不利于内生动力建立的贸易结构;另一方面也隐含着在中国工业化向城市化转型时期,外商投资扭曲中国经济结构的趋势日益明显,进而影响到国民经济整体。

表 7-5　规模以上各类工业企业绩效比较

1.固定资产原值比重(%)	2000	2003	2005	2007	2011	2.资本生产率(%)	2000	2003	2005	2007	2011
国有控股	72.9	66.0	58.3	55.4	48.1	国有控股	0.24	0.27	0.33	0.36	0.40
外商	9.5	11.8	14.9	16.1	14.0	外商	0.42	0.50	0.58	0.64	0.64
港澳台商	8.7	8.9	9.0	8.8	7.8	港澳台商	0.43	0.56	0.61	0.65	0.68
民营经济	8.9	13.3	17.8	19.7	30.1	民营经济	0.76	0.85	0.93	1.17	0.98

续表

3.劳动生产率（万元/人）	2000	2003	2005	2007	2011	4.人均资本（万元/人）	2000	2003	2005	2007	2011
国有控股	4.6	8.7	14.5	22.9	40.7	国有控股	19.1	32.2	44.5	63.2	102.6
外商	9.0	12.4	13.6	16.8	25.2	外商	21.1	22.3	22.4	25.7	39.5
港澳台商	5.8	6.7	7.9	10.1	17.1	港澳台商	13.7	13.4	13.7	15.8	25.1
民营经济	3.3	5.0	7.9	12.0	24.1	民营经济	4.4	5.8	8.5	10.3	24.5

数据来源：《中国工业经济统计年鉴》（2000—2011 年）。

（二）国外资本对中国经济扭曲的具体说明

21 世纪最初的十年里,从出口缴货值的分布来看,占固定资产原值比重 20%左右的港澳台和外资工业企业,提供了 60%—70%的出口;民营经济自 2005 年以来对出口的提供显著增加,由 18%的出口比重提高到 2014 年的 27%。联系上文关于非国有经济资本深化能力不足的问题,可以认为,转型时期中国的出口结构依然以初级加工为主,这种状况一方面由国内重化工业化的发展阶段性所决定;另一方面,中国出口由外资左右的格局正在面临诸多挑战和问题。特别值得注意的是,国外工业企业的资本浅化,将进一步削弱中国出口产品的技术改进能力,这与经济全球化下发达国家极力追求国际市场竞争优势、以技术进步为核心的大趋势相背离。更为严重的是,随着中国城市化进程的加快,外商直接投资的分布日益从整体上扭曲中国经济,而不仅是工业的资本浅化,表 7-6 数据显示,2005 以来,中国的内向 FDI 出现显著的"离制造业"趋势,FDI 中制造业投资比重由 70.4%降低到 2013 年的 38.7%,而房地产业 FDI 投资比重由 9%上升到 24.5%。

表 7-6　外商直接投资（FDI）行业分布及其变化　（单位:%）

行业 ＼ 年份	2005	2009	2013
总计	100.0	100.0	100.0
农、林、牧、渔业	1.2	1.6	1.5

续表

年份 行业	2005	2009	2013
制造业	70.4	51.9	38.7
其中:1.纺织业	3.5	1.5	1.0
2.化学原料及化学制品制造业	4.7	4.4	3.3
3.医药制造业	0.9	1.0	0.9
4.通用和专用设备制造业	6.6	6.2	6.0
5.通信设备、计算机及其他电子设备制造业	12.8	8.0	5.4
5 类制造业小计:	28.5	21.1	16.6
房地产业	9.0	18.7	24.5
交通运输、仓储和邮政业	3.0	2.8	3.6
信息传输、计算机服务和软件业	1.7	2.5	2.4
批发和零售业	1.7	6.0	9.8
科学技术、水利、环境和公共设施管理业	0.8	2.5	3.2

数据来源:《中国贸易外经统计年鉴》(2005—2013 年)。

(三)劳动力市场组织及其扭曲

上述各类经济形式不仅决定了中国资本结构,而且同时决定了劳动力市场的分割。总体来看,以国有经济内部劳动力市场的相对高工资、高福利和稳定职业晋升路线为对比,以农民工为主体的劳动力构成外围,占就业绝大部分比例的这部分劳动力基本上受市场供求力量左右,这种分割群体的特点是相对低的工资、波动的就业机会和群体内部较大的流动性。但是,内部劳动力市场和外围劳动力市场之间,几乎不存在向上的流动性。作为中国大规模工业化时期政府干预和经济分割的产物,外围劳动力市场的形成源于两个推动因素:一是国内劳动密集型民营部门的发展,最初是为了填补短缺经济下国有经济无法满足的市场需求缝隙,尽管这个缝隙是随着消费需求的扩大而不断扩大;二是国际资本力量寻求低成本而对中国廉价劳动力的雇佣。根据《中国统计年鉴》数据,时至今日,中国制造业、服务业中民营经济的工资率大约相当于平均水平的70%,问题在于这种差距发生在中国中等收入水平上,考虑到向城市化转型时期高质量增长的要求和内生机制培育的必要性,外围劳动力群体的这种经济状况,几乎不可能提供增长模式重塑所需要的人力资本积累。

三、工业化仅仅是工业化:增长门槛和负反馈

工业化作为一种经济组织形式,亦即多种多样的工业化组织方式,与特定经济体的初始条件密切相关,是为了解决满足大众基本物质品需求的发展问题而非质量和消费多样化问题。工业化仅仅是工业化这样的断语,也是立足于转型时期经济制度组织变化和重塑的角度作出的。前文所述中国工业化的双重性和结构扭曲问题,可以归结为由于资源配置扭曲而导致的"逆生产率"现象,当然,也包括我们研究中指出的消费结构逆城市化现象①。至此,我们可以对图7-1的负反馈给出一些结论性说明:转型时期工业化制度组织的逆生产率和消费结构的逆城市化现象,是资本深化能力和消费能力协同演化机制受阻的表现,结果将是转型过渡时期工业化效率模式向静态的租金抽取模式的退化。政府干预所导致的经济组织分割,存在路径依赖问题。尤其是存在垄断利益的情况下,不均衡的资本资源分配很容易被低效率增长路径锁定。就中国现阶段的转型困难而言,国际垄断资本力量的进入会进一步加剧效率扭曲,精英集团和全社会利益冲突日益集中在内部劳动力市场与外围劳动力的分割和向上的流动缺乏上,在因为消费结构升级缓慢而导致高层次人力资本比重低下和经济内生动力无法建立的条件下,受市场竞争机制作用的外围劳动力将变为租金抽取的源泉,遏制城市化的可持续性。拉美国家长期的增长徘徊——尤其是步入城市化阶段之后,"制度硬化症"所导致的经济分割、最终失去内生动力基础的事实,为发展中国家长期增长的非连续性提供了鲜明例子。这可视为传统结构主义忽视的转型时期增长非连续和增

---

① 关于政府干预的追赶经济在转型和步入成熟期可能发生的逆生产率效应(Counter-productivity),参见 Katz, R., *Japan*, *The System That Sourced: The Rise and Fall of the Japanese Economic Miracle*, London: M.E.Sharpe, 1998。消费结构升级的逆城市化现象,指的是近年来发生于中国消费结构中的低层次消费比重增加,而有助于人力资本积累的高层次消费比重下降现象。参见袁富华:《供给主导转向消费需求主导:长期增长过程的调整与效率模式取向》,《学术研究》2016年第10期。

长跨越门槛的约束。

第三节　制度适应性和制度弹性

工业化制度安排在转型时期负反馈的发生以及它仅仅作为发展阶段促进装置这一点上来看,城市化的效率模式重塑,所强调的自然是与投融资结构和组织形式、劳动力组织形式以及国家创新组织形式有关的制度变革。这一变革趋势及要点不可能在一篇文章中给出分析,为契合本章主旨,我们只就工业化规模效率模式结束后,为了避免静态的租金抽取困境发生,理论和政策应该着重探索与创新组织有关的一些问题。

就像传统发展理论强调物质资本积累以突破发展瓶颈那样,城市化接替工业化成为实现中等收入阶段向高收入阶段跨越,同样需要突破关键性临界条件的约束。这种时隐时现于发展理论中的门槛效应,实际上被"全有全无法则"所主导,认识到这一点,就容易理解"中等收入陷阱"存在的深层次原因。这个为生物学家所推崇的法则的含义是:(一些实验对象如肌纤维、神经纤维)对于刺激只能产生响应或不响应两种反应,响应的程度并不随刺激的增强或减弱而发生改变,即:只有刺激发生在门槛值以上时才引起响应,并且,响应程度依赖于刺激频率而非刺激强度[1]。把"全有全无法则"应用于转型时期工业化经济组织的硬化症时,这样的理解是合乎情理的,即:由于内部或外部经济环境的变化,原有以满足大众基本物质品需要的标准化规模化组织形式,已经失去了弹性。一般认为,在转型时期,重塑经济组织弹性至关重要,内生动力的培育和国际竞争力只是经济组织弹性和适应性的结果,这是"全有"的基本经济含义。

---

① 卡拉特给出了"全有全无法则(all-or-none law)"的解释。对这个法则的比方是:想象一下冲马桶的情景,你必须用一定强度的力(门槛值)按压马桶,但是,用更大的力按压也不能让马桶冲得更快更有力。参见[美]詹姆斯·卡拉特:《生物心理学》,苏彦捷等译,人民邮电出版社2015年版,第45页。

一、负反馈和"全无"

城市化紧接着工业化以此促进中等收入水平向发达阶段高收入水平提升,是一种理想的线性思维。在国际经济一体化的大环境下,任何一个国家的转型和可持续性都必须面对二选一的选择:要么立足于国内自身城市化的创新潜力,削弱全球化的负面影响,参与分享经济一体化的利益,从而做到经济组织弹性适应和内生效率意义上的"全有";要么以僵化的工业化时期的政府干预和分割体制,尽力维持初级要素驱动增长战略,但是最终趋于国际竞争优势上的"全无",国内稳定增长受到动摇而将自己置于国际资本和创新的冲击之下(拉美的例子足可以为"全无"的情景做注解)。

中国转型时期组织和绩效的负反馈倾向,是资本和初级要素驱动的大规模工业化发展的结果,也是其内涵的悖论。正如前文所指出的那样,作为工业化经济组织诸多方式的一种,中国根据自己的初始条件,在将剩余劳动力这种潜在储蓄转变为迅速扩大的资本积累和高增长基础上,实现了贫困陷阱突破并把经济推进到中等收入阶段。但是,城市化对工业化的接替和向发达阶段的进一步演进,不是技术意义上的边际改善问题,而且在日益开放的条件下,原有模式的边际改善正在遇到全球化力量的阻力:一是中国国内成本的上升要求制造业自身具有效率持续改进的能力,不然将会面临消失和空心化的风险;二是劳动力成本更低的新兴工业化国家,正在侵蚀中国在国际分工上的低端产业链条,这两方面意味着以往低成本工业化模式的终结。再者,金融主导的全球化和跨国公司的技术力量,对中国参与国际经济一体化提出了更高要求,经济组织的弹性和适应性(以实现竞争优势)成为关键。

在中国传统结构主义下使用力度强大的刺激政策,并没有导致可持续的效率改进这种"全有"现象的发生,相反,强度不断增加的刺激反而导致了制造业资本效率下降和资本向房地产市场的转移,原有模式下的资本再配置进一步阻滞了消费结构升级的潜力,把经济一步步压向"全无"的静态租金抽取路径。

二、城市化阶段的制度组织弹性和正反馈

从经济绩效持续改进的角度来看,在应对开放和经济全球化的竞争面前,大国一方面应该提升制造业能力以尽力维持自己的技术创新基础(以避免被国际资本分而治之),另一方面,全球化也赋予了城市化新的内涵,即要求经济收益的内部化以尽力维持自己的人力资本积累基础,这是创新外溢性的必要条件,"高劳动生产率、高资本深化能力和高消费能力"效率稳定三角的达成与否,成为制度组织是否具备弹性的衡量标准。典型的大国效率模式重塑的例子是日本。直到20世纪90年代经济泡沫发生后,日本才真正开始了制度组织在全球化面前是否具备弹性和适应性的反思,直至今天,无论是在政治博弈层面还是在理论探索层面,如何在政府协调和市场协调之间寻求一个适合于城市化和国际化的平衡,依然是一个有待探索的重要命题。但是,从二十多年的改革效果,尤其是受保护的"内部依赖部门"(如服务业、农业等,Ozawa,2007)放松管制、创新(国家—大学—企业)系统改革来看,日本的成效是很明显的。

内部化作为衡量制度组织弹性和适应性的指标,在城市化阶段更为重要。就中国现实而言,传统结构主义隐含了这样的假设,即工业化组织重心在于物质技术基础的建立和完善,政府干预相应集中于促进生产供给和发展,这个阶段,内部化主要表现为大众基本物质需求的普遍满足。但是,这种内部化是建立在廉价劳动力市场分割基础上的短期收益,将会随着剩余劳动力供给拐点的出现而受到约束。城市化制度组织重心在于社会基础的建立和完善,内部化主要表现为人力资本积累和人力资本结构的升级,政府干预的重心集中于弱势群体保护和社会福利的提高,内部化与内生动力的发生相互促进。

正反馈的实现途径和制度组织。表7-5和表7-6的数据分析揭示,中国大规模工业化临近尾声的转型时期,经济效率改进的困难同时发生在外向部门和内部依赖部门。这里首先给出外向部门的正反馈机制的建立方向。由于采取了主动的外商直接投资引进战略,中国出口的60%以上由港澳台商投资和外商投资承担,这些外部资本的目的是利用中国低

成本劳动力,尤其是发达国家 FDI,部分动机是以中国便宜生产为基础的再进口。这与发达国家利用外资以促进竞争和创新能力提升的策略完全不同。同时,传统结构主义对资本配置方式的扭曲,也极大地限制了民营企业的发展潜力。在外资不可能为中国提供创新支持(目的是低成本利用)、国有经济创新动力不足以及民营部门创新受到抑制的共同作用下,中国在转型时期面临着比任何工业化国家都要严重的模式重塑困难。因此,打破这一困局的唯一可行路径,就是在资金、研发和人力资源上给予民营企业支持,如果说过剩劳动力曾经是中国工业化的潜在储蓄的话,那么,民营企业被压抑的各种需求也将成为城市化的潜在储蓄。由此,我们得出加强中国制度组织弹性以突破制度硬化症的第一个关键环节。

三、创新系统组织与"政府—民营部门—教育部门"的协同

正如理论所普遍认同的那样,全球化既作为一种资本和技术力量也作为一种外部制度和规则存在。在这种逻辑下,民营部门的潜力正在于它越来越成为联系国际化和城市化的富有弹性的组织。同时,随着资本技术、资本与知识过程一体化趋势的增强,经济组织的弹性和适应性也是创新和消费多样化趋势的根本。由此,我们纳入突破制度僵化门槛的第二个关键环节:创新系统组织,核心环节是"政府—民营部门—教育部门"的三方协作。

教育这种内部依赖部门的特殊性,在于它承担了人力资本积累和知识过程循环的关键职能,是城市化时期内部化动力的源泉。分为两个层次:(1)与人力资本梯度跃迁直接相关的高等教育(包括熟练技术教育培训)的发展,这是大规模工业化结束及相应基本物质品需求满足之后,居民需求结构发生向科教文卫消费演替的结果,我们前期研究中所谓消费的效率补偿效应,即是指的这种趋势。因此,城市化时期存在人力资本积累与人力资本积累的再平衡,也就是说存在以知识为基础的创新内生机制对物质资本驱动的增长方式的替换。(2)以人力资本积累为依托的知识生产和分配,是一个重新发现规模报酬机会的过程。围绕生活质量(健康、环境)建立起来的高效率服务业的分工发展,既是教育部门功能

升级的结果,反过来也会促进与消费高级化有关的技术创新,这是效率稳定三角的动态体现。

城市化阶段教育部门在经济内部化过程中作用的发挥①,同样需要增强其制度安排的组织弹性,这种弹性主要体现在其与政府和企业的协调之中。原因是,中国国家创新系统有两个短板需要补充:一是企业生产过程中自主的增量创新能力,由于原有工业化模式的要素密集路径依赖,加之外资利用中国低成本劳动力的"分而治之"的做法,极大地抑制了中国企业自主创新能力。二是面对全球化技术知识竞争,中国的基础性科学研究的创新能力也正在面临挑战,这个领域中发达国家的普遍做法是:在国内,构建"大学—政府—企业"协作平台;在国际上,以企业自身技术实力为依托,形成科技研发联盟。因此,只有经济组织的弹性,才可能接近"全有"。

综上所述,中国高增长时期的低成本扩张工业化路径选择,是由过剩劳动力的初始条件所决定并一步步被要素驱动的增长方式锁定。在中等收入水平向高收入水平的转型时期,这种以分割为特征的经济组织与服务业发展和创新要求相适应,大转型的基本含义就是制度组织弹性的塑造。有三点值得重视:第一,中国大转型发生在城市化接替工业化成为主导动力以及国际经济一体化的历史背景之下,政府干预所导致的效率扭曲以及外围劳动力市场的脆弱性,需要通过城市化进行解决。初级要素使用的工业化战略的长期推行,造成了国内技术的对外过度依赖,全球化下跨国公司的进入,也可能进一步削弱中国自身的技术基础,即使在发达国家,这也是引起极大关注的议题。第二,国际工业化成败经验显示,工业化向城市化的大转型本质上是一个"全有全无法则"的问题,无论是国内生产消费矛盾还是国外市场竞争,都需要经济组织弹性的增强,工业化经济组织的制度硬化症,在应对转型时期的困难将无所适从。第三,这是我们一贯强调的,应对国内外各种问题和困难的根本立足点,还在于中国

① 即内部化经济收益,把储蓄和投资向人力资本提升倾斜。

自身经济绩效的持续改进,关键是依托城市化实现人力资本积累和增长的内部化,关键是知识过程的建立。在结构服务化和城市化过程中,这种过程的建立有赖于网络集聚和竞争规则的完善。

参考文献

中文部分

1.［美］阿蒂夫·迈恩、阿米尔·苏非:《房债:为什么会出现大衰退,如何避免重蹈覆辙》,何志强、邢增艺译,中信出版社 2015 年版。

2.［英］安东尼·吉登斯:《社会的构成:结构化理论大纲》,李康、李猛等译,生活·读书·新知三联书店 1998 年版。

3.［英］安东尼·吉登斯:《现代性与自我认同:现代晚期的自我与社会》,赵旭东、方文等译,生活·读书·新知三联书店 1998 年版。

4.［英］安格斯·麦迪森:《世界经济千年统计》,伍晓鹰、施发启译,北京大学出版社 2009 年版。

5.［美］巴里·埃森格林:《镜厅》,何帆等译,中信出版社 2016 年版。

6.［美］保罗·萨缪尔森、威廉·诺德豪斯:《经济学》(第 18 版),萧琛主译,人民邮电出版社 2008 年版。

7.［美］本·伯南克:《行动的勇气:金融风暴及其余波回忆录》,蒋宗强译,中信出版社 2016 年版。

8.［美］本·伯南克:《金融的本质:伯南克四讲美联储》,巴曙松、陈剑译,中信出版社 2014 年版。

9.［英］庇古:《工业波动论》,高耀琪译,商务印书馆 1999 年版。

10.蔡昉:《人口转变、人口红利与刘易斯转折点》,《经济研究》2010年第 4 期。

11.蔡昉:《城镇化可能要逆转》,《资本市场》2016 年第 2 期。

12. 蔡昉:《走出一条以人为核心的城镇化道路》,《求是》2016 年第 23 期。

13. 常修泽、高明华:《中国国民经济市场化的推进程度及发展思路》,《经济研究》1998 年第 11 期。

14. 陈栋生:《论区域协调发展》,《工业技术经济》2005 年第 2 期。

15. 陈凤仙、王琛伟:《从模仿到创新——中国创新型国家建设中的最优知识产权保护》,《财贸经济》2015 年第 1 期。

16. 陈秀山、杨艳:《我国区域发展战略的演变与区域协调发展的目标选择》,《教学与研究》2008 年第 5 期。

17. [美]丹尼·罗德里克:《全球化的悖论》,廖丽华译,中国人民大学出版社 2011 年版。

18. [美]丹尼尔·贝尔:《后工业化社会的来临——对社会预测的一项探索》,高铦、王宏周、魏章玲译,新华出版社 1997 年版。

19. [美]蒂莫西·F.盖特纳:《压力测试:对金融危机的反思》,益智译,中信出版社 2015 年版。

20. 杜创:《价格管制与过度医疗》,《世界经济》2013 年第 1 期。

21. 杜创:《动态激励与最优医保支付方式》,《经济研究》2017 年第 11 期。

22. 杜创、蔡洪滨:《寡头市场、递归信念与声誉》,《世界经济》2009 年第 8 期。

23. 杜创、蔡洪滨:《差异产品市场上的声誉锦标赛》,《经济研究》2010 年第 7 期。

24. 杜创、朱恒鹏:《中国城市医疗卫生体制的演变逻辑》,《中国社会科学》2016 年第 8 期。

25. 冯柏、温彬、李洪侠:《现代化经济体系的内涵、依据及路径》,《改革》2018 年第 6 期。

26. [美]弗里茨·马克卢普:《美国的知识生产与分配》,孙耀君译,中国人民大学出版社 2007 年版。

27. 高培勇:《中国税收持续高速增长之谜》,《经济研究》2006 年第 12 期。

28. 高培勇:《论完善税收制度的新阶段》,《经济研究》2015 年第 2 期。

29. 高培勇:《深刻理解社会主要矛盾变化的经济学意义》,《经济研究》2017 年第 12 期。

30. 高培勇:《中国财税改革 40 年:基本轨迹、基本经验和基本规律》,《经济研究》2018 年第 3 期。

31. 高培勇:《理解和把握新时代中国宏观经济调控体系》,《中国社会科学》2018 年第 9 期。

32. [丹麦]哥斯塔·埃思平-安德森:《福利资本主义的三个世界》,苗正民、滕玉英译,商务印书馆 2010 年版。

33. [美]哈里·W.理查森、彼得·M.汤罗:《发展中国家的区域政策》,彼得·尼茨坎普主编:《区域和城市经济学手册》(第 1 卷),安虎森等译,经济科学出版社 2001 年版。

34. [美]汉森:《二十世纪六十年代的经济问题》,张伯健、朱基俊、王运成译,商务印书馆 1964 年版。

35. [美]汉森:《凯恩斯学说指南》,徐宗士译,商务印书馆 1963 年版。

36. [德]赫尔穆特·沃尔曼:《政府与治理:欧洲国家公共和社会服务提供》,《科学与现代化》2018 年第 2 期。

37. 贺晓宇、沈坤荣:《现代化经济体系、全要素生产率与高质量发展》,《上海经济研究》2018 年第 6 期。

38. [美]亨利·保尔森:《峭壁边缘:拯救世界金融之路》,乔江涛等译,中信出版社 2010 年版。

39. 洪银兴:《新时代的现代化和现代化经济体系》,《南京社会科学》2018 年第 2 期。

40. 胡焕庸:《中国人口之分布》,《地理学报》1935 年第 2 期。

41. 胡家勇:《论完善产权保护制度》,《经济学动态》2014 年第 5 期。

42. 胡卫华:《美国城镇化与农业现代化协调发展经验借鉴》,《世界农业》2015 年第 2 期。

43. 黄汉权:《建设支撑高质量发展的现代产业体系》,《经济日报》2018 年 5 月 10 日。

44. 黄群慧:《中国的工业化进程:阶段、特征与前景》,《经济与管理》2013 年第 7 期。

45. 江小涓:《市场化进程中的低效率竞争——以棉纺织行业为例》,《经济研究》1998 年第 3 期。

46. [美]杰里米·阿塔克、彼得·帕塞尔:《新美国经济史》(第 2 版),罗涛等译,中国社会科学出版社 2000 年版。

47. 剧锦文:《国有企业推进混合所有制改革的缔约分析》,《天津社会科学》2016 年第 1 期。

48. 李晓西:《西部地区大开发新思路的探讨与阶段分析》,《中国统计》2000 年第 10 期。

49. 李扬、张晓晶、常欣、汤铎铎、李成:《中国主权资产负债表及其风险评估》(上),《经济研究》2012 年第 6 期。

50. 李扬、张晓晶、常欣、汤铎铎、李成:《中国主权资产负债表及其风险评估》(下),《经济研究》2012 年第 7 期。

51. 林毅夫:《潮涌现象与发展中国家宏观经济理论的重新构建》,《经济研究》2007 年第 1 期。

52. 刘国光:《经济体制改革与宏观经济管理——"宏观经济管理国际讨论会"评述》,《经济研究》1985 年第 12 期。

53. 刘国光、刘树成:《论"软着陆"》,《人民日报》1997 年 1 月 7 日。

54. 刘鹤主编:《两次全球大危机的比较研究》,中国经济出版社 2013 年版。

55. 刘树成:《我国五次宏观调控比较分析》,《经济日报》2004 年 6 月 29 日。

56. 刘伟:《现代化经济体系是发展、改革、开放的有机统一》,《经济研究》2017 年第 11 期。

57. 刘小玄:《中国转轨经济中的产权结构和市场结构——产业绩效水平的决定因素》,《经济研究》2003 年第 1 期。

58. 刘银、刘慈航、梁倬骞:《欧盟区域经济协调发展制度及启示》,《经济纵横》2014 年第 9 期。

59. 刘志彪:《建设现代化经济体系:基本框架、关键问题与理论创新》,《南京大学学报(哲学·人文科学·社会科学)》2018 年第 3 期。

60. 陆江源、张平、袁富华、傅春杨:《结构演进、诱致失灵与效率补偿》,《经济研究》2018 年第 9 期。

61. 罗荣渠:《现代化理论与历史研究》,《历史研究》1986 年第 3 期。

62. [英]默文·金:《金融炼金术的终结:货币、银行与全球经济的未来》,束宇译,中信出版社 2016 年版。

63. 潘宏胜:《中国金融体系复杂化的成因及影响》,《比较》2017 年第 6 辑。

64. 裴长洪、刘洪愧:《习近平新时代对外开放思想的经济学分析》,《经济研究》2018 年第 2 期。

65. 钱穆:《中国历代政治得失》,九州出版社 2014 年版。

66. [美]乔纳森·休斯、路易斯·P.凯恩:《美国经济史》(第 7 版),邸晓燕、邢露等译,北京大学出版社 2011 年版。

67. [美]内森·罗森堡、L.E.小伯泽尔:《西方现代社会的经济变迁》,曾刚译,中信出版社 2009 年版。

68. 商务部研究院:《中国对外贸易 30 年》,中国商务出版社 2008 年版。

69. 石磊、马士国:《市场分割的形成机制与中国统一市场建设的制度安排》,《中国人民大学学报》2006 年第 3 期。

70. 宋东涛:《关于企业办社会的剥离问题——兼论社会保障体制的配套改革》,《经营管理者》1995 年第 12 期。

71. 覃成林、姜文仙:《区域协调发展:内涵、动因与机制体系》,《开发研究》2011 年第 1 期。

72. 覃成林、郑云峰、张华:《我国区域经济协调发展的趋势及特征分析》,《经济地理》2013 年第 1 期。

73. 汤铎铎:《理解经济周期:西方理论和中国事实》,中国社会科学出版社 2016 年版。

74. 汤铎铎、张莹:《实体经济低波动与金融去杠杆——2017 年中国宏观经济中期报告》,《经济学动态》2017 年第 8 期。

75. 汤铎铎:《中国宏观调控思想四十年:演变历程与基本经验》,中国社会科学院经济研究所学术委员会组编:《改革开放四十年:理论探索与研究》,中国社会科学出版社 2018 年版。

76. 汤铎铎、李成:《全球复苏、杠杆背离与金融风险——2018 年中国宏观经济报告》,《经济学动态》2018 年第 3 期。

77. 王健:《透视改革开放以来的六次宏观调控》,《前线》2008 年 9 月 5 日。

78. 王震:《社区医疗卫生体制改革与治理模式创新》,《社会治理》2018 年第 1 期。

79. 魏后凯:《区域经济发展的新格局》,云南人民出版社 1995 年版。

80. [英]维克托·布尔默-托马斯:《独立以来拉丁美洲的经济发展》,张凡等译,中国经济出版社 2000 年版。

81. 吴殿廷:《从可持续发展到协调发展——区域发展观念的新解读》,《北京师范大学学报(社会科学版)》2006 年第 4 期。

82. 吴敬琏:《当代中国经济改革:战略与实施》,上海远东出版社 1999 年版。

83. 吴敬琏:《中国增长模式抉择》,上海远东出版社 2013 年版。

84. [美]W.W.罗斯托:《这一切是怎么开始的——现代经济的起源》,黄其祥、纪坚博译,商务印书馆 1997 年版。

85. 夏明:《生产率增长的规模递增效率与经济结构转变——卡尔

多-凡登定律对中国经济适用性的检验》,《经济理论与经济管理》2007年第 1 期。

86. 肖翔:《世界大国协调区域发展差距的实践及启示——以美国、俄罗斯、巴西为例》,《理论月刊》2018 年第 1 期。

87. [美]小艾尔弗雷德·D.钱德勒:《看得见的手》,商务印书馆 1997年版。

88. 谢康、肖静华、乌家培、方程:《协调成本与经济增长:工业化与信息化融合的视角》,《经济学动态》2016 年第 5 期。

89. 熊德华、张圣平:《市场微观结构:理论发展与实证分析综述》,《管理世界》2006 年第 8 期。

90. 徐康宁:《区域协调发展的新内涵与新思路》,《江海学刊》2014年第 2 期。

91. 杨继生、阳建辉:《行政垄断、政治庇佑与国有企业的超额成本》,《经济研究》2015 年第 4 期。

92. 叶兴庆:《论农村公共产品供给体制的改革》,《经济研究》1997年第 6 期。

93. 叶贞琴:《夯实农业基础 提高粮食综合生产能力》,5 月 22 日在中国农村发展高层论坛上的讲演。

94. 易纲:《改革开放以来的六次宏观调控》,中国网,http://www.china.com.cn/chinese/MATERIAL/760582.htm,2005 年。

95. 袁富华:《长期增长过程的"结构性加速"与"结构性减速":一种解释》,《经济研究》2012 年第 3 期。

96. 袁富华:《供给主导转向消费需求主导:长期增长过程的调整与效率模式取向》,《学术研究》2016 年 10 期。

97. 袁富华、张平:《中国经济二次转型的理论分析》,《中国特色社会主义研究》2016 年第 2 期。

98. 袁富华、张平、刘霞辉、楠玉:《增长跨越:经济结构服务化、知识过程和效率模式补偿》,《经济研究》2016 年第 10 期。

99. [美]约翰·肯尼思·加尔布雷思:《新工业国》,上海人民出版社2012年版。

100. [美]约瑟夫·熊彼特:《经济发展理论》,何畏等译,商务印书馆1990年版。

101. 曾坤生:《论区域经济动态协调发展》,《中国软科学》2000年第4期。

102. [美]詹姆斯·卡拉特:《生物心理学》,苏彦捷等译,人民邮电出版社2015年版。

103. 詹懿:《中国现代产业体系:症结及其治理》,《财经问题研究》2012年第12期。

104. 张汉飞:《美国如何实现区域经济协调发展》,《学习时报》2014年12月1日。

105. 张辉:《建设现代化经济体系的理论与路径初步研究》,《北京大学学报(哲学社会科学版)》2018年第1期。

106. 张可云、蔡之兵:《全球化4.0、区域协调发展4.0与工业4.0——"一带一路"战略的背景、内在本质与关键动力》,《郑州大学学报(哲学社会科学版)》2015年第3期。

107. 张明哲:《现代产业体系的特征与发展趋势研究》,《当代经济管理》2010年第1期。

108. 张平、郭冠清:《社会主义劳动力再生产及劳动价值创造与分享——理论、证据与政策》,《经济研究》2016年第8期。

109. 张秋:《美、日城乡统筹制度安排的经验及借鉴》,《亚太经济》2010年第2期。

110. 张晓慧:《宏观审慎政策在中国的探索》,《中国金融》2017年第11期。

111. 张耀辉:《传统产业体系蜕变与现代产业体系形成机制》,《产经评论》2010年第1期。

112. 张耀辉、丁重:《服务业创新与现代产业体系构建》,《暨南学报

(哲学社会科学版)》2011 年第 2 期。

113. 中国经济增长前沿课题组:《中国经济长期增长路径、效率与潜在增长水平》,《经济研究》2012 年第 11 期。

114. 中国经济增长前沿课题组:《中国经济转型的结构性特征、风险与效率提升路径》,《经济研究》2013 年第 10 期。

115. 中国经济增长前沿课题组:《中国经济增长的低效率冲击与减速治理》,《经济研究》2014 年第 12 期。

116. 中国经济增长前沿课题组:《突破经济增长减速的新要素供给理论、体制与政策选择》,《经济研究》2015 年第 11 期。

117. 中国经济增长与宏观稳定课题组:《劳动力供给效应与中国经济增长路径转换》,《经济研究》2007 年第 10 期。

118. 中国经济增长与宏观稳定课题组:《城市化、产业效率与经济增长》,《经济研究》2009 年第 10 期。

119. 中国社会科学院经济研究所社会保障课题组:《多轨制社会养老保障体系的转型路径》,《经济研究》2013 年第 12 期。

120. 中华人民共和国商务部:《中国服务贸易发展报告 2018》,中国商务出版社 2018 年。

121. 周其仁:《市场里的企业:一个人力资本与非人力资本的特别合约》,《经济研究》1996 年第 6 期。

122. 周权雄:《现代产业体系构建的背景条件与动力机制》,《科技进步与对策》2010 年第 2 期。

123. 周小川:《金融政策对金融危机的响应——宏观审慎政策框架的形成背景、内在逻辑和主要内容》,《金融研究》2011 年第 1 期。

124. 朱玲:《乡村医疗保险和医疗救助》,《金融研究》2000 年第 5 期。

125. 朱玲:《农业劳动力的代际更替:国有农场案例研究》,《劳动经济研究》2017 年第 3 期。

126. 左大培、裴小革:《世界市场经济概论》,中国社会科学出版社 2009 年版。

英文部分

1. Allen, Franklin, " Reputation and Product Quality ", *RAND Journal of Economics*, Vol. 15, No. 3, 1984.

2. Armstrong, M., " Competition in Two-sided Markets ", *RAND Journal of Economics*, Vol. 37, No. 3, 2006.

3. Bagehot, W., *Lombard Street: A Description of the Money Market*, Henry S. King & Co., 1873.

4. Bénassy-Quéré, Agnès, Benoît Cœuré, Pierre Jacquet and Jean Pisani-Ferry, *Economic Policy: Theory and Practice*, Oxford University Press, 2010.

5. Blanchard, Olivier J., "Should We Reject the Natural Rate Hypothesis?" *Journal of Economic Perspectives*, *American Economic Association*, Vol. 32 (1), Winter 2018.

6. Blanchard, Olivier J. and Lawrence H., " Rethinking Stabilization Policy: Evolution or Revolution?" *NBER Working Paper*, No. 24179, Summer 2017.

7. Blanchard, Olivier J., Giovanni Dell'Ariccia and Paolo, Mauro, "Rethinking Macroeconomic Policy", *IMF Staff Position Note*, SPN/10/03, 2010.

8. Baumol, W. J., *The Cost Disease: Why Computers Get Cheaper and Health Care Doesn't*, Yale University Press, 2012.

9. Buera, F. and J. Kaboski, "The Rise of the Service Economy", *American Economic Review*, Vol. 102(6), 2012.

10. Caillaud, B. and Jullien, B., "Chicken & Egg: Competition among Intermediation Service Providers ", *RAND Journal of Economics*, Vol. 34, No. 2, 2003.

11. Cargill, T. F. and Takayuki Sakamoto, *Japan Since 1980*, Cambridge University Press, 2008.

12. Dirks, D., Jean-Francois Huchet, T. Ribault, *Japanese Management in*

the Low Growth Era, Berlin: Springer Verlag, 1999.

13. Dixon, R., and Thirlwall, A. P., "A Model of Regional Growth-Rate Differences on Kaldorian Lines", *Oxford Economic Papers*, Vol. 27(2), 1975.

14. Dulleck, Uwe and Rudolf, Kerschbamer, "On Doctors, Mechanics, and Computer Specialists: The Economics of Credence Goods", *Journal of Economic Literature*, Vol. XLIV, Mar. 2006.

15. Eisenstadt, SN., "Modernity and Modernization", *Sociopedia. isa*, DOI: 10. 1177/205684601053.

16. Evans, D., Schmalensee, R., Noel, M. D., Chang, H. and Garcia-Swartz, D., *Platform Economics: Essays on Multi-sided Businesses*, Createspace Independent Pub, 2011.

17. Fine, B. and E. Leopold, "Consumerism and the Industrial Revolution?", *Social History*, Vol. 15(1), 1990.

18. Friedman, Milton., "The Role of Monetary Policy", *American Economic Review*, Vol. 58, No. 1, Mar. 1968.

19. Fuchs, V. R., "Economic Growth and the Rise of Service Employment", *NBER Working Paper*, No. 486.

20. Fujita, M. and Krugman, P., "When is the Economy Monocentric? Von Thünen and Chamberlin Unified", *Regional Science and Urban Economics*, Vol. 25, No. 4, 2004.

21. Furtado, C., "Underdevelopment and Dependence: The Fundamental Connection", *University of Cambridge, Centre of Latin American Studies Working papers*, 1974.

22. Goodwin, N. R., F. Ackerman, and D. Kiron, *The Consumer Society*, Washington D.C.: Island Press, 1997.

23. Hansen, Alvin H., *Business Cycle and National Income*, New York: W. W. Norton & Company, INC., 1964.

24. Herrendorf, B., R. Rogerson and Á. Valentinyi, *Growth and Structural*

Transformation, Handbook of Economic Growth, Chapter Vol. 6, No. 2.

25. Hicks, J.R., *Capital and Growth*, Oxford University Press, 1965.

26. Jamese, H., "How to Understand Policy Trilemmas", *https://www.weforum.org.*, 2015.

27. Kaldor, N., "The Case for Regional Policies", *Scottish Journal of Political Economy*, Vol. 17, No. 3, 1970.

28. Kaldor, N., "The Irrelevance of Equilibrium Economics", *The Economic Journal*, Vol. 82, No. 328, 1972.

29. Kaldor, N., *Economics without Equilibrium*, University College of Cardiff Press, 1985.

30. Kay, C., *Latin American Theories of Development and Underdevelopment*, London/New York: Routledge, 1989.

31. Katz, R., *Japan, The System That Sourced: The Rise and Fall of the Japanese Economic Miracle*, London: M.E.Sharpe, 1998.

32. Keynes, John Maynard, *The General Theory of Employment, Interest and Money*, London: Macmillan and Co., Limited, 1936.

33. Klein, Benjamin and Leffler, Keith B., "The Role of Market Forces in Assuring Contractual Performance", *Journal of Political Economy*, Vol. 89, 1981.

34. Kriesler, P., "Harcourt, Hicks and Lowe: incompatible bedfellows?" In C. Sardoni Sardoni and P. Kriesler, eds. Themes in Political Economy: Essanys in Honor of Geoff Harcourt, London, Routledge, 1999.

35. Krugman, P., *The Age of Diminished Expectations*, Cambridge: The MIT Press, 1990.

36. Lincoln, Edward J., *Arthritic Japan: The Slow Pace of Economic Reform*, Washington: Brookings Institution Press, 2001.

37. Ostrom, E., *Governing the Commons: The Evolution of Institutions for Collective Action*, Cambridge University Press, 1990.

38. Ozawa, T., "The New Economic Nationalism and the Japanese Disease: the Conundrum of Managed Economic Growth", *Journal of Economic Issues*, Vol. 30, No. 2, Jun. 1996.

39. Ozawa, T., *Institutionally Driven Growth and Stagnation-and Struggle for Reform*, in D. Bailey etal. (Edited), Crisis or Recovery in Japan, Edward Elgar, 2007.

40. Ozawa, T., "*Institutions, Industrial Upgrading, and Economic Performance in Japan: The 'Flying-Geese' Paradigm of Catch-up Growth*", Northampton, Massachusetts: Edward Elgar Publishing, 2005.

41. Petit, P., *Slow Growth and the Service Economy*, London: Pinter, 1986.

42. Phelps, E. S., "Phillips Curves, Inflation Expectations, and Optimal Employment over Time", *Economica*, Vol. 34, No. 135, Aug. 1967.

43. R. Nurkse, *Problems of Capital Formation in Underdevelopment Countries*, Oxford: Basil Blackwell, 1958.

44. Rochet, J.C. and Tirole, J., "Platform Competition in Two-sided Markets", *Journal of the European Economic Association*, Vol. 1, No. 4, 2003.

45. Rochet, J.C. and Tirole, J., "Two-sided Markets: A Progress Report", *RAND Journal of Economics*, Vol. 37, No. 3, 2006.

46. Rodrik, D., "How Far Will International Economic Integration Go?" *Journal of Economic Perspectives*, Vol. 14, No. 1, Winter 2000.

47. Rostow, W. W., *The Stages of Economic Growth: A Non-Communist Manifesto*, Cambridge: Cambridge University Press, 1960.

48. Sardoni and P. Kriesler, eds., *Themes in Political Economy: Essays in Honour of Geoff Harcourt*, London: Routledge, 1999.

49. Setterfield M., "History versus Equilibrium and the Theory of Economic Growth", *Cambridge Journal of Economics*, Vol. 21, No. 3, 1997.

50. Shapiro, Carl., "Premiums for High Quality Products as Returns to Reputations", *Quarterly Journal of Economics*, Vol. 98, No. 4, 1983.

51. UNCTAD: *World Investment Report* 2018: *Investment and New Industrial Policies*, United States, New York and Genava, 2018.

52. World Bank: *World Development Report* 2009: *Reshapes Economic Geography*.